"十三五"国家重点图书出版规划项目

国家出版基金项目
NATIONAL PUBLICATION FOUNDATION

《中国经济地理》丛书

孙久文　总主编

海南经济地理

李敏纳　程叶青　王 平　王胜男◎著

HAINAN

经济管理出版社
ECONOMY & MANAGEMENT PUBLISHING HOUSE

图书在版编目（CIP）数据

海南经济地理/李敏纳等著．—北京：经济管理出版社，2021.4
ISBN 978 - 7 - 5096 - 7866 - 4

Ⅰ.①海…　Ⅱ.①李…　Ⅲ.①经济地理—海南　Ⅳ.①F129.966.6

中国版本图书馆 CIP 数据核字（2021）第 055559 号

审图号：琼 S（2021）002 号

组稿编辑：申桂萍
责任编辑：刘　宏　申桂萍
责任印制：黄章平
责任校对：张晓燕

出版发行：经济管理出版社
　　　　　（北京市海淀区北蜂窝 8 号中雅大厦 A 座 11 层　100038）
网　　　址：www.E - mp.com.cn
电　　　话：（010）51915602
印　　　刷：唐山昊达印刷有限公司
经　　　销：新华书店
开　　　本：720mm×1000mm/16
印　　　张：16.5
字　　　数：254 千字
版　　　次：2021 年 4 月第 1 版　　2021 年 4 月第 1 次印刷
书　　　号：ISBN 978 - 7 - 5096 - 7866 - 4
定　　　价：68.00 元

《中国经济地理》丛书

总　序

今天，我们正处在一个继往开来的伟大时代。受现代科技飞速发展的影响，人们的时空观念已经发生了巨大的变化：从深邃的远古到缥缈的未来，从极地的冰寒到赤道的骄阳，从地心游记到外太空的探索，人类正疾步从必然王国向自由王国迈进。

世界在变，人类在变，但我们脚下的土地没有变，土地是留在心里不变的根。我们是这块土地的子孙，我们祖祖辈辈生活在这里。我们的国土有960万平方千米之大，有种类繁多的地貌类型，地上和地下蕴藏了丰富多样的自然资源，14亿中国人民有五千年延绵不绝的文明历史，经过近40年的改革开放，中国经济实现了腾飞，中国社会发展日新月异。

早在抗日战争时期，毛泽东主席就明确指出："中国革命斗争的胜利，要靠中国同志了解中国的国情。"又说："认清中国的国情，乃是认清一切革命问题的基本根据。"习近平总书记在给地理测绘队员的信中指出："测绘队员不畏困苦、不怕牺牲，用汗水乃至生命默默丈量着祖国的壮美山河，为祖国发展、人民幸福作出了突出贡献。"李克强总理更具体地提出："地理国情是重要的基本国情，要围绕服务国计民生，推出更好的地理信息产品和服务。"

我们认识中国基本国情，离不开认识中国的经济地理。中国经济地理的基本条件，为国家发展开辟了广阔的前景，是经济腾飞的本底要素。当前，中国经济地理大势的变化呈现出区别于以往的新特点。第一，中国东部地区面向太平洋和西部地区深入欧亚大陆内陆深处的陆海分布的自然地理空间格局，迎合东亚区域发展和国际产业大尺度空间转移的趋势，使我们面向沿海、融入国际的改革开放战略得以顺利实施。第二，我国各区域自然资源丰裕程度和区域经济发达程度的相向分布，使经济地理主要标识的区内同一性和区际差异性异常突出，为发挥区域优势、实施开发战略、促进协调发展奠定了客观基础。第三，以经济地理格局为依据调整生产力布局，以改革开放促进区域经济发展，以经济发达程度和市场发育程度为导向制定区域经济政策和区域规划，使区域经济发展战略上升为国家重大战略。

因此，中国经济地理在我国人民的生产和生活中具有坚实的存在感，日益发挥出重要的基石性作用。正因为这样，编撰一套真实反映当前中国经济地理现实情况的丛书，就比以往任何时候都更加迫切。

在西方，自从亚历山大·洪堡和李特尔之后，编撰经济地理书籍的努力就一直没有停止过。在中国，《淮南子》可能是最早的经济地理书籍。近代以来，西方思潮激荡下的地理学，成为中国人"睁开眼睛看世界"所看到的最初的东西。然而对中国经济地理的研究却鲜有鸿篇巨制。中华人民共和国成立特别是改革开放之后，中国经济地理的书籍进入大爆发时期，各种力作如雨后春笋。1982 年，在中国现代经济地理学的奠基人孙敬之教授和著名区域经济学家刘再兴教授的带领和推动下，全国经济地理研究会启动编撰《中国经济地理》丛书。然而，人事有代谢，往来成古今。自两位教授谢世之后，编撰工作也就停了下来。

《中国经济地理》丛书再次启动编撰工作是在 2013 年。全国经济地理研究会经过常务理事会的讨论，决定成立《中国经济地理》丛书编委会，重新开始编撰新时期的《中国经济地理》丛书。在全体同人的努力和经济管理出版社的大力协助下，一套全新的《中国经济地理》丛书计划在 2018 年全部完成。

《中国经济地理》丛书是一套大型系列丛书。该丛书共计 40 册：概论 1 册，思想史 1 册，"四大板块"共 4 册，34 个省（市、自治区）及特别行政区共 34 册。我们编撰这套丛书的目的，是为读者全面呈现中国分省区的经济地理和产业布局的状况。当前，中国经济发展伴随着人口资源环境的一系列重大问题，复杂而严峻。资源开发问题、国土整治问题、城镇化问题、产业转移问题等，无一不是与中国经济地理密切相连的；京津冀协同发展、长江经济带战略和"一带一路"倡议，都是以中国经济地理为基础依据而展开的。我们相信，《中国经济地理》丛书可以为一般读者了解中国各地区的情况提供手札，为从事经济工作和规划工作的读者提供参考资料。

我们深感丛书的编撰困难巨大，任重道远。正如宋朝张载所言"为往圣继绝学，为万世开太平"，我想这代表了全体编撰者的心声。

我们组织编撰这套丛书，提出一句口号：让读者认识中国，了解中国，从中国经济地理开始。

让我们共同努力奋斗。

孙久文

全国经济地理研究会会长

中国人民大学教授

2016 年 12 月 1 日于北京

前　言

一

汉武帝平定南越后，于公元前 110 年设置南海九郡，海南正式列入中国版图。之后，海南经历了复杂的建制沿革。1988 年 4 月 13 日，撤销广东省海南行政区，设立海南省，管辖海南岛和西沙群岛、南沙群岛、中沙群岛的岛礁及其海域，同时划定海南岛为海南经济特区，首开先河实行省直管市县的地方行政体制。目前，海南省辖 19 个直管市县，其中包括海口市、三亚市、三沙市和儋州市 4 个地级市，五指山市、文昌市、琼海市、万宁市和东方市 5 个县级市，定安县、屯昌县、澄迈县和临高县 4 个县，白沙黎族自治县、昌江黎族自治县、乐东黎族自治县、陵水黎族自治县、保亭黎族苗族自治县和琼中黎族苗族自治县 6 个自治县。

海南省简称琼，具有独特而又十分重要的地理位置。地处中国最南端，包括海南岛和西沙群岛、中沙群岛、南沙群岛的岛礁及周围海域，陆地面积 3.52 万平方千米，海域面积约 200 万平方千米，约占中国所辖海洋面积的 2/3，是中国跨纬度最大、国土面积最大、海洋面积最大、陆地面积最小的省份，是中国唯一的热带海洋岛屿省份，是中国毗邻东盟国家最多，也是中国距东盟国家最近的省份，是中国通往东南亚、印度洋直到非洲、欧洲的海上要道，是太平洋到印度洋的必经之地，在汉代就已经是著名的"海上丝绸之路"补给地。

海南省具有日益凸显的经济区位优势。古代的海南区域优势极差，甚至到新中国成立后改革开放前，海南因长期远离经济活跃地区，经济发展环境封闭，经济发展较慢，区位优势仍不明显。改革开放后，中国开始实行沿海地区率先发展的非均衡的区域经济发展战略，包括海南在内的沿海地区的经济区位大大改善。1988 年海南建省并成立经济特区；2009 年海南国际旅游岛建设上升为国家战略；2013 年国家"一带一路"倡议支持海南建设南海资源开发服务保障基地和海上救援基地，把海口、三亚列为海上合作战略支点；2018 年 4 月海南建省办经济特区 30 周年之际，党中央决定支持海南全岛建设自由贸易试验区和逐步探索、稳步推进中国特色自由贸易港建设。一系列的政策利好落地海南省，海南省的经济区位优势得以明显提升。

海南省域内自然环境有较大的差异。海南岛具有中高周低且呈圈层状结构的地形地貌特征，是典型的热带海洋性季风性气候，自中部山区向外呈放射状的海岛水系，以砖红壤为主的类型多样且垂直分布的土壤，呈现分异明显的自然地理区划结构。而三沙市所辖西沙群岛、南沙群岛和中沙群岛岛礁及其海域与海南岛明显不同，南海地势总体上西北高、东南低，海底地貌类型齐全，地形较为复杂，大体呈阶梯式环状分布，主要分布有面积广阔的大陆架、坡度较大的大陆坡和深海盆地，具有典型的热带海洋气候。

海南省自然资源十分丰富。一是土地资源丰富且类型多样。二是水资源总量丰富，但时空分布不均。三是生物资源极为丰富，素有"绿色宝库"之称，是中国最大的热带自然博物馆、最丰富的物种基因库。四是矿产资源储量丰富且矿种齐全，优势矿种分布较集中且在全国地位突出。五是海洋资源丰富，海洋油气资源储量大，海盐资源和海洋水产资源丰富，滨海砂矿储量大且矿种多，珊瑚资源种类繁多。

海南省人口与劳动力资源有自身鲜明的特点。其一，海南省是个移民区，建省后出现两次移民潮，但总体上人口低速增长。其二，海南省人口的区域分布明显不均衡，三沙市所辖区域人口十分稀少，海南岛人口相对较多，且相对集中于北部、东部和东南部等自然条件相对好和经济相对发达的市县。其三，海南省是一个以汉族为主的多民族省区和少数民族大省，汉族、黎族、苗族、回族是其世居民族。其中，黎族是海南岛上最早的原住居民，也是海南岛上独有的民族和人数最多的少数民族，汉族人口主要聚集在海南岛东北部、北部和沿海地区，世居的黎族、苗族、回族人口大多数聚居在海南岛中部和南部。其四，海南省教育发展缓慢，人口文化素质不高，人力资源短缺，是制约经济社会发展的重要因素。目前，人口受教育程度仍低于全国平均水平，不过，人口身体素质优于全国平均水平。其五，海南省总人口男女性别比趋高，劳动适龄人口总量虽稳步增加但其所占比重稍低于全国平均水平，按国际标准，海南省已于 2010 年进入了人口老龄化社会。

海南省资金资源日渐丰富，但目前仍有明显的弱势，主要体现为资金资源的增长速度有明显波动，资金资源总量虽总体逐年增长，但与经济发达省区相比仍明显偏小。

海南省科教信息资源日益丰富。在"科技兴琼"的战略方针指引下，科技经费投入力度不断加大，科技产出或成果日渐增多；教育规模迅速扩大，教育质量日益提升；基础网络快速发展，文化广电设施逐步完善。

海南省拥有颇为丰富的制度文化资源，不仅有中央赋予的较多的优惠政策，也经过长期积淀而形成了独特的多元文化，是政策优势明显、文化底蕴深厚的制度文化资源大省。海南省的政策优势体现为：全国唯一省级经济特区的独特政策优势，海南国际旅游岛建设带来的政策优势，南海开发和"一带一路"建设带来的政策优势，海南自由贸易试验区和自由贸易港建设带来的政策优势。

海南省具有深厚的地域文化积淀。海南自古以来是一个岛屿移民社会，其独立的地理位置、优越的热带岛屿生态环境，为历代各类移民提供了多元文化可塑性发展的空间，产生了独具海南特色的地域文化，形成以汉族移民文化为主调、以黎苗文化、海洋文化、华侨文化、贬官文化和节庆艺术文化等为特色的多元文化体系。海南地域文化在发展过程中表现出的多元性、包容性、宽松性和可塑性，为海南省发展创造了良好的社会氛围。

海南省经济发展既有资源环境优势，也面临着一定的资源环境约束。资源环境优势包括以下三个方面：一是有利于旅游业发展的生态环境和人文资源优势；二是有利于热带特色现代农业发展的独特的优越条件；三是有利于海洋产业发展的巨大资源优势。资源环境约束具体体现为：自然灾害频现，生态公益林已经遭到一定程度的破坏，近海生态保护压力加大，资金和科教资源薄弱。

二

海南省从"摸着石头过河"到"一省两地"战略的确立和实施，到"建设海南国际旅游岛"，再到今天的"中国（海南）自贸实验区和中国特色自由贸易港建设"，不断探索、调整和完善具有自身特色的经济发展道路，经济发展的进程历经曲折。总体而言，海南建省办经济特区以来，经济发展大体经历了低水平和低层次的高速发展时期（1988～1991年）、房地产经济泡沫累积并形成的超高速发展时期（1992～1994年）、房地产经济泡沫破灭及之后的恢复性增长时期（1995～2000年）、经济恢复性增长后的高速度发展时期（2001～2009年）与较高水平和较高层次的转型发展时期（2010年以来）五个阶段；经济发展的绝对规模和相对规模均明显扩大，但与全国的差距总体上也在拉大，目前，海南省仍属于小规模经济体；经济发展速度呈现大幅升降后平稳提升再在波动中下滑的态势，与全国大体一致但波幅大于全国，总体上为高速且快于全国。

海南建省办经济特区以来，三次产业结构和行业结构均有明显改善。三次产业增加值结构由"一三二"型变为"三一二"型，再变为"三二一"型；三次产业就业结构在长期维持较低端的"一三二"型后到2013年有所改善，转变为"三一二"型。建筑业和绝大多数服务业特别是生产服务业和生活服务业对增加值的贡献不同程度提高：制造业、建筑业、生产服务业，除居民服务、修理和其他服务业外的生活服务业及除教育外的公共服务业，吸纳就业的能力有不同程度提高。目前，海南省第三产业既是增加值的主要贡献者，也是吸纳劳动力的主要场所；但从行业层面看，农、林、牧、渔业比重过高，多数资本和技术密集型服务行业对增加值贡献较小，除批发和零售业与住宿和餐饮业外的多数服务行业，特别是信息传输软件和信息技术服务业、金融业与科学研究和技术服务三个生产服务业及水利、环境和公共设施管理业与卫生和社会工作两个公共服务业吸纳就业能力较弱。

伴随海南国际旅游岛建设战略的实施，海南省产业整体、三次产业，与农、林、牧、渔业，采矿业，交通运输、仓储和邮政业，金融业，租赁和商务服务业，科学研究与技术服务业，居民服务、修理和其他服务业，教育，卫生和社会工作与公共管理，社会保障和社会组织，共计10个行业从业人员数空间布局的非均衡性进一步强化，空间分布趋于向少数沿海市县集中；而产业整体和三次产业的增加值，与制造业，电力、热力、燃气及水生产和供应业，建筑业，房地产业，水利、环境和公共设施管理业，文化、体育和娱乐业，共计6个字母行业从业人员数空间布局的非均衡性减缓，空间分布基本趋于向海南岛北部沿海地区以南分散，意味着海南国际旅游岛建设带来了旅游相关产业等规划确定的重点产业的空间拓展。目前，海南省产业整体和多数产业特别是第三产业与多数资本和技术密集型服务业、生产性服务业空间布局明显非均衡，有地域倾向性，主要布局于海南岛少数沿海非民族市县，呈明显的沿海地区发展水平高于内陆地区、非民族地区发展水平高于民族地区及北部沿海地区和三亚市发展水平高于两者之间的中间地区的空间格局。

三

海南省区域经济分异明显，海南岛沿海地区与内陆地区之间，北部沿海地区、三亚市与中间地区之间，在经济总量、经济增长水平、产业结构和经济空间组织发育方面均存在明显差异。一是沿海—内陆分异明显，沿海地区相对于内陆地区，经济总量规模较大，经济增长水平较高，产业结构较优，经济空间组织系统发育相对完善，沿海地区经济发展水平明显高于内陆地区，内陆地区为经济发展的洼地。二是北部沿海地区和三亚市经济发展水平明显高于两者之间的中间地区，北—南向类似 U 型的分异明显。

海南省区域经济的沿海—内陆分异与北—南向类似 U 型的分异格局呈逐步强化态势，区域经济格局总体由建省初期的相对均衡型转变为目前的明显非均衡型。

海南省经济发展总体水平较低，区域经济发展不平衡，需要科学划分和规划经济区，以优化区域经济布局，推进区域经济协调发展，推进中国（海南）自贸区（港）建设，从而落实中央已赋予海南省的"三区一中心"功能定位。然而，迄今为止，学界和政界关于海南省域经济区尚未形成共识。

将经济区界定为地域完整、功能明确、内聚力较强、相对独立的经济地域单元，遵循经济关联性原则、同质性和异质性相结合原则、产业专业化发展与综合发展相结合原则及保持行政区划完整性原则等经济区划原则，采用定量分析与定性分析相结合的方法，可将海南省域划分为三沙海洋经济区、海南岛东北部经济区、海南岛东南部经济区和海南岛西部经济区四大经济区。

城镇化是当今世界重要的社会经济现象之一，海南省城镇化进程的总体特征是：与全国平均水平相比，海南省城镇化发展起点较低，速度较快，阶段性明显；城镇化进程大致可分为 1988～2003 年与 2004 年以来两个阶段，其中

2004 年海南省城镇化水平的跳跃式增长是行政区划大调整的政策效应。

　　城镇体系的等级层次结构是对城市综合实力的评定，是城镇体系内部结构合理化组织的依据。总体而言，海南省城镇等级层次结构较为低端，位列第 1 等级的城市即省域中心城市只有省会海口市，位列第 2 等级的区域中心城市为三亚市和儋州市，位列第 3 等级的地方性中心城市和城镇为万宁、澄迈和琼海 3 个市县。

　　海南省城镇化发展存在明显的问题有：一是城镇化水平低于全国平均水平，城市和城镇规模普遍偏小，城镇体系发育尚处于初级阶段，城镇化水平总体偏低；二是城镇用地总规模扩展较快，城镇空间扩展与人口发展的适宜性不强，城镇化发展质量不高；三是第一产业发展水平不高，工业化水平较低，第三产业发展整体水平不高，城镇化的基础动力、根本动力和后续动力均不足；四是城镇化发展的区域差异明显，市县之间及六大功能组团层之间城镇化发展水平的差距都较大。

　　面对城镇化发展的问题，建省办经济特区以来，特别是海南国际旅游岛建设以来，海南省努力探索海南特色的新型城镇化道路。

　　海南省在注重城市改革和发展的同时，高度重视农村改革和发展，城乡关系从侧重城市，逐步演进到城乡统一规划，相互促进，协同发展，进而由经济一体化到社会一体化；城乡统筹发展大致经历了注重城市改革发展阶段、加大农村综合改革阶段与城乡统一规划建设阶段三个阶段；形成了全岛同城模式、全域旅游开发模式、特色小镇建设模式与城镇群协同模式等省域城乡统筹发展模式，形成了琼海市的“三不一就”模式、海口市的“产城融合”模式、三亚市的“全域旅游”模式、保亭县的“大区小镇新村”模式与白沙县的“美丽乡村”建设模式等一些典型地区城乡统筹发展模式。城乡统筹发展态势良好，城乡统筹发展水平总体上明显提升，但目前仍存在一些问题，主要是：城乡关系长期处于较低水平相对均衡状态，城市和城镇对乡村的辐射能力有限，城乡产业关联性不强，城乡公共服务资源配置明显不均衡。

　　基础设施对区域发展起着至关重要的作用，基础设施建设是经济增长和社会发展的重要驱动力。海南建省办经济特区以来，随着粤海铁路开通，环岛高铁线路全线贯通，干线公路里程增加，环岛高速公路 G98 并网，干线航空机场运力提升，海运码头港口吞吐量增加，铁路、公路、航空、港口等交通基础设施发生了翻天覆地的变化，但目前交通基础设施的空间分布明显不均衡，交通基础设施建设的整体水平仍有待提升。伴随着城镇化的快速推进和工业化的发展，供送电系统、燃煤和燃气供应系统等能源基础设施明显改善，能源供应能力有较大的提高，能源供应类型趋于多元化，能源供应数量日益充足。水利基础设施建设力度逐步加大，水资源科学配置和灵活调度水平明显提升，目前已初步形成了覆盖海南岛的独立灌溉水网系统，从根本上解决了海南岛重点地区的工程性缺水问题，确保了生活、生产、生态供水安全。信息基础设施建设水平大幅度提升，扭转了建省初期发展严重滞后的状况。进一步健全基础设施是未来海南省社会经济发展的一项重大任务。

明确省域国土空间特征，科学划分省域主体功能区，可为全省生态文明建设和可持续发展提供导引和依据，根据《海南省主体功能区规划（2010—2020）》（2013 更新版），海南省陆地空间主体功能区分为重点开发区域、国家限制开发区域和禁止开发区域三大类。其中，重点开发区域分国家重点开发区和省级重点开发区两小类，占全省陆地国土空间面积的 26.65%，具备较好的经济基础、较大的产业规模和发展潜力，是中国（海南）自由贸易试验区（港）的先行区和中国面向东盟国家对外开放的重要门户，是支撑海南省"三区一中心"建设的增长极，是落实海南省区域发展总体战略、促进区域协调发展的支撑点，是海南省重要的人口和经济密集区。国家限制开发区域占全省陆地国土空间面积的 73.35%，分国家级农产品主产区和国家级重点生态功能区两小类，前者是国家冬季瓜菜生产基地、天然橡胶基地、南繁育制种基地、热带水果和花卉基地、水产养殖与海洋捕捞基地、无规定动物疫病区"五基地一区"，是海南省经济发展的一张王牌、保障农产品供给安全的重要区域、农村居民安居乐业的美好家园和社会主义新农村建设的示范区，后者是国家生物多样性维护类重点生态功能区，是热带雨林的原生地，是中国小区域范围内生物物种十分丰富的地区之一，也是中国最大的热带植物园和最丰富的物种基因库之一，是海南省主要江河源头区、重要水源涵养区。禁止开发区域分布在重点开发区域和限制开发区内，涉及自然保护区、风景名胜区、森林公园、地质公园和文物保护区，占全省陆地国土空间面积的 14.15%，分国家级和省级禁止开发区两小类，是中国最宝贵的海岛型热带雨林生态系统支撑区域，海岛近岸与近海热带珍稀动植物保护区域，动植物基因资源保护区域，禁止工业化和城镇化开发的红线区域。

海南省是全国首个提出建设生态省的省份。2018年4月，《中共中央国务院关于支持海南全面深化改革开放的指导意见》明确了海南省建设国家生态文明试验区的战略定位。2019年5月，中共中央办公厅、国务院办公厅印发的《国家生态文明试验区实施方案》，将海南生态省和国家生态文明试验区建设的要求具体化，明确了国家生态文明试验区（海南）的战略定位为生态文明体制改革样板区、陆海统筹保护发展实践区、生态价值实现机制试验区、清洁能源优先发展示范区，要求通过国家生态文明试验区（海南）建设，确保海南省生态环境质量只能更好，不能变差，人民群众对优良生态环境的获得感进一步增强。

海南生态省建设成效显著，促进了海南省经济社会与环境协调发展，确保了生态环境质量处于全国领先水平。但目前海南生态省及国家生态文明试验区（海南）建设面临四个方面的主要问题：一是经济发展水平不高，难以对生态省建设提供足够的资金支持；二是公众生态环境意识还不是很强；三是人才和科技等智力支撑不足；四是政策法规上的问题突出。因此，需要采取切实可行的应对措施。

随着城镇化的发展，城镇化与生态环境治理之间的矛盾日益突出，特色小镇建设可以有效解决城镇化建设与生态环境保护之间的矛盾，促进城镇化与生态环境协调发展，已经成为突破城镇化发展瓶颈，推动城镇化持续健康发展的主要动力。海南省是中国生态环境最好、资源最为丰富的热带地区，具备建设特色小镇的良好的基础条件。

美丽乡村作为乡村振兴战略发展的主要内容之一，是美丽中国建设的基础和前提，也是推进生态文明建设和提升社会主义新农村建设的新工程、新载体。美丽乡村在村庄建设中体现经济、政治、文化、社会和生态"五位一体"协调发展的思想，进一步深化了生态村的内涵，海南省拥有较为丰富的自然资源和人文资源，农村人居环境的提升及城乡一体化发展有赖于美丽乡村建设。

四

2018年4月13日习近平总书记在庆祝海南建省办经济特区30周年大会上发表的重要讲话，2018年4月14日中共中央和国务院印发的《关于支持海南全面深化改革开放的指导意见》及《中国（海南）自由贸易试验区总体方案》，为海南省未来发展举旗定向，赋予了海南省"三区一中心"战略定位，明确了海南省在新的历史时期的战略目标。

"三区一中心"即"全面深化改革开放试验区、国家生态文明试验区、国际旅游消费中心、国家重大战略服务保障区"。海南省作为中国最大的经济特区和改革开放的试验田，要以新时代中国特色社会主义思想为指导，坚持新发展理念，高举改革开放旗帜，统筹推进"五位一体"总体布局和协调推进"四个全面"战略布局，以供给侧结构性改革为主线，创新思路，凝聚力量，突出特色，建设好中国（海南）自由贸易试验区和中国特色自由贸易港，努力成为新时代全面深化改革开放的新标杆，形成更高层次改革开放新格局，探索实现更高质量、更有效率、更加公平、更可持续的发展，争创新时代中国特色社会主义生动范例，成为展示中国风范、中国气派、中国形象的亮丽名片。

为落实"三区一中心"战略定位及推进中国（海南）自由贸易试验区和中国特色自由贸易港建设，海南省明确了产业结构调整的方向：大力提升热带高效现代农业，加快发展新型工业和高技术产业，做大做强以旅游业为龙头的现代服务业，将旅游产业，热带特色高效农业，互联网产业，医疗健康产业，现代金融服务业，会展业，现代物流业，油气产业，医药产业，低碳制造业，房地产业与高新技术，教育、文化体育产业12个产业作为重点发展产业；并紧紧围绕"旅游业、现代服务业、高新技术产业"三大主导产业，聚焦种业、医疗、教育、体育、电信、互联网、文化、维修、金融、航运10个重点领域，精心规划了三大类20个重点园区，包括海口观澜湖旅游园区、三亚海棠湾国家海岸休闲园区、三亚凤凰岛邮轮旅游产业园、陵水黎安旅游教育文化产业园、儋州海花岛旅游产业园、兴隆健康旅游产业园和乐东龙腾湾旅游园区7个旅游类园区，海口江东新区、三亚总部经济和中央商务区、博鳌乐城国际医疗旅游先行区、海口综合保税区与博鳌亚洲论坛特别规划区5个现代服务业类园区，海口国家高新技术产业开发区、三亚崖州湾科技城、文昌国际航天城、洋浦经济开发区、东方临港产业园、海南生态软件园、陵水清水湾信息产业园、海口复兴城互联网信息产业园8个高新技术类园区。

经济区是地域完整、内部联系相对紧密、相对独立的经济地域单元，是推进区域经济协调发展的重要空间载体。海南省落实"三区一中心"战略定位及推进中国（海南）自由贸易试验区和中国特色自由贸易港建设，需要明确各经济区的战略定位或发展方向，制定推进经济区高质量发展的政策或措施，实施分区差异化发展空间战略。具体而言，三沙海洋经济区应深度融入海洋强国、军民融合发展和"一带一路"建设战略，重点发展海洋旅游业、现代渔业、海洋油气产业等海洋特色经济，以期成为海南国家重大战略服务保障区建设的主阵地；海南岛东北部经济区应重点推进新能源汽车制造、航空、电信、互联网、金融、教育、医疗、文化等二三产业领域的改革和开放，并着眼于以省会海口为中心，以文昌、琼海和澄迈为次中心的都市区建设，推进第一产业的创新，重点打造海口—澄迈高新技术产业集聚区、海口—文昌—琼海现代服务业高地、海口—文昌—琼海—定安—屯昌—澄迈都市农业区，以期成为海南全面深化改革开放试验区建设的主阵地、中国（海南）自由贸易试验区和中国特色自由贸易港建设的引领区；海南岛东南部经济区应强力推动旅游业与相关产业深度融合，重点建设三亚—陵水—万宁热带滨海旅游度假目的地、农副食品和旅游用品制造业集聚区与国家现代农业示范区，五指山—乐东—琼中—保亭—陵水生态和黎苗文化旅游区，以期成为海南国际旅游消费中心建设主阵地、中国（海南）自由贸易试验区和中国特色自由贸易港建设的重要阵地；海南岛西部经济区应紧紧依托资源优势和产业基础，重点发展儋州（那大—洋浦）—昌江—东方新型工业基地、航运和物流业高地与工业文化旅游目的地，临高热带特色高效农业和海洋渔业基地，白沙生态黎苗文化旅游区和生态循环农林业区，以期成为海南国家生态文明试验区建设的示范区、中国（海南）自由贸易试验区和中国特色自由贸易港建设的重要阵地。推进经济区高质量发展，需要建立经济区内统筹协调组织，科学编制和有效实施经济区发展规划，健全经济区制度体系。

展望未来，海南省将进一步坚持开放为先，站在更高起点谋划和推进改革，构建现代化经济体系，在生态文明体制改革上先行一步，坚持以人民为中心的发展思想，实施人才强省战略，坚持和加强党的全面领导，最终建成一个经济繁荣、社会文明、生态宜居、人民幸福的美好新海南。

目　录

第一篇　环境与资源

第二篇　经济发展与布局

第三篇　区域与城乡发展

第四篇　发展展望

第一篇

环境与资源

第一章 行政区划与区位条件

第一节 行政区划

一、建制沿革

（一）建省前建制沿革

汉代开始在海南岛设立行政建制。从夏、商、周至战国时代，海南被泛称为扬越之南域，战国为儋耳地。秦始皇统一六国后，海南岛属秦朝遥领之范围，标为象郡之边缴。汉武帝平定南越后，于公元前110年设置南海九郡，其中包括海南岛的珠崖、儋耳两郡，含16县。从此，海南正式列入中国版图。

汉代以后，从三国、魏晋、南北朝时期，到隋代行政设置屡有调整，先后从属过交州、赵州、广州管辖。在唐代改郡为州，设崖州、儋州、振州、万安州、琼州5个州共22个县，统属岭南道管辖。海南简称"琼"即来源于唐代的琼州。

在宋代设一州和三个军，琼州领5县，南宁军领3县，万安军领2县，吉阳军领3镇。在元代基本上沿用宋代的行政建制。在明代琼州改为府，下辖有儋、万安、崖3个州共10县。清代海南建制仍沿袭明代。在明、清时代，中国政府已明确将西沙群岛和南沙群岛划归琼州府管辖。

1912年海南岛置琼崖道，设道尹，治理海南13县。1926年设琼崖行政委员会，由广东省政府管辖。1940年为广东省第九行政督查区。

1951年成立广东省人民政府海南行政公署。1955年3月改为广东省海南行政公署。1980 年 1 月改称为广东省海南行政区公署。1984 年 10 月撤销海南行政公署，成立海南行政区人民政府。海南岛南部是黎族、苗族等少数民族聚居地区，1952 年成立了海南黎族苗族自治区。1955 年海南黎族苗族自治区改为自治州，其州府设在通什市（现五指山市）。海南黎族苗族自治州辖琼中、保亭、白沙、昌江、东方、乐东、陵水 7 个县，占海南全岛总面积的 42.9%。1987 年 12 月撤销自治州，分别成立少数民族自治县[①]。

（二）建省后建制沿革

1988 年 4 月 13 日，撤销海南行政区，设立海南省，管辖海南岛和西沙群岛、南沙群岛、中沙群岛的岛礁及其海域。同时，划定海南岛为海南经济特区，首开先河实行省直管市县的地方行政体制，当时海南省直辖 3 个市和 16 个县，即海口市（地级市）、三亚市（地级市）、通什市、琼山县、琼海县、文昌县、万宁县、屯昌县、定安县、澄迈县、临高县、儋县、保亭黎族苗族自治县、琼中黎族苗族自治县、白沙黎族自治县、陵水黎族自治县、昌江黎族自治县、乐东黎族自治县、东方黎族自治县。

1992 年，国务院批准设立洋浦经济开发区。1993 年，撤儋县设儋州市，撤琼海县设琼海市。1994 年，撤琼山县设琼山市。1995 年，撤文昌县设文昌市。1996 年，撤万宁县设万宁市。1997 年，撤东方黎族自治县设东方市。2001 年，通什市更名为五指山市。

2002 年 10 月，国务院正式批复海口市行政区划调整方案，撤销琼山市和海口市秀英区、新华区、振东区，以原琼山市和海口市秀英区、新华区、振东区的行政区域设立海口市秀英区、龙华区、琼山区和美兰区。

2012 年 6 月 21 日，国务院批准设立地级三沙市，下辖西沙群岛、南沙群岛、中沙诸群岛的岛礁及其海域。

2015 年 2 月 19 日，国务院批准设立地级儋州市。至此，海南省有 4 个地级市，5 个县级市，4 个县，6 个民族自治县，1 个经济开发区。

二、行政区划现状

截至目前，海南省辖 19 个直管市县，其中包括海口市、三亚市、三沙市和

---

① 国家测绘局海南测绘资料信息中心. 海南省地图集 [M]. 广州：广东省地图出版社，2008.

儋州市 4 个地级市，五指山市、文昌市、琼海市、万宁市和东方市 5 个县级市，定安县、屯昌县、澄迈县和临高县 4 个县，白沙黎族自治县、昌江黎族自治县、乐东黎族自治县、陵水黎族自治县、保亭黎族苗族自治县和琼中黎族苗族自治县 6 个自治县。

在 19 个直管市县中，海口市下辖 4 个区，三亚市下辖 4 个区，三沙市辖西沙群岛、中沙群岛、南沙群岛的岛礁及其海域，其余 16 个市县直辖 174 个镇乡，其中镇 153 个，乡 21 个（见表 1-1、图 1-1）。

表 1-1　2017 年末海南省行政区划概况

直管市县	面积（平方千米）	行政级别	政府驻地	区或镇（乡）	数量	名称
海口市	2290	地级市	秀英区	市辖区	4	秀英区、龙华区、琼山区、美兰区
三亚市	1915	地级市	吉阳区	市辖区	4	海棠区、吉阳区、天涯区、崖州区
三沙市	13	地级市	西沙永兴岛			西沙群岛、中沙群岛、南沙群岛的岛礁及其海域
五指山市	2485	县级市	冲山镇	镇（乡）	7	通什镇、毛阳镇、番阳镇、南圣镇、毛道乡、水满乡、畅好乡
文昌市	1710	县级市	文城镇	镇	17	文城镇、铺前镇、锦山镇、翁田镇、冯坡镇、抱罗镇、公坡镇、昌洒镇、龙楼镇、东郊镇、文教镇、东阁镇、潭牛镇、东路镇、蓬莱镇、重兴镇、会文镇
琼海市	1884	县级市	嘉积镇	镇	12	嘉积镇、长坡镇、万泉镇、潭门镇、阳江镇、中原镇、博鳌镇、塔洋镇、龙江镇、石壁镇、会山镇、大路镇
万宁市	1196	县级市	万城镇	镇	12	万城镇、北大镇、和乐镇、后安镇、长丰镇、大茂镇、礼纪镇、山根镇、三更罗镇、南桥镇、龙滚镇、东澳镇
定安县	2076	县	定城镇	镇	10	定城镇、新竹镇、龙湖镇、雷鸣镇、龙门镇、岭口镇、翰林镇、龙河镇、黄竹镇、富文镇
屯昌县	1317	县	屯城镇	镇	8	屯城镇、南坤镇、新兴镇、西昌镇、坡心镇、南吕镇、枫木镇、乌坡镇

直管市县	面积 （平方千米）	行政级别	政府驻地	区或镇 （乡）	数量	名称
澄迈县	3394	县	金江镇	镇	11	瑞溪镇、加乐镇、福山镇、桥头镇、金江镇、老城镇、永发镇、文儒镇、中兴镇、仁兴镇、大丰镇
临高县	2256	县	临城镇	镇	11	临城镇、东英镇、波莲镇、调楼镇、新盈镇、南宝镇、加来镇、和舍镇、多文镇、博厚镇、皇桐镇
儋州市	1131	地级市	那大镇	镇	16	那大镇、南丰镇、雅星镇、和庆镇、大成镇、新洲镇、光村镇、东成镇、中和镇、峨蔓镇、兰洋镇、王五镇、排浦镇、海头镇、木棠镇、白马井镇
东方市	1232	县级市	八所镇	镇（乡）	10	八所镇、感城镇、三家镇、板桥镇、四更镇、新龙镇、大田镇、东河镇、天安乡、江边乡
乐东黎族 自治县	1167	民族 自治县	抱由镇	镇	11	抱由镇、千家镇、万冲镇、九所镇、利国镇、大安镇、志仲镇、尖峰镇、黄流镇、佛罗镇、莺歌海镇
琼中黎族 苗族自治县	1620	民族 自治县	营根镇	镇（乡）	10	营根镇、黎母山镇、湾岭镇、和平镇、长征镇、中平镇、红毛镇、上安乡、什运乡、吊罗山乡
保亭黎族 苗族自治县	2117	民族 自治县	保城镇	镇（乡）	9	新政镇、响水镇、什玲镇、保城镇、加茂镇、三道镇、南林乡、六弓乡、毛感乡
陵水黎族 自治县	1128	民族 自治县	椰林镇	镇（乡）	11	椰林镇、新村镇、英州镇、本号镇、隆广镇、三才镇、光坡镇、文罗镇、黎安镇、提蒙乡、群英乡
白沙黎族 自治县	2766	民族 自治县	牙叉镇	镇（乡）	11	牙叉镇、七坊镇、打安镇、邦溪镇、南开乡、元门乡、阜龙乡、细水乡、青松乡、金波乡、荣邦乡
昌江黎族 自治县	2704	民族 自治县	石碌镇	镇（乡）	8	石碌镇、昌化镇、海尾镇、七叉镇、十月田镇、乌烈镇、叉河镇、王下乡

资料来源：海南史志网（www.hnszw.org.cn）。

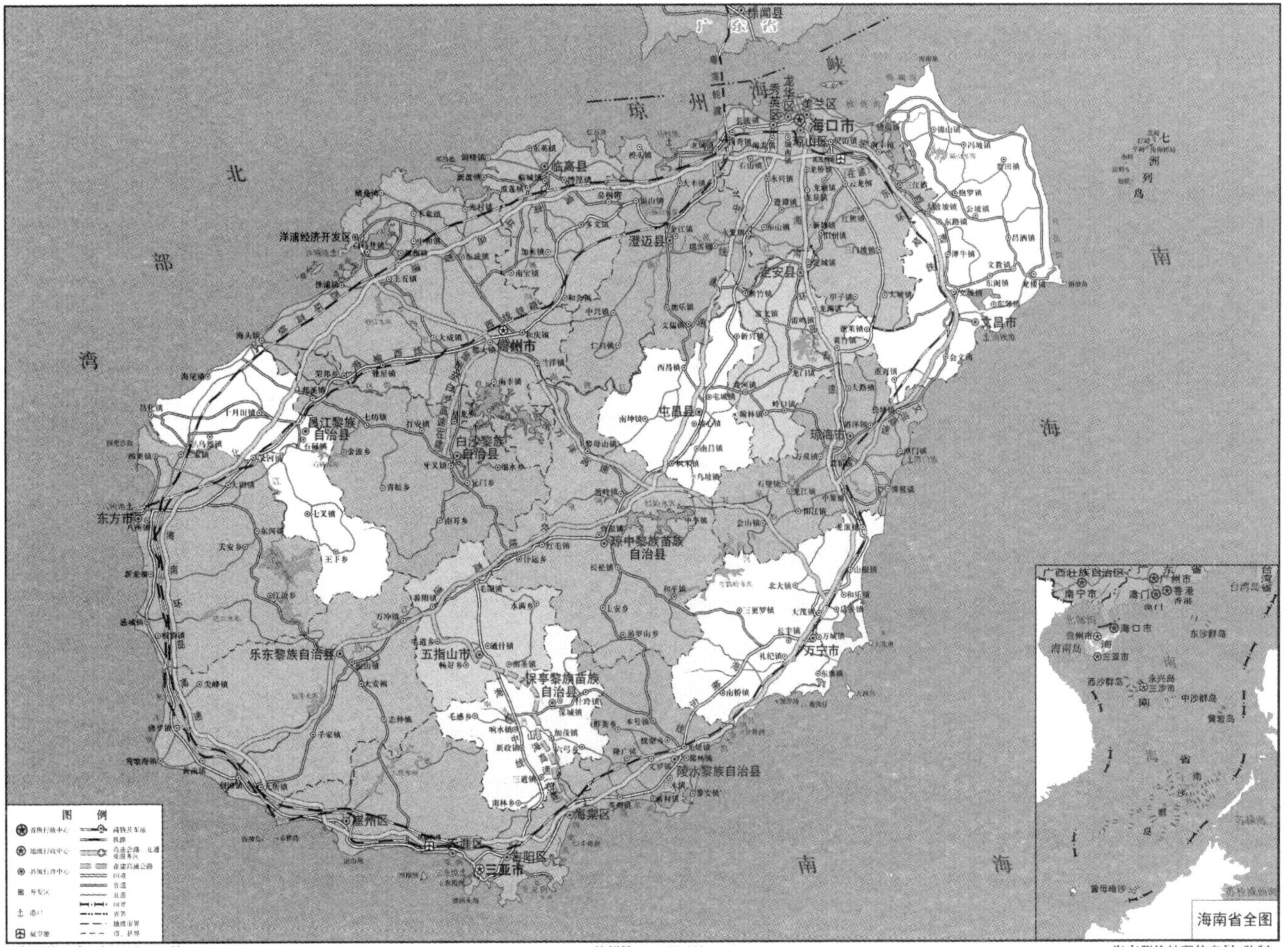

海南测绘地理信息总局 监制

海南省全图

比例尺 1:1400 000

图 1-1　海南省行政区划示意图

审图号：琼S（2019）051号

第二节 区位条件

一、独特且十分重要的地理位置

海南省简称琼，地处中国最南端，位于北纬 3°20′~20°18′、东经 107°50′~119°10′，具有独特且十分重要的地理位置。海南全省包括海南岛和西沙群岛、中沙群岛、南沙群岛的岛礁及周围海域（见图 1-2），是中国跨纬度最大、国土面积最大、海洋面积最大、陆地面积最小的省份，是中国唯一的热带海洋岛屿省份。其国土面积为 203.44 万平方千米，陆地面积为 3.52 万平方千米，海洋面积约 200 万平方千米①，约占中国所辖海洋面积的 2/3；北部的海南岛是中国仅次于台湾岛的第二大岛，东西长约 240 千米，南北宽约 210 千米，呈雪梨状，面积 3.39 万平方千米，占海南省陆地面积的 96%；西沙群岛、南沙群岛和中沙群岛的岛礁约占全省陆地面积的 4%②。

海南省北以琼州海峡与广东省划界，西临北部湾与广西壮族自治区和越南民主共和国相对，东毗南海与台湾省相望，东南和南边在南海中与菲律宾、文莱和马来西亚为邻，恰好处在中国—东南亚的地理中心位置，是中国毗邻东盟国家最多，也是中国距东盟国家最近的省份。海南岛北与广东雷州半岛相隔的琼州海峡宽约 18 海里，是海南岛与大陆之间的"海上走廊"，也是北部湾与南海之间的海运通道。从岛北的海口市至越南的海防市约 220 海里，从岛南的三亚港至菲律宾的马尼拉港航程约 650 海里③。

海南省管辖的南海海域是西太平洋的边缘海，素有"世界第三黄金水道"之誉④，其北部通过台湾海峡与大陆沿海地区相连，与朝鲜、日本甚至俄罗斯远东海域相通，其东部有巴士海峡、巴林塘海峡和西太平洋沟通，其东南部有民

---

① 资料来源于《海南统计年鉴 2019》。
② 国家测绘局海南测绘资料信息中心. 海南省地图集［M］. 广州：广东省地图出版社，2008.
③ 资料来源于海南史志网（www. hnszw. org. cn）。
④ 符和积. 海南地域文化的历史构成、发展与特性［J］. 海南师范大学学报（社会科学版），2015，28（4）：96-106.

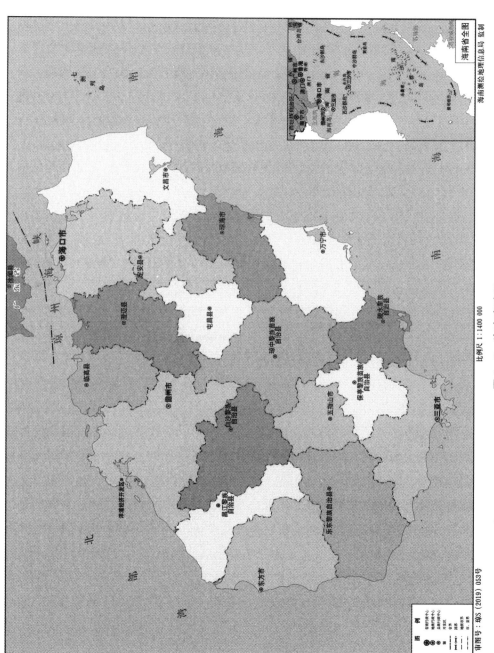

图 1-2 海南省地图

比例尺 1:1400 000

海南测绘地理信息局 监制

海南省全图

审图号：琼S (2019) 053号

都洛海峡和巴拉巴克海峡通往菲律宾群岛与加里曼丹之间的苏禄海和苏拉威西海，可达大洋洲，其西南部通过马六甲海峡与印度洋相通。海南省位于西北太平洋环带上，面向东南亚，靠近国际深水航线，是中国通往东南亚、印度洋直到非洲、欧洲的海上要道，是太平洋到印度洋的必经之地，在汉代就已是著名的"海上丝绸之路"补给地①。

二、日益凸显的经济区位优势

古代的海南区位优势极差，随着海洋活动的兴起，海南的区位优势逐步提升，但总体而言，直到新中国成立后改革开放前，海南长期远离经济活跃地区，经济发展环境封闭，经济发展较慢，区位优势仍不明显。海南在远古时期属于"南蛮"地区（古时泛指长江流域以南地区），是偏远边疆地区，受制于交通工具的限制，经济社会发展滞后于中原地区，主要依托中原地区的带动，处于原始公社发展水平。西汉时期海南开始发展封建生产制度。隋、唐、宋、元等时期海南岛沿海得到开拓。明清时期海运得到快速发展，海南成为中西商船往来的避风港、补给港及大陆、东南亚国家及本岛特产的重要中转集散地。明朝郑和下西洋，七经海南岛，海南因此成为古代"海上丝绸之路"的重要开拓者和参与者。鸦片战争后，海南岛在海洋上的重要地理位置被西方列强窥视，清政府被强迫将海口开放为商埠。1939 年，日本入侵海南岛后，将海南岛作为征服亚太地区的侵略基地。新中国成立后到改革开放前，海南因处于国防前线，不是国家投资的重点，被当作橡胶、矿石等战略物资和初级工业原料供应基地和育种基地封闭式开发，工业基础薄弱，经济发展落后。

改革开放后，中国开始实行沿海地区率先发展的非均衡的区域经济发展战略，包括海南在内的沿海地区的经济区位大大改善。1988 年海南建省并成立经济特区；2009 年海南国际旅游岛建设上升为国家战略；2013 年国家"一带一路"倡议支持海南建设南海资源开发服务保障基地和海上救援基地，把海口、三亚列为海上合作战略支点；2018 年 4 月海南建省办经济特区 30 周年之际，党中央决定支持海南全岛建设自由贸易试验区和逐步探索、稳步推进中国特色自

---

① 赵群毅. 海南城乡关系的独特性与一体化发展路径 [A] //2010 中国城市规划年会论文集 [C]，2010：1-9.

由贸易港建设。一系列的利好政策落地海南省，海南省的经济区位优势得以明显提升。目前，海南省近傍港澳，遥望台湾，内靠经济发达的珠江三角洲，外邻亚太经济圈中最活跃的东南亚，伴随着"泛珠三角"经济圈、"泛北部湾"经济圈和亚太经济圈的高速发展，海南省正在形成更高层次改革开放新格局，有望成为中国新时代全面深化改革开放的新标杆。

第二章 自然环境与自然资源

第一节 自然环境

海南岛与西沙群岛、南沙群岛和中沙群岛岛礁及其海域的自然地理环境有较大的差异。

一、海南岛自然环境

（一）中高周低且呈圈层状结构的地形地貌

1. 中高周低的地形地貌

海南岛中间高四周低，中部偏南地区高山起伏，山地中散布着丘陵性的盆地，丘陵主要分布在岛内陆和西北、西南部等地区，环岛多为滨海平原。

海拔 500 米以上的山地占全岛面积的 25.4%，主要分布在岛中部偏南地区，其中海拔超过 1500 米的山峰有五指山、鹦哥岭、霸王岭、吊罗山和黎母岭等。海南岛山体大体上构成三大山脉，从东至西分别为五指山脉、鹦哥岭山脉和雅加大岭，其中五指山脉位于岛中部，主峰海拔 1867 米，是海南岛最高的山峰；鹦哥岭山脉位于五指山西北，主峰海拔 1811 米；雅加大岭山脉位于岛西部，主峰海拔 1519 米。

海拔 100~500 米及以上的丘陵占 13.3%，主要分布在岛内陆和西北、西南部等地区。海拔 100 米以下的台地占 32.6%，阶地和平原占 28.1%。

海岸主要分为火山玄武岩台地的海蚀堆积海岸、由溺谷演变而成的小港湾或堆积地貌海岸、沙堤围绕的海积阶地海岸，海岸生态以热带红树林海岸和珊瑚礁海岸为特点。

2. 圈层状的地形地貌结构

海南岛地形地貌类型多样，主要有山地、丘陵、台地、阶地、平原和海岸，由内向外呈圈层状分布。其中，山地位于海南岛中部偏南，海拔 800～1100 米，山地中保留有大面积的热带原始森林；丘陵主要散布在山地周边，海拔 500～800 米，是目前次生林、人工林和热带果林比较集中的地区，山地和丘陵内部散布的许多小盆地，如营根、冲山、牙叉、抱由、东方和保亭等盆地，是山区重要的农业基地和人口聚居地；台地是地表经风雨长年冲刷形成的起伏和缓的地面，多分布在山地和丘陵的外围，海拔多在 100 米以下，地表平坦开阔，海南岛北部有大片的玄武岩台地分布；阶地是海水或河水多次冲刷在岸边留下的相对平缓的狭长地带，多分布在滨海地区和河流两侧，宽窄不一，滨海地区的海蚀阶地在文昌、东方境内面积较大，其他地区多呈带状分布，台地和阶地是目前海南热作地的集中分布区；平原主要分布在海南岛的周边海拔较低的地区，一般多在 30 米以下，有江河冲积平原和海积平原两种类型，是海南省的主要水稻和热带反季节瓜菜种植区；海岸带曲折而漫长，环岛海岸长达 1528 千米，有基岩海岸、沙滩平原海岸、红树林海岸和珊瑚礁海岸等不同的类型，是海南省发展旅游业的优势所在。

（二）典型的热带海洋性季风性气候

海南岛气候为典型的热带海洋性季风气候，基本特征为：四季不分明，夏无酷热，冬无严寒，气温年较差小，年平均气温高；降水充沛，干湿季明显，冬春干旱，夏秋多雨，多热带气旋；光、热、水资源丰富，风、旱、寒等气候灾害频繁。

1. 日照充沛，热量丰富

海南岛年日照时数为 1750～2550 小时，年平均气温 22.8～25.8℃，最热月（7 月、8 月）平均气温为 25～28℃，最冷月（1 月、2 月）平均气温16～24℃，平均极端低温大部分在 5℃以上。太阳总辐射量 4500～5800 兆焦耳/平方米，全岛热量自北向南逐渐增加。

2. 降水充沛，时空差异大

海南岛是同纬度世界上降水量最多的地区之一，水汽来源充足，降水总量多，全岛年平均降雨量在 1640 毫米以上，年降水量分布呈环状分布，东湿西干明显，多雨中心在中部偏东的山区，年降雨量 2000~2400 毫米，西部少雨，年降雨量为 1000~1200 毫米。降雨季节分配不均匀，冬春干旱，旱季自 11 月至翌年 4 月、5 月，长达 6~7 个月，夏秋雨量多，5~10 月是雨季，雨季总降雨量 1500 毫米左右，占全年降雨量的 70%~90%，雨源有锋面雨、热雷雨和台风雨等。

3. 热带气旋影响大，台风频繁

海南岛是个多热带气旋影响的地区，平均每年有 7~8 个热带气旋影响，最多的年份有 12 个。影响和登陆海南岛的热带气旋源地在西太平洋和南海海面，纬度一般在北纬 5°~20°。热带气旋影响时间长，从 4 月持续到 12 月，影响和登陆的集中期为 6~10 月，约占全年总数的 90%，8 月、9 月为盛期。登陆地点主要在东、南部沿海地区，在北部和西部沿海登陆的极少。热带气旋造成的风害以沿海地区为重，内陆地区的平原区又大于丘陵地区。热带气旋降水在年降水量总量中的比重大，平均每年在 20% 以上，西部地区达 35%。受季风影响，海南台风频繁。据统计，平均每年在海南岛登陆的台风（含热带风暴和强热带风暴）有 2.7 次，最多年份多达 6 次，在附近登陆或影响海南岛的有 5.8 次，台风强度和风害有自东向西削弱的特点。

（三）自中部山区向外呈放射状的海岛水系①

海南岛河流众多。由于地势中高周低，河水由中部山区或者丘陵区向四周分流入海，构成放射状的海岛水系。

全岛独流入海的河流共 154 条，其中集水面积超过 100 平方千米的有 38 条，主要河流有南渡江、昌化江、万泉河、陵水河、珠碧江、宁远河、望楼河和文澜江等（见表 2-1）。其中，南渡江、昌化江、万泉河为海南岛三大河流，集水面积均超过 3000 平方千米，三大河流流域面积占全岛面积的 47.0%。南渡江发源于白沙县南峰山，斜贯岛中北部，流经白沙、琼中、儋州、澄迈、屯昌、定安等市县至海口市入海，全长 331 千米，集水面积 7176 平方千米。昌化江发源于琼中，横贯岛中西部，流经琼中、保亭、乐东、东方等市县至昌江县昌化港入海，全长 230 千米，集水面积 5070 平方千米。万泉河上游分南北两支，均发源于琼中县，两支流经琼中、万宁、屯昌等市县至琼海市龙江合口咀合流，至博鳌港入海，主流全长 163 千米，集水面积 3683 平方千米。

---

① 资料来源于《海南统计年鉴 2019》。

表 2 – 1 海南岛主要河流基本情况

河流名称	发源地点	集水面积（平方千米）	河长（千米）
南渡江	白沙县南峰山	7176	331
昌化江	琼中县五指山	5070	230
万泉河	琼中县五指山	3683	163
陵水河	保亭县峨隆岭	1121	76
珠碧江	白沙县南高岭	1101	86
宁远河	保亭县甘蔗山	986	90
望楼河	乐东县尖峰岭	827	83
文澜江	儋州市马鞍岭	795	71
藤桥河	保亭县峨月岭	705	58
北门江	儋州市马岭排	653	62
太阳河	琼中县长沙岭	576	83
春江	儋州市高石岭	550	54
文教河	海口市大坡乡文德头村	522	56

全省水库面积 5.6 万公顷。其中，大型水库有松涛水库、大广坝水库、牛路岭水库、长茅水库等 7 个。松涛水库集水面积 1496 平方千米，总库容 33.45 亿立方米，为海南省最大水库，设计灌溉面积 13.7 万公顷，也是琼北城乡用水主要的供水水库。

（四）以砖红壤为主的类型多样且垂直分布的土壤

海南属热带地区，地表风化壳有钙壳、铝壳和铁壳三类，其中铁壳是主要的风化壳，呈红色风化层，胶结成为硬盘，比黄白色铝壳硬得多，分布也比钙壳和铝壳广。这些风化层经漫长的成土过程，形成砖红壤、赤红壤、黄壤、燥红壤、新积土、滨海沙质土、石灰土、火山灰土、紫色土、珊瑚沙土、石质土、沼泽土、滨海盐土、酸性硫酸盐土、珊瑚沙土等多种土壤类型。其中，砖红壤为海南岛地带性的主要土壤，约占土地总面积的 50%，在各个市县都有分布。

海南岛自山地至沿海的土壤呈现出明显垂直分布规律，依海拔高低分别为山顶草甸土、山地黄壤、丘陵赤红壤、台地砖红壤（西南为燥红土）、滨海沙质土等。各类土壤的主要分布区域见表 2 – 2。

表 2 - 2　海南岛主要土壤类型分布区域

序号	土类名称	分布区域
1	黄壤	主要分布在五指山脉东部700米、西部800米以上的中山山地上
2	赤红壤	主要分布在海南岛东部400～700米、西部400～800米的高丘低山上
3	砖红壤	主要分布在海拔300米以下的低山丘陵台地上
4	燥红土	主要分布在海南岛西部的海成阶地或低丘台地上
5	滨海沙质土	主要分布在沿海13个市县的海岸带,一般为海拔高度10米以下的沙堤、沙滩上
6	新积土	主要分布在南渡江、万泉河、太阳河、北门江、文澜江、昌化江、陵水河等大、小河流的两岸及中下游平原地区
7	石灰(岩)土	主要分布在东方的广坝、公爱、新龙、天安、东方,琼中的红毛,五指山的毛阳及儋州的长坡、八一、蓝洋的山麓缓坡处的石灰岩地区
8	火山灰土	主要分布有三片:第一片主要分布于海口的永兴、石山、龙塘、遵潭、十字路、龙桥等地;第二片主要分布于儋州的木棠、峨蔓、三都、松林、蓝洋、干冲等地区;第三片主要分布于定安的龙塘、岭口、翰林、龙门等地区
9	紫色土	主要分布在儋州、白沙、琼中、琼海等丘陵地带
10	石质土	主要分布在海口、临高、澄迈、儋州、定安、昌江、东方七市县的石质山地
11	沼泽土	零星分布于琼海、儋州的河流两侧或山间局部低洼地
12	滨海盐土	分布于沿海的海口、文昌、琼海、万宁、临高、儋州、昌江、陵水八市县的海陆之间的潮间带
13	酸性硫酸盐土	分布于海口的三江农场以及文昌、儋州、陵水等地的红树林保护区内

(五) 分异明显的自然地理区划结构

根据自然综合体在地表呈现的相似性和差异性进行区域划分,为自然地理区划。根据海南岛所处热带季风气候区的性质,岛内自然季节变化和地域分异规律,按地貌环状结构及热量南北差异和水分东西变化以及风寒害情况,可将海南岛自然综合体划分为中部山地环带、丘陵盆地环带和沿海台地平原环带[①]。

1. 海南岛中部山地环带

中部山地环带位于海南岛的中部偏南,面积6768.62平方千米,占全岛面积的16.97%。其中,海拔500米以上的低山和中山约占85%,500米以下的丘陵和山坑谷地约占15%,超过1000米的中山有667座,以五指山为最高。中部山

---

① 余显芳. 海南岛综合自然区划与大农业布局和结构 [J]. 热带地理, 1982 (2): 10 - 17.

地环带森林资源丰富，雨量多，湿度大，云雾重，气候垂直变化明显，保留有大面积的热带原始森林，是中国热带雨林、季雨林分布最广的地区，是各大中河流的上游，与山地外围丘陵盆地和台地平原区的水文、气候、河流、泥沙、化学物质的迁移和能量交换以及全岛的生态平衡关系密切。因此，该地带宜实施保护、恢复与发展并重的方针，以原始林、水源林和自然保护区的保护与林业开发为主，适合发展橡胶、大叶茶等热带作物。

2. 丘陵盆地环带

丘陵盆地环带面积 8354.70 平方千米，占全岛面积的 24.66%，分布于中部山地环带外围。环带内分布着许多大小盆地，其中较大的有保亭盆地、乐东盆地、广坝盆地、白沙盆地、屯昌盆地、万泉河谷盆地等。这些盆地是农业基地和人口聚居地，各盆地之间以丘陵或低山相隔。丘陵盆地环带是五大水库（松涛、长茅、万宁、石碌、牛路岭水库）和许多中小河流的集水区域，依山靠林，以砖红壤为主，具有发展农、林、牧、渔业的潜力，是次生林、人工林和热带果林比较集中的地区，是发展橡胶、胡椒等热作的主要地带。因所处位置及山地屏障作用不同，丘陵盆地环带按气候划分为北部冷空气滞留的"冷湖"区和台风经过的"走廊"区、南部高温湿润轻风轻寒区、东部迎风、多台风多雨潮湿区、西部背风雨影轻风干旱区。

3. 沿海台地平原环带

沿海台地平原环带面积 18759.22 平方千米，占全岛面积的 55.37%。环带主要由玄武岩台地、浅海沉积阶地、河流冲积平原和河—海积平原组成，地形低矮平坦，农田耕地比较多，人口较密集，台风威胁大，特别是东半部。其中，台地和阶地干旱缺水，土壤除玄武岩发育的铁质砖红壤为黏质土外，其他土壤多属沙质土，保水保肥力差；平原地区是主要水稻和热带反季节瓜菜种植区。

二、所辖南海岛礁及其海域自然环境

（一）地形地貌

南海地势总体上西北高、东南低，海底地貌类型齐全，地形较为复杂，大体呈阶梯式环状分布，主要分布有面积广阔的大陆架、坡度较大的大陆坡和深海盆地。南海平均水深 1212 米，最深处达 5567 米，超过了青藏高原的平均高度。其中，西沙群岛、南沙群岛和中沙群岛地势较低平，一般海拔在 4～5 米，西沙群岛的石岛最高，海拔约 15.90 米。

1. 西沙群岛地形地貌

根据岛屿物质组成、岩性结构和形态成因原则，西沙群岛地貌分为陆域地貌、潮间带地貌、水下地貌三类。陆地地貌包括沙堤砾堤、阶地、潟湖、洼地、残丘、火山岩台地六种。沙堤砾堤主要分布于永兴岛、东岛、金银岛、珊瑚岛、琛航岛、中建岛、赵述岛、甘泉岛、北岛和中岛等。阶地为砾岛的主体，一般位于岛屿的中部或新老砂堤之间。潟湖也叫礁塘，主要分布于琛航岛、南岛和中建岛。洼地主要分布于永兴岛、东岛、北岛、金银岛、甘泉岛和琛航岛等。残丘仅分布于石岛和东岛东北部，由珊瑚贝壳碎屑灰岩组成。火山岩台地仅见于高尖石岛。潮间带地貌包括海滩和礁盘。水下地貌主要形式是水下斜坡，在礁盘外几十至数百米处往下以 70°左右的倾斜向深水方向延伸，海水由几米迅速变为几十米、数百米，甚至上千米，形成水下斜坡。

2. 中沙群岛地形地貌

中沙群岛主体是一座庞大的珊瑚环礁，为椭圆形沉溺礁。中沙大环礁是南海中最大的环礁，环礁周缘隆起较高，礁环为断续的暗沙群，达几十座之多。中沙大环礁东面的黄岩岛为一近似等腰三角形的大环礁，周围散布有数百块礁石，以南、北两端礁块最为密集。北端礁块即北岛，南端即南岛，合称黄岩岛，是中沙群岛唯一露出水面的岛屿。

3. 南沙群岛地形地貌

南沙群岛的珊瑚岛礁从地貌学上可划分为环礁、台礁、塔礁、礁丘、点礁等类型，以环礁类为多，并以大型环礁为主，台礁次之，塔礁及礁丘较少，点礁则是发育于环礁潟湖中的小礁体。南沙群岛共有环礁56座，台礁36座，陆架礁丘3座，其他类型礁体18座。礁体上部主体靠近海面形成暗礁、暗滩和暗沙，少部分露出海面形成岛屿和沙洲。多数岛屿发育在环礁上，只有南威岛、西月岛等少数岛屿发育在孤立的台礁上。岛屿由礁石和珊瑚砂及贝壳堆积而成，地势低平，海拔多在 4 米以下。

（二）典型的热带海洋气候

西沙群岛、南沙群岛和中沙群岛属于热带海洋气候，春秋短，夏季长，冬无冰雪，四季温和，空气湿润，雨量充沛。年平均温度在26℃左右，月平均最低温度西沙群岛为 22.8℃（1月），南沙群岛为25℃（1月）；月平均最高温度出现的时间，西沙群岛是在 5 月、6 月，南沙群岛是在 4 月、5 月；气温年较差只有 6~8℃，而海上年较差更小。

第二节　自然资源

一、土地资源

（一）土地资源丰富且类型多样

海南省是全国唯一的热带岛屿省份，全境皆为热带土地，土地资源丰富且类型多样。海南岛作为中国最大的热带土地，陆地面积 3.43 万平方千米，占全国土地面积的 0.35%，在全国约 8 万平方千米（主要包括海南全省、台湾省南部、广东省雷州半岛和云南省南部的西双版纳等地区）的热带土地面积中占 42.5%[1]。广阔的热带土地为海南发展热带农业提供良好的基础。海南岛土地利用类型多样，主要类型有山地、丘陵、台地和阶地平原，分别占土地总面积的 25.4%、13.3%、32.6% 和 28.1%[2]。

海南省人均土地资源拥有量较高，与中国其他沿海省份相比，人地矛盾较小。2018 年，海南省人口密度为每平方千米 264 人，人均拥有土地 0.38 公顷[3]，海南省所辖南海岛礁及其海域人口密度极低。

（二）土地资源的可利用率高

根据海南省第二次土地调查结果，按开发利用分类，海南省农用地 300.24 万公顷，占全省土地总面积为 85.30%（包含耕地 72.97 万公顷），建设用地 30.69 万公顷（城镇村及工矿用地 23.40 万公顷），未利用地 20.83 万公顷（沿海滩涂用地 11.94 万公顷）[4]。在高温多雨的气候条件下，除了约 6% 的居民点、工矿、道路、滨海沙滩地等地外，其余 90% 左右的土地都可供农林牧渔业开发利用。

---

① 资料来源于海南省人民政府网，http：//www. hainan. gov. cn。
②③ 资料来源于《海南统计年鉴 2019》。
④ 资料来源于海南省第二次土地调查数据，http：//j. news. 163. com/docs/10/2014092907/A79UI 68D00014Q4P. html。

（三）土地资源的适宜性广泛

根据土地适宜性评价，海南岛适宜发展农、林、牧的土地面积 320.67 万公顷，可利用率高达 94.4%，其中宜农地 114.7 万公顷，占总土地面积的 33.9%；宜胶地 68.0 万公顷，占 20%；宜林地 92.5 万公顷，占 27.3%；宜牧地 31.3 万公顷，占 9.2%；淡水水面面积 13.67 万公顷，占 4.0%。除此之外，海南土地资源大部分具有一地多宜的特点，除了海拔 800 米以上的陡坡地和干旱缺水的沙荒地只适于林业外，其他大量土地适宜发展种植业、林业和畜牧，其中海拔 350 米以下的土地适宜发展橡胶。待开发利用的荒地大多集中连片，易于开垦和机耕①。

二、水资源

（一）水资源总量丰富②

海南岛水资源丰富，总量为 375 亿立方米。岛上河流径流充沛，多年平均地表径流深 875 毫米，径流量达 297 亿立方米，人均拥有量达 5380 立方米，远远高于全国人均拥有量 2700 立方米。海南岛地下水资源储量 75 亿立方米，淡水总面积 13.7 万公顷，水库面积 5.6 万公顷，松涛、大广坝等 7 个大型水库总集水面积达 8018 平方千米，总设计灌溉面积达 24.09 万公顷。同时，海南岛水力资源非常丰富，理论蕴藏量为 103.88 万千瓦，可开发量为 89.77 万千瓦。

（二）水资源时空分布不均

海南岛水资源分布东西差异较大，中部山区和东部的琼中、屯昌、五指山、琼海、万宁、陵水、保亭等市县年降水量 2000 毫米以上，而西北部和西部，即儋州西部至乐东县年降水量仅 1000～1200 毫米，比多雨区少一半，年蒸发量却大于降水量 3.1～2.4 倍，故形成半干旱区③。海南水资源因受时空分布不均及河流陡降的影响，建筑水库库址地形不太理想，地表径流多以洪水形式直接流入大海，水资源的可利用程度低。

三、生物资源④

海南省生物资源极为丰富，素有"绿色宝库"之称，是中国最大的热带自

---

①②③　吴传钧. 中国经济地理［M］. 北京：科学出版社，1998.

④　资料来源于海南省人民政府网，http：//www.hainan.gov.cn。

然博物馆、最丰富的物种基因库。据调查，海南岛有维管束植物4200多种，约占全国总数的1/7，其中630多种为海南所特有；在4200多种植物中，乔灌木2000多种，其中有800多种经济价值较高，20多种被列为国家重点保护的特产与珍稀树木，药用植物2500多种。此外，海南岛也拥有大量天然药材和珍稀的动物资源。

（一）热带森林植被生长快且类型多样

海南是热带雨林和季雨林的原生地。海南热带森林植被生长快，类型多样，垂直分带明显，且具有混交、多层、异龄、常绿、干高、冠宽等特点，主要分布于五指山、尖峰岭、霸王岭、吊罗山、黎母山等林区，其中五指山属未开发的原始森林。热带森林盛产珍贵的热带木材。在1400多种针阔叶树种中，乔木达800种，其中458种被列为国家的商品材，属于特类木材的有花梨、坡垒、子京、荔枝、母生5种，一类材34种，二类材48种，三类材119种，适于造船和制造名贵家具的高级木材有85种，珍稀树种45种。

（二）热带作物资源丰富多样

海南热带作物资源丰富，粮食作物、经济作物、热带果蔬等类型多样。粮食作物是种植业中面积最大、分布最广、产值最高的作物，主要有水稻、旱稻、山兰坡稻，其次是番薯、木薯、芋头、玉米、粟、豆等。经济作物主要有橡胶、椰子、甘蔗、麻类、花生、茶、油棕、槟榔、咖啡、胡椒、剑麻、香茅、腰果、可可等。栽培和野生果类29科53属，栽培形成商品的热带水果主要有菠萝、荔枝、龙眼、香蕉、大蕉、柑橘、杧果、西瓜、杨桃、菠萝蜜、红毛丹、火龙果等。

（三）药材资源丰富

海南素有"天然药库"之称，蕴藏着丰富的动植物及海产药材资源。岛内药用植物丰富，4000多种植物中可入药的约2000种，占全国药用植物种类的40%，药典收载的有500种，位居全国前列，经过筛选的抗癌植物有137种，南药30多种，著名的槟榔、益智、砂仁和巴戟天"四大南药"产量占全国90%以上。动物药材和海产药材资源有鹿茸、猴膏、牛黄、穿山甲、玳瑁、海龙、海马、海蛇、琥珀、珍珠、海参、珊瑚、蛤壳、牡蛎、石决明、鱼翅、海龟板等近50种。

（四）动物资源丰富

海南动物资源丰富。据调查，海南拥有陆生脊椎动物 567 种。其中，两栖类 37 种，占全国比重的 18.8%；爬行类 104 种，占全国比重的 33%；鸟类 344 种，占全国比重的 29.5%；哺乳类 76 种，占全国比重的 18.6%。在两栖类 37 种野生动物中，有 11 种仅见于海南，8 种被列为国家特产动物，哺乳类中有 21 种为海南特有，并有世界上罕见的珍贵动物——世界四大类人猿之一的黑冠长臂猿和海南坡鹿。

四、矿产资源[①]

（一）矿产资源储量丰富且矿种齐全

海南省是中国矿产资源较为丰富、矿种比较齐全的省份之一。全省共发现矿产 88 种，经评价有工业储量的矿种 70 种，其中已探明列入矿产资源储量统计的 59 种，产地 487 处。在已查明储量的 59 种矿产中，保有资源储量名列全国前十位的矿产有 13 种，优势矿产资源有 11 种，有特色和比较优势的矿产 7 种。

（二）优势矿种分布较集中且在全国地位突出

目前，探明储量居全国前列的 11 种优势矿产资源包括石油、天然气、玻璃用砂、钛铁砂矿、锆英石砂矿、宝石、富铁矿、铝土矿（三水型）、饰面用花岗岩、饮用天然矿泉水、热矿水。这些矿产资源在全国地位较突出，如海南玻璃用砂储量居全国第 1 位，锆英石砂矿居全国第 2 位，钛铁砂矿和天然气居全国第 3 位，宝石（蓝宝石、红锆宝石）居全国第 4 位，饰面用花岗岩居全国第 5 位，富铁矿居全国第 6 位，铝土矿居全国第 10 位，饮用天然矿泉水和热矿水居前列。优势矿产资源的空间分布较为集中。其中，玻璃用砂已探明大型矿床 4 处，主要分布于儋州、东方、文昌等地；钛铁砂矿主要分布于海南岛东海岸，已探明矿床 24 处，其中大型矿床 3 处、中型 1 处，钛铁矿储量占全国同类矿产储量的 1/4 以上；锆英石砂矿已探明大型矿床 3 处、中型 6 处、小型 19 处，主要分布于文昌、琼海、万宁、陵水等市县，储量占全国同类矿产储量的 1/3 以上；已探明宝石大型矿床 1 处，位于文昌境内；富铁矿分布于昌江石碌镇一带，保有储量 2.31 亿吨，是国内少有的富铁矿之一；已探明铝土矿大型矿床 1 处，位于

---

① 资料来源于海南省人民政府网，http：//www.hainan.gov.cn。

文昌市；饰面用花岗岩主要分布于屯昌、琼中、三亚、乐东、白沙等市县；饮用天然矿泉水在各市县均有发现。

五、海洋资源

（一）海洋油气资源储量大

海南省所辖海域油气资源丰富，储量惊人。据预测，海南省辖海域有油气沉积盆地 39 个，其总面积约 64.88 万平方千米，蕴藏的石油地质潜量约 328（折经济资源潜量 152）亿吨、天然气地质潜量约 11.7（折经济资源潜量 4.2）万亿立方米、天然气水合物地质潜量 643.5 亿~772.2 亿吨（油当量），故有"第二海湾"之称。目前，已发现储存油气的主要盆地有莺歌海盆地、北部湾盆地和琼东南盆地等 6 大盆地，均在海南岛附近海域，总资源达到 300 亿吨油当量。莺歌海盆地位于北部湾南部，由东、西两个不同的构造盆地构成，其中西莺歌海盆地面积约为 3.9 万平方千米，含有石油资源约 27 亿吨，天然气资源量约为 2.3 万亿立方米。琼东南盆地面积约为 4 万平方千米，石油资源量约为 40 亿吨，天然气资源量为 6.4 万亿立方米，拥有世界级海上大气田——崖 13－1 大气田，该气田含气面积 53.85 平方千米，气田年产天然气 34 亿立方米。北部湾盆地是一个中新生代沉积盆地，盆地中已发现的油田有涠 10－3、涠 11－1、涠 11－4、涠 12－3、乌石 16－1 等，含油气构造 7 个，石油资源量约为 21 亿吨，天然气资源量 5900 亿立方米[①]。

（二）海盐资源丰富

海南岛西南部和南部岸段日照时间长、气温高，年平均蒸发量一般为 2300~2500 毫米，是华南地区海盐生产条件最好的地区，沿海港湾滩涂许多地方都可以晒盐，主要集中于三亚至东方沿海数百里的弧形地带上。目前，全省共有盐田面积 5000 公顷，年产原盐 27 万吨。已建有莺歌海、东方、榆亚等大型盐场，其中莺歌海盐场是中国三大盐场之一，盐场面积约 22 平方千米，是华南沿岸最大、晒盐条件最佳的盐场。

（三）海洋水产资源丰富[②]

海南省海洋渔场广。海南岛近海在水深 200 米以内的大陆架渔场面积有 656

---

①　吴传钧. 中国经济地理［M］. 北京：科学出版社，1998.

②　资料来源于海南省人民政府网，http://www.hainan.gov.cn。

万平方海里（包括整个北部湾渔场面积）。西沙群岛、南沙群岛、中沙群岛近海均有良好的中上层渔场，仅西沙群岛近海渔场面积即有7600多平方海里，是全国发展热带海洋渔业的理想之地。主要渔场有北部湾、三亚、大洲、博鳌、清澜、西沙群岛海区、南沙群岛海区、中沙群岛海区、崖州石埋边、夜莺岛、金古岭、东落岭、昌化、北黎、海头、莺歌海渔场、北部湾的东、南海渔场及临高县至儋县的浅海和港湾。

海南省海洋水产资源品种多，达800种以上，其中鱼类就有600多种，主要的海洋经济鱼类40多种、虾类17种、藻类162种、贝类45种、主要海参8种、海龟5种。主要经济鱼类中，上中层鱼类主要有蓝圆参、鲐鱼、小公鱼、青干鱼、扁舵鲣、青鳞鱼、弓头燕鳐鱼、乌鲳鱼、康氏马鲛鱼、宝刀鱼和鳓鱼，底层鱼类主要有红鳍笛鲷、金线鱼、马六甲鲤、印度白姑鱼、长条蛇鲻、二长棘鲷、五棘银鲈、黄鳍马面、海鳗、大黄鱼、带鱼、灰星鲨和石斑鱼等。虾类有斑节对虾、沟对虾、日本对虾、红斑对虾、墨吉对虾、刀额对虾、近缘对虾、典型新对虾、周氏新对虾、哈氏仿对虾、亨氏仿对虾、细场仿对虾、刀额氏对虾、鱼额仿对虾、须赤虾、中华管鞭虾、中国龙虾。主要藻类有拔石花菜、麒麟菜、江蓠、沙菜等。贝类有白蝶贝、马氏珍珠贝、近海牡蛎、翡翠贻贝、鲍、泥蚶、章鱼等。海参有梅花参、黑乳参、方刺参、蛇目参、糙参、白妮参等。海龟有较高的经济价值，每年4~7月是西沙捕捉海龟的季节，在博鳌港口"圣公石"沿海一带，一年四季均有捕获。"和乐蟹"在港澳享有盛誉。

许多珍贵的海特产品种已在浅海养殖，可供人工养殖的浅海滩涂约2.50万公顷，养殖经济价值较高的有鱼、虾、贝、藻类等20多种。淡水鱼（不包括溯河性的鱼）有15科57属72种。海南省浅海养殖以海南岛东南海岸（从文昌县至三亚市）潜力最大，西北沿岸（从儋县至琼山县）次之。

（四）滨海砂矿储量大且矿种多

海南省滨海砂矿储量大，矿种多。海岸带已勘探明的固体矿产有钛铁矿、锆英石、独居石、钴矿、玻璃石英砂、铅、锰、沸石、水泥石灰岩建筑石料等。其中，钛铁矿储备占全国的70%；锆英石储量占全国的60%；钴矿储量约占全国的60%左右，钴的品位极高，相当于国内其他钴矿品位的10倍；已探明的玻璃石英砂矿储量超过4亿吨，占全国探明储量的54%，居全国之首。

海南省滨海砂矿分布较集中，矿种相对配套。钛矿主要分布于万宁乌场、文昌清澜、琼海沙笼、南港等地区。锆英石、独居石主要分布于海南岛东海岸，与钛铁矿伴生。文昌铺前及万宁保定两个锆英石矿区规模最大，属大型矿床，琼海县南港、陵水县乌石等锆英石矿产地规模较大，属中型矿床。玻璃石英砂在海岸带普遍有分布，均属海滨沉积砂床，东方八所、儋州新隆、文昌铺前和龙马为已探明的 4 个大型石英砂矿区。

（五）珊瑚资源种类繁多

海南省珊瑚种类繁多，据统计共有 110 种和 5 个亚种，分别属于 13 科、34 属和 2 亚属。主要种类有滨珊瑚、蜂巢珊瑚、角状蜂巢珊瑚、扁脑珊瑚等巨大珊瑚礁块体，还有成片生长的鹿角状珊瑚，牡丹珊瑚、陀螺珊瑚、杯形珊瑚等。海南省的珊瑚礁可分为三个类型：岸礁（裙礁）、离岸礁和潟湖礁，其中岸礁占 92.4%，离岸礁占 6.88%，潟湖礁仅占 0.68%。西沙群岛、南沙群岛、中沙群岛也多由珊瑚礁组成。海南省珊瑚资源主要分布在清澜港至博鳌岸段、亚龙湾野猪岛岸段、洋浦湾—峻壁角岸段、三亚岸段、临高县岸段、儋州（洋浦湾以北）岸段、西、南、中沙群岛附近海域。

第三章　社会经济环境与资源

第一节　人口与劳动力

一、人口发展

（一）解放前人口发展

1. 解放前的人口迁入

海南是个移民区，历史上，海南人口一直同其开发程度及移民多少紧密联系在一起。大陆居民自汉代以前就开始迁居海南岛，后逐渐增加，在宋代末年和明末清初曾出现两次大的移民高潮。据史料统计，比较确凿的人口数量在顺治九年（1652 年）仅为 13 万左右，嘉庆二十三年（1818 年）也才约有 71 万，直到道光十五年（1835 年）全岛人口达到 125 万人，到民国十七年（1928 年）全岛人口才达到219.5 万人，较少的人口一直与海南落后的开发水平相一致。①

2. 解放前的人口移出与人口缓慢增长

总体上看，新中国成立前海南的人口增长较为缓慢。究其原因，一方面是当时的经济、科技、医疗卫生条件落后，另一方面是岛内居民大规模地迁居海外。据历史记载，在明末清初海南人口迅速增长，岛东北设郡较早的地区，已出现村民欲耕无地的困境，除一部分向岛内偏远州县迁移外，许多人陆续向海外谋生。乾隆年间（1736～1795 年），海南有人渡海去安南（今越南）、暹罗

---

① 朱竑. 建省以来海南人口变化特征分析 [J]. 海南大学学报（社会科学版），1998，16（4）：7-11.

（今泰国）谋生。在 1902～1911 年，迁往新加坡和泰国两地每年达 2.7 万人，这股海外移民潮一直延续到海南解放。

（二）解放后人口发展

1. 解放后至建省前人口高自然增长率、移民潮与人口较快增长

解放后至建省前，海南人口增长较快。1964 年进行全国"二普"时，海南人口 347.04 万人，比 1953 年"一普"时增加 81.35 万人，年均增长率为 2.46%。1982 年"三普"时，海南人口 566.77 万人，比"二普"时增加 219.73 万人，年均增长率为 2.76%。1990 年"四普"时，海南省人口 655.81 万人，比"三普"时增加 89.04 万人，年均增长率为 1.84%。

这一时期海南人口增长较快的原因有两个：一是源于新中国成立后较高的人口自然增长率。1962 年海南人口自然增长率曾经一度高达 43.73‰；1978 年实施计划生育政策时，海南人口自然增长率下降至 19.6‰；直到 1988 年，人口自然增长率达 15.4‰。二是此时期出现了移民潮。由于国家对海南大幅度的投资建设和进一步的开发，导致数百万各行各业建设大军从祖国四面八方投身于海南的经济振兴。新中国成立后有几次较大的大陆人口迁入，分别是：1952～1965 年开发橡胶的移民潮，15 年间共迁入 30 万人左右；20 世纪 60 年代中期到 70 年代，先是 30 万知识青年下乡来到海南，后有大批内地农民到三亚进行南繁育种。

2. 建省后的两次移民潮与总体上的人口低速增长

1988 年海南建省办经济特区前后，特区政策吸引了大量人才来海南创业，海南曾出现"十万人才过海峡"的壮观移民潮，之后移民潮逐步退去。随 2009 年海南开始建设国际旅游岛，海南出现新的移民潮——候鸟一族的移入，海南省人口数稳步增长。根据全国人口普查数据，2000 年"五普"时海南省人口 786.75 万人，比 1990 年增加 130.94 万人；2010 年"六普"时海南省人口 867.15 万人，比 2000 年"五普"增加 80.40 万人；2018 年海南省常住人口 934.32 万人，比 1988 年增加 306.83 万人。

从人口增长速度来看，海南建省以来人口增长进入低速增长阶段。1990～2000 年海南省人口年均增长 1.78%，2000～2010 年海南省人口年均增长 0.98%，比上个十年降低了 0.8 个百分点。1988～2018 年海南省人口年均增长 1.34%。海南建省以来人口低速增长的主要原因在于人口自然增长率总体上呈明显下滑态势（见图 3-1）。

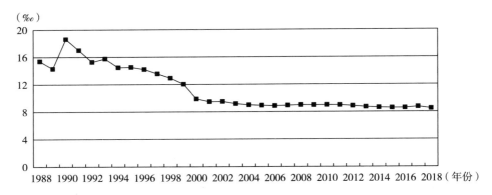

图 3-1　1988～2018 年海南省人口自然增长率增长趋势

资料来源：相关年份的《海南统计年鉴》。

二、人口分布

（一）人口的区域分布

1. 人口区域分布历来与各区域开发先后密切相关

历史上，海南人口较为稠密的区域是开发较早的海南岛西北部、北部和东北部。民国二十二年（1933 年），儋州、临高、澄迈、海口（含琼山）、定安、文昌等市县人口稠密，集中了海南岛上一大半的人口。解放后，海南岛东部及东南部渐次得到开发，海南岛人丁越来越兴旺。

2. 目前人口的区域分布明显不均衡

目前，海南省人口区域分布的总体特点是：海南岛 18 个市县人口较为密集，三沙市所辖西沙群岛、中沙群岛、南沙群岛的岛礁及其海域的人口十分稀少；而在海南岛上，西北部、北部、东北部、东部与东南部市县的人口较密集，中部和西南部市县的人口较为稀少。2018 年，海南全省人口密度约为 265 人/平方千米。其中，三沙市人口密度约为 1 人/平方千米；海南岛西北部、北部、东北部、东部与东南部的 10 个市县儋州、临高、澄迈、海口、定安、文昌、琼海、万宁、陵水和三亚的人口密度均大于 230 人/平方千米；而海南岛中部与西南部的 8 个市县五指山、屯昌、琼中、保亭、白沙、东方、乐东和昌江的人口密度均小于 220 人/平方千米，其中海南岛中部的 3 个市县琼中、白沙和五指山的人口密度低于 100 人/平方千米（见表 3 - 1）。

表 3 - 1　2018 年海南省各市县人口密度

市县	土地面积（平方千米）	人口数（万人）	人口密度（人/平方千米）	市县	土地面积（平方千米）	人口数（万人）	人口密度（人/平方千米）
海口	2290	230.23	1005	临高	1343	45.1	336
三亚	1922	77.39	403	儋州	3399	99.84	294
三沙	788	0.05	1	东方	2273	42.97	189
五指山	1144	10.71	94	乐东	2766	48.27	175
文昌	2459	56.89	231	琼中	2704	18.02	67
琼海	1710	51.57	302	保亭	1153	15.28	133
万宁	1901	57.86	304	陵水	1108	33.39	301
定安	1197	29.76	249	白沙	2116	17.34	82
屯昌	1224	26.85	219	昌江	1621	23.35	144
澄迈	2076	49.44	238	合计	35191	934.32	265

资料来源：《海南统计年鉴 2019》。

3. 建省以来人口区域分布呈现集中化态势

1988 年海南建省以来，人口向自然条件相对好和经济相对发达的区域集中态势明显。

其一，1989 年，海南岛西北、北部和东北部的儋州、临高、澄迈、海口（含琼山）、定安、文昌与东部和东南部的琼海、万宁、陵水、三亚 10 个市县人口数达到 465.72 万,[①] 占当年全省人口的 72.91%。2018 年，上述市县的人口数上升到 731.47 万人，占全省比重上升到 78.29%，其中，海口、三亚和儋州 3 市的人口数占全省的比重达 43.61%。

其二，从各市县人口密度的变化看，从 1988 年到 2005 年，各市县人口密度均呈提升态势，其中只有海口、三亚、临高和儋州 4 市县人口密度增加值超过全省人口密度增加值；而从 2005 年到 2018 年，仅海口、三亚、文昌、琼海、万

---

① 朱竑. 建省以来海南人口变化特征分析［J］. 海南大学学报（社会科学版），1998，16（4）：7 - 11.

宁、临高、东方和陵水8个市县人口密度呈上升态势，且仅有海口、三亚和琼海人口密度增加值超过全省（见表3-2）。

表3-2　观察年份海南省各市县人口密度

市县	人口密度（人/平方千米）			人口密度增加值（人/平方千米）	
	1988年	2005年	2018年	2005年/1988年	2018年/2005年
海口	381	639	1005	258	366
三亚	178	267	403	89	136
五指山	78	98	94	20	-4
文昌	200	217	231	17	14
琼海	238	273	302	35	29
万宁	248	300	304	52	4
定安	232	266	249	34	-17
屯昌	185	221	219	36	-2
澄迈	200	248	238	48	-10
临高	259	324	336	65	12
儋州	205	300	294	95	-6
东方	132	174	189	42	15
乐东	146	177	175	31	-2
琼中	69	77	67	8	-10
保亭	128	138	133	10	-5
陵水	243	298	301	55	3
白沙	72	87	82	15	-5
昌江	122	149	144	27	-5
全省	183	239	264	56	26

注：根据相关年份的《海南统计年鉴》中的相关数据计算得到；三沙市设立时间较短且人口极少，不纳入计算。

（二）人口的民族分布

1. 海南省是多民族省区

海南省是一个多民族省区，汉族、黎族、苗族、回族是其世居民族，其余民族是解放后迁入的。根据第六次人口普查资料，海南省是一个少数民族大省，除黎族、苗族和回族这3个世居的主要的少数民族外，还有蒙古、藏、维吾尔、壮、布依、朝鲜、满、侗、瑶、白、土家、哈尼、哈萨克、傣、傈僳、佤、畲、高山、水、纳西、土、达斡尔、仫佬、羌、布朗、撒拉、毛南、仡佬、锡伯、塔吉克、俄罗斯、京、塔塔尔、赫哲等38个少数民族。黎族是海南岛上最早的原住居民，也是海南岛上独有的民族和人数最多的少数民族。公元9世纪末，在汉文书籍中就出现了关于海南黎族的记载。海南岛上的苗族是16世纪从广西去的士兵后裔发展而成。海南岛回族居住的历史最早可追溯到汉代。

2. 人口以汉族为主

2018年海南省户籍人口数据显示，全省汉族人口和少数民族人口分别为757.59万人和167.52万人，分别占全省总人口的81.9%与18.1%；在全省少数民族人口中，黎族人口最多，为151.48万人，占全省少数民族人口的90.43%，苗族8.03万人，壮族4.09万人，回族1.38万人，分别占全省少数民族人口的4.79%、2.44%和0.82%。

3. 汉族人口和少数民族人口的区域分布相对集中

海南省汉族人口主要聚集在海南岛东北部、北部和沿海地区，世居的黎族、苗族、回族人口大多数聚居在海南岛中部、南部的琼中、保亭、白沙、陵水、乐东和昌江6个民族自治县与三亚、东方和五指山等市。其中，黎族人口主要集中于三亚（15.62%）、陵水（14.42%）、乐东（13.5%）、白沙（8.12%）、琼中（7.51%）、保亭（6.88%）和昌江（6.83%）等市县；苗族主要集中于琼中（19.37%）、琼海（14.63%）、屯昌（13.83%）等市县；壮族主要集中于琼中（16.38%）、儋州（11.31%）、保亭（9.46%）、白沙（7.46%）等市县；回族主要集中于三亚（72.21%）和海口（16.59%）[①]。其余民族居民分散于全省各地。当前少数民族人口占总人口比重超过50%的有五指山、保亭、白沙、琼中和陵水5个市县。

三、人口素质

人口素质是测度人口资源的核心指标，对经济发展起决定性作用。海南省教育发展缓慢，人口素质不高和人力资源短缺一直制约着经济社会的发展。从新中国成立到建省办经济特区，海南本地培养和分配到海南的大学毕业生共11

---

① 资料来源于《海南统计年鉴2019》。

万人,最后只留下 4000 人左右。1988 年海南建省办经济特区时,全省高级工程师、副教授以上的高科技人才仅 107 人。海南建省特别是 20 世纪 90 年代确定科技兴省的战略之后,海南省教育和医疗卫生等事业快速发展,人口素质才有了明显提高。①

(一) 人口受教育程度

1. 建省以来人口受教育程度明显提高

用各种文化教育程度的人口乘以相应受教育年限除以 6 岁及以上总人数的方法计算人口平均受教育年限,2018 年海南省常住人口中 6 岁及以上人口平均受教育年限达到 9.35 年,比 2010 年"六普"时提高了 0.45 年,比 2000 年"五普"时提高了 2.35 年。②

海南省每十万人拥有的高中和中专人数、初中人数自 1982 年开始稳步提升。2010 年"六普"时,海南省每十万人拥有大专及其以上学历人数 7728 人,是 2000 年"五普"时的 2.43 倍,是 1990 年"四普"时的 6.2 倍,是 1982 年"三普"时的 20 倍(见表 3 - 3)。

表 3 - 3 "三普"至"六普"时期海南省人口受教育情况

受教育程度(每 10 万人中)	1982 年"三普"	1990 年"四普"	2000 年"五普"	2010 年"六普"
大专及以上学历人数(人)	382	1247	3180	7728
高中和中专学历人数(人)	9415	10355	12512	14857
初中学历人数(人)	16624	22498	32485	42005
小学学历人数(人)	33331	34603	34378	22589
文盲率(%)	30.36	21.16	9.72	5.07

资料来源:海南省第六次人口普查数据。

另外,自 2004 年海南省在全国率先免除了九年制义务教育学杂费,并加大了教育投入,海南省适龄儿童的入学率逐年提升,文盲率逐年大幅度下降,2018 年海南省文盲率为 3.94%,低于全国 4.94% 的水平。

2. 目前人口受教育程度仍低于全国平均水平

目前,海南省人均受教育年限与全国经济发达省市相比有较大差距,人口

---

① 王一新. 牵手台湾——海南台湾经济比较与合作研究 [M]. 海口:海南出版社,2006.
② 资料来源于《海南统计年鉴 2019》。

构成与全国平均水平相比较低端。2010 年"六普"时，海南省每十万人拥有小学及大专以上文化程度人数分别低于全国平均水平 4190 人和 1202 人，每十万人高等教育在校学生 2036 人，也低于全国平均水平 2189 人。①

（二）人口身体素质

总体上看，海南省人口身体素质优于全国平均水平。一是海南省人口死亡率低于全国平均水平。2015 年海南省人口死亡率为 6.01‰，而全国为 7.13‰。这与海南省优越的生态环境紧密相连。二是海南省人口的平均预期寿命高于全国平均水平。1990 年、2000 年和 2010 年海南省人口平均预期寿命分别为 70.01 岁、72.92 岁和 76.3 岁，而这三年全国人口平均预期寿命分别为 68.55 岁、71.4 岁和 74.73 岁。适宜的生态环境、清淡的饮食习惯和医疗条件的改善促使海南省人口平均预期寿命高于全国平均水平。

四、人口结构

（一）人口性别结构

1. 总人口男女性别比趋高

如果没有人为干扰，人口性别比（男/女 × 100）会基本稳定于国际恒定值范围（104～107），这是人类自身发展的一般规律。海南省人口性别比趋高（见表 3－4）。1953 年海南省人口性别比偏低，男少女多，主要是由于长期战乱中男性参战死亡较多。到 1957 年，海南省人口男女比例相当。1957 年后海南省男性多于女性，人口性别比越来越高，其中，在 1964 年"二普"时低于国际恒定值范围，1982 年"三普"时在国际恒定值范围内，1990 年"四普"时超过国际恒定值近 2 个点，显示男女比例开始失衡，到 2015 年时超过国际恒定值 4.52 个点。这种特征反映了人口状况存在着一定的历史继承性，也表明居民长期以渔耕为主的传统生活方式所形成的重男轻女的思想观念，并没有随社会进步、经济发展而淡化，却有加剧之势。究其原因可能与较封闭的地理大环境及建省后的新移民中男性多过女性的事实相关。②

---

① 海南省第六次人口普查办公室. 海南人口现状、发展与展望：海南省第六次人口普查课题集［C］. 海口：海南省统计局，2011.

② 王一新. 牵手台湾——海南台湾经济比较与合作研究［M］. 海口：海南出版社，2006.

表 3-4 "一普"时期以来海南省男女性别人口数及性别结构

时间	男性人口数（万人）	女性人口数（万人）	性别比（以女性为100）
1953 年"一普"时	131.86	133.83	98.52
1957 年	145.39	145.42	99.97
1964 年"二普"时	175.67	171.37	102.51
1982 年"三普"时	290.67	276.1	105.28
1990 年"四普"时	341.89	313.92	108.91
2000 年"五普"时	400.24	355.66	112.54
2010 年"六普"时	459.23	407.92	112.58
2018 年	489.43	444.89	110.01

资料来源：《海南统计年鉴 2019》。

2. 出生婴儿男女性别比居高不下

第六次人口普查数据显示，2010 年海南省出生婴儿性别比为 125.29，高于全国 118.06 的水平，同时出生婴儿性别在出生孩次上存在显著区别，第一孩出生性别比为 117，第二孩为 130，第三孩为 200，第四孩为 205，第五孩为 367，可见婴儿的出生性别比已经明显偏高，孩次越高，越不正常。[①]

（二）人口年龄结构

1. 海南省少年人口、劳动年龄人口与老年人口的构成

国际标准规定，0~14 岁不能劳动自给，称为少年人口；15~64 岁能参加社会劳动，不仅能养活自己，也可以供养他人，称为劳动年龄人口；65 岁以后不能参加社会劳动，需要他人抚养，称为老年人口。[②] 2018 年，海南省少年人口、劳动年龄人口与老年人口分别占总人口的 19.5%、72.35% 和 8.15%。

2. 海南省在 2010 年时已经进入了人口老龄化社会

按照国际人口划分标准，通常一个国家或地区 65 岁及以上人口占总人口比重达到 7% 就进入了人口老龄化社会。1982 年"三普"与 1990 年"四普"时，海南省人口年龄结构处于成年型，2000 年"五普"时，海南省少年人口占总人口比重开始进入老年型，2010 年"六普"时，海南省少年人口与老年人口比重

---

① 海南省第六次人口普查办公室. 海南人口现状、发展与展望：海南省第六次人口普查课题集 [C]. 海口：海南省统计局，2014.

② B. Pichat. 人口老龄化及其社会经济后果 [R]. 联合国经济和社会理事会，1956.

指标均进入老年型（见表 3 - 5）。因此，在 2010 年"六普"时，海南省人口年龄结构已转变为老年型。

表 3 - 5 海南省人口年龄结构类型对照

类别	年轻型标准	成年型标准	老年型标准	海南省人口结构状况				
				1982 年"三普"时	1990 年"四普"时	2000 年"五普"时	2010 年"六普"时	2018 年
0 ~ 14 岁人口占比（%）	40 以上	30 ~ 40	30 以下	36.73	33.08	27.43	19.78	19.5
65 岁及以上占比（%）	4 以下	4 ~ 7	7 以上	6.16	5.41	6.74	8.07	8.15
年龄中位数（岁）	20 以下	20 ~ 30	30 以上	21.00	22.26	27.15	31.91	—
老少比（%）	15 以下	15 ~ 30	30 以上	17.11	16.34	24.57	40.79	41.79

注：表中的标准为国际通常使用标准。

随着老年人口增多及增速加快，海南省老年人口负担逐步加重。1982 年老年人口负担系数为 8.87%，到 2018 年增至 11.27%，同期 65 岁及以上人口占总人口比重由 6.16% 增加到 8.15%，老少比也增加到 41.79%，未来老年人口负担将继续加重。

五、劳动力资源

（一）劳动力资源数量

1. 劳动适龄人口总量由快速增长转为在波动中缓慢增长

从 1982 年"三普"时期至 2010 年"六普"时期，海南省劳动年龄人口数及其占总人口比重均快速增长，年均增长率分别为 2.47% 和 1.31%。但自 2010 年以来，海南省劳动年龄人口数及其占总人口比重不仅增长速度均明显变慢，且略呈波动态势，劳动年龄人口数年均增长率仅为 0.24%，劳动年龄人口数占总人口比重的年均增长率仅为 0.03%（见图 3 - 2）。

总体上看，1982 年"三普"时期至 2018 年，海南省劳动年龄人口数明显增长，年均增长率为 2.07%，高于同时期全省总人口 1.3% 的年均增长率。海南省劳动适龄人口数量的增长,一方面源于 2009 年海南国际旅游岛建设战略实施以来的开放型经济发展,另一方面则是由于 20 世纪 80 年代后第三次人口生育高峰(1981～1990 年)的影响。不断增加的劳动适龄人口为经济发展提供了有利的条件。

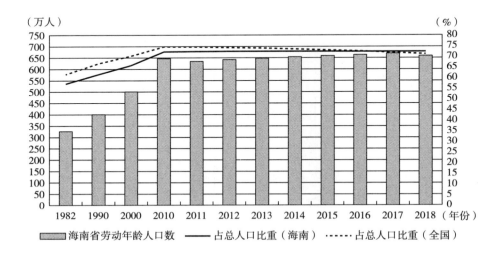

图 3 – 2 1982～2018 年海南省劳动适龄人口数变动态势

资料来源:《海南统计年鉴 2019》。

2. 近年来劳动适龄人口所占比重开始高于全国平均水平

自 1982 年"三普"时期到 2016 年,海南省 15～64 岁劳动年龄人口占总人口比重均低于全国平均水平。2016 年以来,海南省 15～64 岁劳动年龄人口占总人口比重略超出全国平均水平(见图 3 – 2)。在当前国际旅游岛建设和自由贸易试验区和自由贸易港建设的大背景下,海南省应制定相应的人才引入政策,吸引外来高质量劳动力的流入,提高海南省适龄劳动力人口素质,以适应海南省经济快速发展的需要。

(二)劳动力资源结构

1. 劳动适龄人口资源逐渐呈高龄化发展趋势

劳动适龄人口的年龄结构关系着劳动力的动态供给状况,是影响劳动力市场的重要因素。第六次人口普查资料显示,海南省 45 周岁以下劳动适龄人口为

447.32 万人，占全部劳动适龄人口的 71.50%，比 2000 年的 77.44% 下降了 5.94 个百分点；相反 45~64 岁的比重为 28.50%，比 2000 年提高了 5.94 个百分点。从劳动年龄组结构看，2000 年以后，海南省劳动适龄人口中的高年龄组比重呈上升趋势。这反映了劳动适龄人口总体逐渐老化，劳动力无限供给的特征正在转变，"人口红利"在不断衰减，这将对未来经济增长产生影响。[①]

2. 城镇劳动适龄人口数量多于乡村

分城乡看，第六次人口普查资料显示，全部劳动适龄人口中，城镇适龄劳动人口数量 325.89 万人，占 52.1%，乡村人口数量 299.76 万人，占 47.9%，城镇适龄劳动人口比乡村多 26.13 万人。海南省城镇适龄劳动人口多于乡村，主要得益于城镇化水平不断提升，产业结构的不断调整，使农村人口持续向城镇转移。[②]

3. 劳动适龄人口文化素质明显提高但总体水平仍然偏低

人口的文化素质受一定的经济条件制约，反过来又影响着经济社会发展。第六次人口普查资料显示，10 年来海南省劳动适龄人口文化素质明显提高。2010 年，受过大专及以上教育的人口有 64.98 万人，占劳动人口的比重为 10.4%，比 10 年前提升 4.3 个百分点；受过高中教育的有 123.34 万人，占劳动人口的比重为 19.8%，提高 2.5 个百分点；未上过学（文盲、半文盲）的劳动适龄人口大幅下降，从 10 年前的 28.50 万降至 14.62 万，降幅达 48.7%。虽然近十年劳动适龄人口的文化素质有了明显提高，但全省仍有将近 70% 的劳动年龄人口文化程度在初中及以下，总体水平仍然偏低。[③]

第二节　资金与科教信息资源

一、资金资源

（一）资金资源总量总体明显增长但增速度明显波动

海南省自 1988 年建省办经济特区以来，资金资源总量明显增长，但其增长

---

①②③　海南省第六次人口普查办公室．海南人口现状、发展与展望：海南省第六次人口普查课题集 [C]．海口：海南省统计局，2014.

速度明显波动（见图 3 - 3、图 3 - 4）。从地方财政资金来看，2018 年地方公共
财政预算收入 752.6673 亿元，是建省初期财政收入的 156 倍，年均增长
18.33%，高于全国同期 15.62% 的水平。1988 ~ 1994 年，受建省办经济特区政
策利好的驱动，地方财政收入增速最快，地方财政收入由 1988 年的 4.82 亿元增
长到 1994 年的 27.53 亿元，增长了近 5 倍，年均增长 33.68%。1995 ~ 1999 年，
受到房地产泡沫破灭的影响，地方财政收入增长速度放慢，年均增长仅 6.09%。

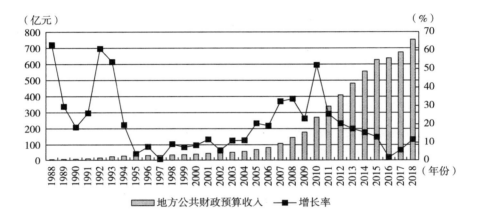

图 3 - 3 1988 ~ 2018 年海南省地方公共财政预算收入变动

资料来源：《海南统计年鉴 2019》。

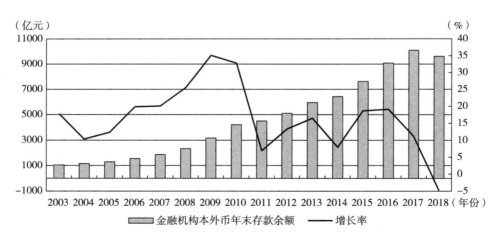

图 3 - 4 2003 ~ 2018 年年末海南省金融机构本外币存款余额变动态势

资料来源：《海南统计年鉴 2019》。

从 2000 年到 2009 年，经济逐步恢复，地方财政收入由 2000 年的 39.20 亿元上升到 2009 年的 178.24 亿元，增长了约 3.55 倍，年均增长 18.33%。自 2010 年开始，受到国际旅游岛政策的积极影响，地方财政收入明显增长，由 2010 年的 271 亿元上升到 2018 年的 752.67 亿元，五年增加了 481.68 亿元，年均增长 13.62%，但增速总体逐年下滑。从金融机构本外币年末存款余额来看，2002 年海南省金融机构各项存款余额为 891.93 亿元，到 2018 年增长到 9610.47 亿元，16 年间增长近 10 倍。

（二）资金资源总量与经济发达省区相比明显偏小

与经济发达省区相比，目前海南省资金资源总量明显偏小。2018 年，海南省地方公共财政预算收入在全国排名倒数第四，仅高于西藏、青海和宁夏三个省区，仅占广东省地方财政收入总数的 6.2%，江苏省的 8.7%，上海市的 10.6%，北京市的 13%（见图 3-5）。2014 年，海南省金融机构各项存款余额在全国排名倒数第四位，仅高于西藏、宁夏和青海三省，仅相当于广东的 5.02%，北京的 6.42%，江苏的 6.63%，浙江的 8.11%，上海的 8.69%（见图 3-6）。

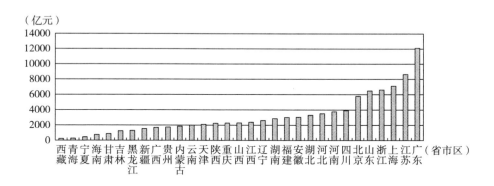

图 3-5　2018 年中国各省市区地方公共财政预算收入比较

二、科教信息资源

改革开放以来，特别是 1988 年建省办经济特区以来，在"科技兴琼"的战略方针指引下，海南省科教信息资源日益丰富。

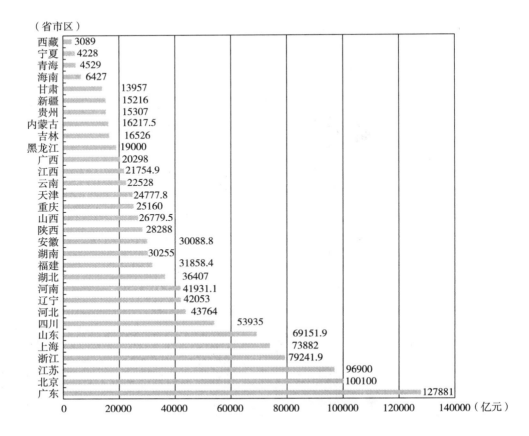

（省市区）

图 3－6　2014 年年末中国各省市区金融机构各项存款余额比较

（一）科技资源

科技资源是经济发展的决定性因素，科技经费投入与科技产出或成果能在较大程度上反映科技资源的丰裕度。

1. 科技经费投入力度不断加大

从 R&D 经费的数量看，2018 年海南省 R&D 总经费为 26.87 亿元，是 2009 年的 4.62 倍，年均增长率 18.55%；R&D 经费占地区生产总值（GDP）比重为 0.56%，比 2009 年提高了 0.21 个百分点，但远低于同期全国 2.19% 的水平。

从 R&D 总经费来源看，2011 年以前主要以政府投入资金为主，2011 年之后转变为以企业投入资金为主。2018 年政府投入资金 13.32 亿元，比 2009 年增加 10 亿元以上，但是占 R&D 总经费比重为 49.55%，比 2009 年下降了 5.62 个百分点;企业资金 12.24 亿元,比 2009 年增加了 6.85 亿元,占 R&D 总经费比重为 45.55%,比 2009 年提升了 7.62 个百分点。

从 R&D 总经费支出结构来看,主要以实验发展研究为主,其次为应用研究,最后为基础研究。2018 年海南省试验发展研究经费为 15.43 亿元,占 R&D 总经费比重为 57.42%,应用研究经费为 5.93 亿元,占 R&D 总经费比重为 22.07%,基础研究经费为 5.51 亿元,占 R&D 总经费比重为 20.51%。

从地方财政科技拨款经费来看,2018 年海南省地方财政科技拨款 15.04 亿元,是 1988 年的 273 倍,年均增长率约为 21%;2006 年以前,地方财政科技拨款稳步提升,年均增长 14.86%,2006 年后增长加速,2006~2013 年年均增长率达到 54%;2013 年以来地方财政科技拨款增长呈现明显波动,但总体明显增长(见图 3-7)。地方财政科技拨款占地方公共财政支出的比重也由 1988 年的 0.46% 增长到 2018 年的 0.89%。

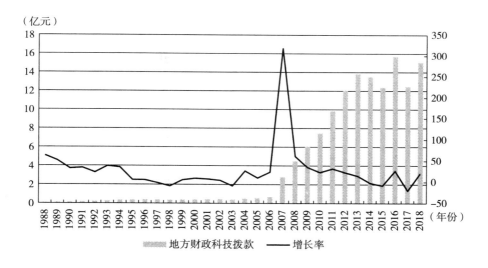

图 3-7　海南省历年地方财政科技支出费用

资料来源:《海南统计年鉴 2019》。

2. 科技产出或成果日渐增多

2018 年海南省专利申请受理数 6451 件,比 2009 年增加 5411 件,其中发明专利 2127 件,比 2009 年增加 1671 件;专利申请授权数 3292 件,比 2009 年增加 2662 件，其中发明专利 489 件，比 2009 年增加 405 件。

2014 年海南省获得国家高新技术企业认定的企业已累计达到 146 家；拥有国家自然科学基金项目 149 项；建成省级重点实验室和工程技术研究中心 80 家；海南师范大学和琼州学院获科技部、教育部批准成立国家大学科技园，实现了海南省国家级大学科技园零的突破。

（二）教育资源

新中国成立前，海南教育事业十分落后，教育资源匮乏，发展缓慢，由于经济、社会、历史的原因，90% 以上的农村居民和少数民族群众都是文盲。改革开放后，特别是建省办经济特区以来，海南省教育规模迅速扩大，教育质量日益提升。

1. 基础教育资源不断丰富

1950 年海南解放时，海南省共有小学 2960 所，在校学生 16.30 万人；普通中学 37 所，学生 1.2 万人；幼儿园仅 1 所。1988 年，海南省小学数量升至 4781 所，是 1950 年的 1.61 倍，在校学生达到 90.35 万人，是 1950 年的 5.54 倍；普通中学 480 所，是 1950 年的 12.97 倍，在校中学生人数 30.33 万人，是 1950 年的 25.27 倍；幼儿园 1409 所，在园学生 10.61 万人。2018 年，海南省共有小学 1377 所，在校学生 83.19 万人，小学数量和在校学生数量较建省初有所下降；初中 401 所，高中 201 所，其中普通中学合计 520 所，在校学生人数 50.29 万人；幼儿园 2429 所，在园学生 37.41 万人。幼儿园和普通中学数量较建省初期增长明显，普通中学在校学生规模扩大了 1 倍多，幼儿园在校学生规模扩大了近 3 倍。

以上数据表明，海南刚解放时，在校学生主要以小学生为主；解放后，海南省幼儿教育与中学教育资源日渐丰富，无论是学校数量还是在校学生人数均有大规模提高。

2. 中等职业教育迅猛发展

解放前，海南职业教育基础薄弱，发展缓慢，1950 年，海南有中等专业学校 6 所，共有 31 个班，在校学生 760 人。① 海南建省后，中等职业教育迅猛发展，无论是学校数量还是在校学生规模均得到大幅度提升。1988 年，海南省各

---

① 唐和亲. 前进中的海南教育事业 ［J］. 今日海南，1999（8）：33 - 34.

类中等专业学校 28 所，在校学生 8339 人；到 2018 年，海南省各类中等专业学校达到 82 所，比 1987 年增加了 60 所，在校学生达到 134556 人，是 1987 年的 21 倍多。①

3. 高等教育发展水平逐步提升

海南省高等教育规模逐步扩大。海南解放前，高校仅有 2 所，在校学生仅 219 人，教职工 92 人。海南建省后的一个时期内，高等教育发展速度缓慢。1988 年，海南省普通高等院校 4 所，在校学生 0.91 万人，教职工人数 3043 人，高等教育规模小。到 1998 年，海南省普通高校仅比 1988 年增加 1 所，普通高校在校生为 1.36 万人，10 年间普通高校在校生年均增长率为 4.1%。此后，海南省高等教育进入快速发展阶段，高校数量大幅增加，规模快速扩大。2018 年，海南省普通高等院校 20 所，比建省初期增加了 16 所，在校学生 21.33 万人，是建省初期的 23 倍，教职工人数 15313 人，是建省初期的 5 倍。

（三）信息资源

1. 基础网络快速发展

宽带网络建设发展较好。2015 年底，海南省 3G/4G 用户占比达到 60.2%，位居全国前八位，互联网用户数达到 917 万，固定宽带普及率达到 50.5%，宽带普及指数稳居全国第 7。2015 年，海南智能终端普及指数排名全国第 10，海南在电话普及及电脑普及方面发展较好。光纤发展力度加大。2015 年底，光纤接入用户为 63.7 万户，光纤用户占比达到 47%，高于全国平均水平。光纤骨干传输网络也不断完善，已建成两个路由方向多条出岛海底光缆，以及连接所有市县"三纵三横"的网格状干线传输网络，全省光缆规模达到 2.2 万千米。光纤覆盖范围不断扩大，城市和行政村光纤宽带网络覆盖率分别达到 90.1% 和 73.6%，屯昌县、澄迈县、临高县和陵水县等县已实现"全光县"。②

2. 文化广电设施逐步完善

海南建省后，文化广电设施建设进入快速发展阶段，博物馆、公共图书馆、文化馆、档案馆等基础设施逐步完善（见表 3-6），三网融合业务稳步推进。到 2018 年，海南省共有各类艺术表演团体（含社会民营团体）82 个、文化馆

---

① 资料来源于相关年份的《海南统计年鉴》。
② 中国电子信息产业发展研究院. 中国信息化发展水平评估报告［R］. 2012—2015.

（站）242个、博物馆（含美术馆）19个、档案馆37个、公共图书馆24个、广播电台和电视台各20座，报纸17种、期刊45种，出版报纸1.86亿份，出版期刊0.058亿册，有线广播电视用户达226.66万户，数字电视普及率达到67.05%，广播综合人口覆盖率和电视综合人口覆盖率分别达99.06%和99.08%。

表3-6 2012~2018年海南省主要文化广电设施

年份	文化馆（站）（个）	公共图书馆（个）	博物馆（美术馆）（个）	档案馆（个）	广播电台（座）	电视台（座）
2012	233	20	20	35	19	19
2013	233	21	18	38	19	19
2014	233	21	18	38	19	19
2015	228	21	18	39	19	19
2016	243	23	18	38	20	20
2017	243	23	19	38	20	20
2018	242	24	19	37	20	20

资料来源：《海南统计年鉴2019》。

与经济发达省区相比，目前海南省文化广电设施建设仍有较大差距，如海南省有线电视发展指数排名在全国中等偏下。

第三节　制度与文化

海南省拥有颇为丰富的制度文化资源，不仅有中央赋予的较多的优惠政策，也经过长期积淀而形成了独特的多元文化，是政策优势明显、文化底蕴深厚的制度文化资源大省。

一、政策优势

海南省有多项优势，除了良好的自然环境和生态优势外，其余优势属于政策优势，包括作为全国唯一的省级经济经济特区的政策优势、海南国际旅游岛建设与南海开发和"一带一路"建设带来的政策优势。

（一）作为全国唯一省级经济特区的独特政策优势

1. 海南省是全国唯一实行省直管市县体制的省份

海南从建省开始，就按照政治体制改革的要求，在政府机构的设置，注重精干和高效，强调实现"小政府、大社会"，在全国率先实行了省直管市县的体制。海南省是在全国唯一实行的省直管市县体制的省份，经过三十多年的实践，充分显示了其优势所在：一是有利于提高政府管理效能，降低行政成本；二是有利于统筹协调全省社会经济发展；三是有利于加强对权力的监督和制约。

2. 海南省是全国唯一实行"一脚油门踩到底"的省份

早在 1994 年 1 月 1 日，海南省就将公路养路费、过路过桥通行费和公路运输管理费合并征收燃油附加费。时至今日，海南省仍是中国第一个且唯一一个实行燃油附加费征收管理体制改革的省份，具有较强的现行性和试验性，为国家开征燃油税积累了实践经验。实行燃油附加费征管改革，有利于海南省集中财力加快公路主骨架建设，提升公路通行水平。

3. 海南省是中国唯一的蓝天试验田

2003 年，海南省率先实行航权开放试验，开放第三、四、五航空运输业务权，海南省成为全国最开放的天空的省份。这使民航业一度落后的海南省，一跃成为中国民航业发展最快的省份。开放航权不仅促进海南省航空运输业的迅猛发展，推动了经济建设和社会进步，也为中国加入世贸组织后开放天空摸索积累了经验，加快了中国航空运输业与国际接轨。

4. 海南省享有特有的便利入境政策

海南省享有独有的 21 国团队免签政策。经国务院批准，从 2000 年 10 月 31 日起，韩国、日本、俄罗斯、马来西亚等 21 个国家的 5 人以上旅游团，经由海南省内注册的 40 家国际旅行社组团，在海南省停留时间不超过 15 天的，可以免办签证从海南省入境。21 国免签政策是当时中国最便利的入境签证政策。自1988 年 6 月建省伊始，海南省就获得口岸签证优惠政策。

（二）海南国际旅游岛建设带来的政策优势

2009 年 12 月，《国务院关于推进海南国际旅游岛建设发展的若干意见》正式印发，标志着海南国际旅游岛建设上升为国家战略，海南发展面临新的历史机遇。中央给予海南省投融资、财税、土地、行业开放等诸多政策支持。①

一是在基础设施、生态建设、环境保护、扶贫开发和社会事业等方面安排中央预算内投资和其他有关中央专项投资时，海南省享受和西部地区一样的优惠政策；在投融资政策上，中央支持海南省符合条件的旅游企业发行企业债券，设立旅游产业投资基金等。

二是实施更加便利的出入境管理措施，增加芬兰、丹麦、挪威、乌克兰、哈萨克斯坦 5 国为入境免签证国家，至此海南省免签证国家达 26 国。俄罗斯、韩国、德国 3 国的旅游团组团人数放宽至 2 人以上（含二人），入境停留时间延长至 21 天。支持海南引进国内外大型旅游企业，培育旅游骨干企业和知名品牌。

三是支持海南省积极稳妥推进开放开发西沙旅游，有序发展无居民岛屿旅游，试办一些国际通行的旅游体育娱乐项目，探索发展竞猜型体育彩票和大型国际赛事即开彩票。

四是同意海南省在不突破国家下达的耕地保有量、基本农田保护面积和建设用地总规模的前提下，试行对土地利用总体规划实施定期评估和调整机制。开展城乡建设用地增减挂钩试点、农村集体经济组织和村民利用集体建设用地自主开发旅游项目试点。

五是在扩大免税购物方面，针对目前全国只对境外旅客离境退税，允许海南省将免税购物对象延伸到所有离岛旅客，包括境外和国内旅客。

六是中央财政加大对海南省的均衡性转移支付力度，加大对海南省在其他一般性转移支付和专项转移支付的支持，在一定时期内对海南国际旅游岛建设发展给予专项补助；对海南省农业、工业、软件业、服务业等其他产业发展给予支持，以加快国际旅游岛建设。

（三）南海开发和"一带一路"建设带来的政策优势

21 世纪是海洋的世纪，目前全世界沿海国家都将目光转向了具有战略意义的海洋开发中。海南省陆地面积只有 3.54 万平方千米，不到全国陆地总面积的 0.5%，但海南省管辖南海中的中沙群岛、西沙群岛和南沙群岛，是中国海洋面

① 王辛莉，刘育英. 海南国际旅游岛建设获中央诸多重大政策支持［EB/OL］. http：//www. chinanews. com/cj/cj－gncj/news/2010/01－05/2053323. shtml，2010－01－05.

积最大的省份。同时，海南省自唐宋以来就扼守古代海上丝绸之路之要冲，是连接亚太地区与世界的最主要的海上运输通道之一，是中国面向东盟地区的"桥头堡"，是"环南海经济圈"的核心地区，是 21 世纪海上丝绸之路的关键节点。南海开发和"一带一路"建设使海南省享有建设海洋强省和融入 21 世纪海上丝绸之路的政策优势。

（四）海南自由贸易试验区和自由贸易港建设带来的政策优势

在中国改革开放 40 周年，海南建省 30 周年之际，党中央决定支持海南全岛建设自由贸易试验区，支持海南逐步探索、稳步推进中国特色自由贸易港建设，分步骤、分阶段建立自由贸易港政策和制度体系。自由贸易港是指设在一国（地区）境内关外、货物资金人员进出自由、绝大多数商品免征关税的特定区域，是目前全球开放水平最高的特殊经济功能区，自由贸易港往往能发展成为一个国家乃至全球的贸易中心。海南岛全岛建设自由贸易港，强调以制度创新为核心，对标当今世界最高水平的开放形态，同时被赋予探索中国特色自由贸易港的使命。这一重大举措对海南全岛的发展，对中国的改革开放进程乃至对中国融入世界都具有重大的意义。[①]

在建设自由贸易港的政策红利下，海南省将释放贸易与航运的巨大发展潜力。此外，海南省在服务业领域有望迎来突破，国际租赁、国际航运、国际法律服务、国际商品展览等服务贸易将会加快发展。随着自由贸易港建设带动人才和资金的自由流动，海南省有可能在电子器件、生物医药、人工智能、新材料和新能源、航空航天等高科技制造业，热带特色生态和有机农业、会展和旅行社服务等商业服务业，以及医疗和养老服务业等领域形成新的经济增长点，[②]逐步形成以旅游业、现代服务业和高新技术产业为主导的产业体系。

二、深厚的地域文化积淀

海南省自古以来是一个岛屿移民社会，其独立的地理位置、优越的热带岛屿生态环境，为历代各类移民提供了多元文化可塑性发展的空间，产生了独具海南特色的地域文化，形成以汉族移民文化为主调，以黎苗文化、海洋文化、

---

① 张春宇，叶芊林. 中国扩大对外开放新举措——海南全岛建设中国特色自由贸易港［J］. 中国远洋海运，2018（4）：50-51.

② 李敏纳. 海南置业者应转变投资炒房心态［N］. 中国建设报，2018-04-17（006）.

华侨文化、贬官文化和节庆艺术文化等为特色的多元文化体系。海南地域文化在发展过程中表现出的多元性、包容性、宽松性和可塑性，为海南省发展创造良好的社会氛围。

（一）古老浓郁的黎苗文化

黎族源自古代中国南方百越中的骆越，早在 4000 年以前就分批先后进入海南岛，是海南岛上人数最多的少数民族。黎族能歌善舞，口头文学丰富，民间故事和歌谣众多，手工艺文化独特。早在汉代，黎族妇女编的黎锦已是宫廷岁贡的珍品。除此之外，黎族的竹筒饭、山兰酒、鱼茶等美食文化及"三月三"等节庆文化也较具特色。

海南省苗族是由 16 世纪从广西派来的士兵后裔发展而成的。目前海南岛上的苗族人口约 7 万人，生活在海南岛中部山区和黎族居住地的周边。苗族地区以农业为主，以狩猎为辅，美食文化特色明显。苗族酿酒历史悠久，拥有一套完整的酿酒工艺技术。苗族日常饮料为油茶和酸汤，食物保存普遍采用腌制法。苗族的刺绣、织锦、蜡染等制作工艺精美，服饰多达 130 多种，可与世界上任何一个民族的服饰媲美。苗族工艺珍品有婚礼装、首饰、腰带、头巾、花边等。苗族民歌内容丰富多彩，艺术价值很高。

（二）依南海而生的海洋文化

自古以来，广阔的海洋赋予海南省及其民众独特的文化内涵，形成海洋文化，具体的文化包括海上丝绸之路文化、南海更路簿等历史文化，以及疍家文化、捕捞文化、民俗文化、饮食文化、节庆文化等。

汉代开辟的海上丝绸之路以南海为中心，直达周围国家乃至欧洲和非洲，海南岛与南海诸岛，特别是西沙群岛，就是这条海上丝绸之路的主航道要冲。三亚和陵水发现的唐宋时期的伊斯兰教徒墓群，表明了海南岛已成为当时波斯和阿拉伯商人寄泊、定居与活动的场所。

潭门渔民的《南海更路簿》是海南省人民开发经营西沙群岛、南沙群岛最直接的证明，其中详细记录了南海 98 处岛礁的名称与分布、地貌与海况，以及航海路线，航行要领，气象水流等，是渔民用鲜血换来的"生命航线"。

海南省是中国疍家聚居地之一，全岛有疍民 4 万~5 万人。长期与风浪搏斗和向大海取食，险恶的生存环境和独特的谋生手段，使疍家人无论在性格、语言、居住、婚配还是宗教信仰等方面均独具特色，形成了独特的疍家文化。

（三）富有特色的华侨文化

海南省是岭南著名侨乡，有海外华侨华人 300 多万人，归侨侨眷 100 多万人，分布在全世界五大洲 60 多个国家和地区，主要旅居东南亚一带，仅泰国就有 100 多万人，在世界各地的海南省华侨、华人成立社团组织 250 多个。①琼籍华侨有着饮水思源、实业报国的朴素情感，如海南省海南华侨中学、海南省各个市县思源中学的建设由华侨资助。历史上传入橡胶、咖啡等热带作物和骑楼建筑，是华侨文化最直观一种形态，文昌宋氏家族即为华侨文化出色的代表。②

（四）独具魅力的贬官文化

自东汉海南归附中央之后，中央王朝就陆续将官员贬谪到海南作为一种惩戒。《海南历代贬官研究》一书就收录贬官 189 人。贬官们"虽九死而不悔"的品格造就了海南省贬官文化中特有的昂扬向上、百折不回、造福百姓的积极因素，也留下了丰富的历史文化遗产及名人典故，这些共同构成了海南省的贬官文化。③儋州东坡书院、海口五公祠、三亚崖州古城等都体现了典型的贬官文化，现今都已经成为海南省著名的人文旅游景区（点）。

（五）源于历史文化积淀的节庆艺术文化

海南省传统的地方节庆活动有正月十五主要进行于琼山府城的换花节、农历二月举行的海南洗夫人文化节（以前称为军坡节）、黎苗族"三月三"、儋州中秋歌节等。海南建省后新举办的节庆活动主要有海南岛欢乐节、七仙温泉嬉水节、三亚天涯国际婚礼节、乐东香蕉节、中国（三亚）国际热带兰花博览会等。每逢节庆活动，海南省都举行富有浓郁地方文化色彩的娱乐活动。

海南省的文化艺术丰富多彩，主要文艺表演形式有传统的琼剧、黎族苗族歌舞、木偶戏、儋州调声等。此外，海南省还有归国华侨的东南亚歌舞及建省后新引进、新兴起的各种娱乐形式。海南省艺术文化资源丰富，目前入选世界级非物质文化遗产保护的名录 1 项，国家级非物质文化遗产保护的名录 27 项（见表 3－7 和表 3－8）。

①　武赫男.海南省生态环境规划研究［D］.长春：东北师范大学，2006.
②　郭晓帆.发掘海南华侨文化，做好海外统战工作［J］.中央社会主义学院学报，2010（1）：76－78.
③　周正，张西爱.应重视海南"贬官文化"的开发利用［N］.今日海南，2012（8）：43.

海南经济地理

表3-7 海南省世界级非物质文化遗产项目名录

项目类别	项目名称	保护单位
传统技艺	黎族传统纺染织绣技艺（含麻纺织、印染、双面绣、龙被织造）	五指山市、乐东黎族自治县、东方市、保亭黎族苗族自治县、白沙黎族自治县、昌江黎族自治县、琼中黎族苗族自治县、陵水黎族自治县文化馆、三亚市群众艺术馆、省民族研究所

资料来源：海南省非物质文化遗产网，http：//www.hnsfy.org。

表3-8 海南省国家级非物质文化遗产项目名录

项目类别	项目名称	保护单位
传统音乐	儋州调声	儋州市文化馆
	崖州民歌	三亚市群众艺术馆、乐东黎族自治县文化馆
	黎族民歌（琼中黎族民歌）	琼中黎族苗族自治县文化馆
	海南八音器乐	海口市美兰区文体和旅游发展局
	黎族竹木器乐	保亭黎族苗族自治县文化馆、五指山市文化馆
	海南斋醮科仪音乐	定安县文化馆
	临高渔歌	临高县文化馆
	苗族民歌	琼中黎族苗族自治县文化馆
传统舞蹈	黎族打柴舞	三亚市群众艺术馆
	黎族老古舞	白沙黎族自治县文化馆
传统戏剧	琼剧	省琼剧院、海口市群众艺术馆、定安县文化馆
	临高人偶戏	临高县文化馆
	海南公仔戏（文昌公仔戏、三江公仔戏）	文昌市文化馆、海口市美兰区文体和旅游发展局
	海南斋戏	海口市群众艺术馆
传统美术	海南椰雕	海口市龙华区文化馆、文昌市文化馆
	木雕（花瑰艺术）	澄迈县文化馆
传统技艺	黎族树皮布制作技艺	保亭黎族苗族自治县文化馆
	黎族原始制陶技艺	昌江黎族自治县文化馆、三亚市群众艺术馆
	黎族泥片制陶技艺	白沙黎族自治县文化馆
	黎族钻木取火技艺	保亭黎族苗族自治县文化馆
	海盐晒制技艺	儋州市文化馆
	黎族船型屋营造技艺	东方市文化馆

· 50 ·

续表

项目类别	项目名称	保护单位
民俗	冼夫人风俗	海口市群众艺术馆、海口市龙华区文化馆、定安县文化馆、澄迈县文化馆、屯昌县文化馆
	海南黎族苗族"三月三"节	五指山市文化馆、琼中黎族苗族自治县文化馆
	黎族服饰	南锦绣织贝实业有限公司、省民族研究所
	天后祀奉	海口市
其他	南海航道更路经	文昌市文化馆、琼海市文化馆

资料来源：海南省非物质文化遗产网，http://www.hnsfy.org。

第四章 经济发展的资源环境 优势与约束

经济发展与资源环境关系密切。资源是经济发展的基础，环境是经济发展的平台，资源环境承载能力是影响经济发展水平的基本因素，经济发展需要依托或利用资源环境优势。与此同时，经济发展会反作用于资源环境，随着经济发展，资源环境保护投资增加与技术改进，会促进资源环境改善，而经济发展过程中对资源环境的肆意索取甚至掠夺，则会恶化资源环境状况，继而使经济发展受到资源环境约束。总体而言，海南省经济发展既有资源环境优势，也面临着一定的资源环境约束，不利于海南经济的长期可持续发展。

第一节 资源环境优势

目前，海南省拥有国内一流的自然环境，一些自然资源和社会经济资源也较为丰富，经济发展具有一定的资源环境优势。主要体现在以下三个方面：

一、有利于旅游业发展的生态环境和人文资源优势

旅游业是海南省的支柱产业和主导产业。海南旅游经济相对发达，这与其具有全国一流的生态环境及丰饶的旅游资源要素是分不开的。

（一）有利旅游业发展的全国一流生态环境

1. 一流的生态环境是海南最具优势和竞争力的旅游资源

海南是中国唯一的热带岛屿省份，中国第一个生态省。自 1999 年率先提出建设生态省以来，海南已经拥有全中国最优良的生态环境。据国家统计局 2017

年12月首次发布的生态文明建设年度评价结果显示，海南环境质量指数全国排名第一、公众满意程度全国排名第三、绿色发展指数全国排名第六。[①] 海南岛水质优良，空气清新，遍地葱郁，有热带季风和海洋调节，气温宜人，生物多样性丰富，人均寿命名列全国前茅，是名副其实的"健康岛""长寿岛"和"生态岛"。一流的生态环境已经成为海南最具优势和竞争力的旅游资源，为旅游经济的持续快速增长创造了良好的环境空间，使休闲度假游、养生养老游和婚庆旅游等新业态旅游产品获得快速发展。

2. 长期以来"生态立省"发展理念为旅游业发展的强大动力

自1988年建省以来，海南一直把生态文明建设摆在突出位置，从率先提出建设生态省，到决定实施"生态立省"战略；从"建设全国生态文明示范区"成为国际旅游岛的六大战略定位之一，到提出"绿色崛起"发展道路；从要求"生态环境只能变好不能变差"，再到出台《关于进一步加强生态文明建设谱写美丽中国海南篇章的决定》。在一脉相承又层层递进的道路上，海南省不断构筑起生态文明建设的新高度，也不断在时间长轴上描绘出亮眼的生态底色。[②] 长期以来，践行"生态立省"的发展理念使海南的大气、水、土壤、近海海域、生态等环境质量一直保持着全国一流水平，使"青山绿水、碧海蓝天"成为海南旅游发展最强的优势和最大的本钱。在琼岛大地上，"绿水青山就是金山银山""保护生态环境就是保护生产力""用最好的资源吸引最好的投资"等诸多生态理念不断深入人心，为海南省旅游业发展提供了强大动力。

（二）有利旅游业发展的多样自然景观和独特人文资源

1. 类型多样的自然景观是海南旅游发展最重要的资源本底

海南拥有得天独厚的自然旅游资源优势。据调查研究，海南自然旅游资源拥有4个主类、16个亚类和61个基本类型，涵盖了全国的绝大部分种类，自然旅游资源单体335个。[③] 全岛可利用的自然景观有8类、164处。其中，滨海沙滩38处，主要有亚龙湾、大东海、天涯海角、香水湾、高隆湾、石梅湾等；山岳28处，主要有五指山、尖峰岭、七仙岭、东山岭、铜鼓岭等；奇石异洞18

① 代超. 而立海南："生态立省"永远在路上［EB/OL］. 新华网，2018.
② 周晓梦. 用生态"底色"描绘发展"绿色"［N］. 海南日报，2018－02－28（5）.
③ 符国基. 海南自然旅游资源调查、分类与评价［J］. 海南大学学报（自然科学版）2010，28（1）：52－58.

处，主要有毛公山、济公山、皇帝洞、落笔洞等；河湖 19 处，主要有万泉河、松涛水库、南丽湖等；瀑布 11 处，主要有百花岭瀑布、太平山瀑布等；温泉 38 处，主要有兴隆温泉、官塘温泉、南田温泉、蓝洋温泉、七仙岭温泉等；野生动植物观光资源 18 处，主要有大田坡鹿、坝王岭黑冠长臂猿、南湾猴岛、东寨港红树林、东郊椰林等；游览海岛 13 处，主要有蜈支洲岛、大洲岛、野猪岛等。除此之外，尚未大规模开发的西、南、中沙群岛的海洋、海岛旅游资源，亦是海洋旅游资源的重要组成部分。椰风、海岸、沙滩、火山、溶洞、温泉、热带山地及原始雨林的巧妙融合，构成奇异的自然景观，以"碧海蓝天、椰风海韵"为代表的旖旎的自然风光，已经使海南岛成为中国旅游业的一张名片。丰饶且具有鲜明特色的自然旅游资源为海南旅游开发提供了良好的开发基础，且为邮轮、养生、健康旅游、文旅、演艺和体育旅游等旅游新业态提供拓展的空间。

2. 悠久独特的人文风情赋予海南旅游神奇色彩

海南历史悠久，早在旧石器时代，就有人类在三亚落笔洞繁衍生息，留下了落笔洞万年人类遗址。在历史长河中，海南人民创造了丰富的历史文化（黎族文化、红色文化、海洋文化、贬官文化、建筑文化、火山文化及饮食文化等），留下了大量珍贵的人文资源，赋予海南旅游神奇色彩。至今，海南还保留有一批史学价值和艺术价值很高的名胜古迹，如五公祠、琼台书院、东坡书院、宋庆龄故居，及明代名臣邱浚和清官海瑞的墓陵等。有至今还保留的许多质朴淳厚的民风民俗，如黎苗三月三、黎寨、寮房、黎苗婚礼等。有琳琅满目的风味特产，如海南四大名菜（文昌鸡、加积鸭、东山羊和和乐蟹）、传统工艺品椰雕、贝雕、海花、黎锦等。悠久的历史、多彩的文化、独特的民族，造就了海南丰富多彩、特色鲜明的人文旅游资源，为海南名胜古迹游、民俗风情游及旅游商品开发提供了资源保障。

3. 高品质的旅游景区提升了海南旅游吸引力

海南岛以其得天独厚的优势拥有一大批优质的旅游资源。截止到 2018 年，海南省拥有 A 级景区 54 家，其中 5A 级景区 6 家，4A 级景区 17 家，3A 级景区 23 家，2A 级景区 8 家。[①] 此外，海南省拥有国家地质公园 1 处，国家森林公园 8

---

① 资料来源于《海南统计年鉴 2019》。

处，国家级自然保护区 10 个。高品质的旅游景区，配以高奢的酒店，有力地提升了海南旅游吸引力，从而提升了海南旅游的竞争力。

二、有利于热带特色现代农业发展的独特的优越条件

海南省具有发展热带特色农业得天独厚的条件，是中国热带、亚热带农林特产基地，热带特色农业已成为海南省支柱产业之一。热带特色农业的发展与海南独特的资源环境条件是分不开的，具体表现在以下四个方面。

（一）多样且适宜性广的土地资源是热带农业发展的土地保障

海南中高周低，中部以山地为主，而后逐渐向外围逐级下降，由山地、丘陵、台地、平原构成环形层状地貌，梯级结构明显。类型多样的土地资源为热带农业发展提供了多样的环境，使得海南在农业生产上形成了以山地丘陵为中心的热带林业带，以低丘台地为中心的橡胶热作带，以阶地平原为中心的热带粮油作物带的布局态势，集中的布局有利于现代农业的规模化经营。再加上海南岛土地资源适宜性广，可利用率高，绝大部分土地仍为农业所利用，这就为农业生产奠定了良好的土地资源基础。

（二）独特的气候条件有利于农业长时期生产及反季节作物的种植

海南地处热带，占全国热带陆地面积 42.5%，年均气温在 23 ~ 26℃，年降雨量 1600 毫米左右，年光照时数约 2000 小时，在此自然环境下，农作物周年生长。难以替代的气温、降雨量、光照条件，让海南农业发展获得了冬季优势，海南冬季瓜菜成为最受全国人民欢迎的冬季"菜篮子"。以此为基础，南繁育种基地成为保障粮食安全和国家种业的"绝版资源"，它成功将农作物育种周期从 6 ~ 8 年缩短至 3 ~ 4 年，[①] 总体上看，海南优越的光热条件，适合发展高效种植业，使海南成为中国最大的热带水果、反季节瓜菜生产基地和南繁育种基地。

（三）丰富的生物资源有利于热带特色农业生产出多样化的产品

海南充足的光热资源孕育出海南丰富的物种资源，成为中国单位面积物种最丰富的地区之一，素有"物种基因库""天然植物园"之美称。据调查，全岛有植物 4200 多种，独有的植物达 630 多种，生物多样性明显。海南热带、亚热

---

① 刘涵，谭国伟 . 打造海南热带特色高效王牌农业的思考［J］. 南海学刊，2017（3）：5 - 7.

带水果种类繁多、品质优良，栽培和野生的果树有 28 个科、53 个属、400 余个品种，为世界上其他果区所罕见。① 海南省承包了中国绝大多数热带和亚热带的蔬菜、水果等农副产品。此外，海南野菜资源种类繁多，中部山区夏季凉爽，有一定的温差，加上土地肥沃，是理想的高山野生蔬菜生产区。丰富的生物资源为热带特色农业提供多样化的产品。

（四）优良的生态环境为热带特色农业提供品质保证

海南是国家重要的生态省，空气质量好、森林覆盖率高、水环境全国领先，四面环海的岛域特点形成了一道天然动物疫病屏障，使它成为全国独一无二的全省性无规定动物疫病区。优越的生态环境为绿色农产品生产和农业品牌打造提供了良好的先天条件。②

三、有利于海洋产业发展的巨大资源优势

海南是海洋大省。近几年，海南省的海洋生产总值年均增长率保持在 15%以上，远超过 GDP 增长率，对海南省经济发展的贡献也越来越大，海洋经济已经成为海南新的经济增长点。海洋资源作为最具活力的生产要素，为海南发展海洋经济提供了广阔的空间和雄厚的物质基础，也是海南发展经济最重要的战略优势之一，其优势主要体现在以下四个方面。

（一）辽阔的海洋空间资源是发展海洋经济的重要空间场所

海南是唯一国家授予海洋管辖权的省份。海南管辖海域约 200 万平方千米，占全国海域的 2/3，具有绝对的面积优势，是名副其实的"海洋大省"。海南作为"海洋大省"，不仅取决于其所辖海域面积的绝对值居全国沿海省份首位，而且从相对比较来看，海南所辖海域面积与陆域面积的比值和海岸线长度与陆域面积比值，均居全国沿海省份首位，其海洋开发条件之好是中国任何其他大陆省份所不能媲美的。辽阔的海域拥有独特的滨海资源及海洋生物、油气等资源，这就为海南发展海洋经济提供了重要的空间载体及资源保障。

（二）绵长的岸线和众多的港湾有利于开放型海洋经济的发展

除海南岛外，海南还拥有西沙、中沙、南沙三大群岛和海南岛近海岛礁共

① 纪俊超，李秀英. 中国导游十万个为什么（海南）［M］. 北京：中国旅游出版社，2006.
② 刘涵，谭国伟. 打造海南热带特色高效王牌农业的思考［J］. 南海学刊，2017（3）：5 - 7.

计 600 余个，海岸线长 1617.8 千米，外加岛屿岸线长 193.2 千米，海南全省海岸线总长 1811 千米，海南岛的海岸线系数（海岸线长度与陆域面积之比值）0.0477，是全国平均指标的 25 倍，居全国沿海省份首位。环本岛沿岸可供建港港湾达 68 处，其中可建深水港口的备择港湾又有相对分散的特点。[①] 如此众多的港湾资源，将为海南省港口建设和海运事业的发展奠定良好的基础。同时热带海岸也是开发滨海旅游业的黄金地带，它对改善海南投资环境，引进外资意义重大。

（三）丰富的海洋资源是海南发展海洋经济的物质保障

浩瀚的南海是中国四大领海中面积最大、物种最丰富的热带海域，南海丰富的资源赋予了海南省发展海洋经济的独特优势。[②] 海南海域辽阔，外海及深海还未充分开发，再加上海底地形地貌复杂，环境条件多样，海洋生物种类多，为发展渔业生产提供了良好条件。海南渔业资源丰富，本岛近海有渔业资源 600 多种，西、南、中沙海域有鱼类 100 多种，如此丰富的渔业资源和海洋生物种类，为开发海洋捕捞业、海水养殖业和海洋药物资源等提供了得天独厚的条件。海南省周围海域油气资源丰富，估算油气资源总储量 200 多亿吨，居全国各海区之首。海南是太平洋西海岸石油天然气资源向中国输送的重要节点，同时海南岛附近的石油天然气是中国未来开发的重点。海南省风景名胜资源有 83 处分布在海岸带地区，占已开发景点总数的 67%，发展热带滨海和海岛休闲度假旅游潜力大。此外，海水提铀、提碘、海水工业利用和海洋温差能、潮汐能、波浪能，以及海底锰结核等资源的开发在海南也有广阔的前景，总之，丰富的海洋资源是海南发展海洋经济的物质保障。

（四）优质的滨海及海岛旅游资源是海南省最具优势的资源本底

海南省是中国唯一的热带海岛旅游休闲度假区。海南岛 2/3 的海岸线为热带沙质海岸，阳光、沙滩、海水、绿色、空气五大要素构成的热带滨海旅游景点达 100 多处，[③] 再加上西沙、中沙、南沙群岛优质的热带岛礁风光及深海环

① 潘建纲. 发挥海南资源优势开发建设"海洋大省"[J]. 自然资源学报，1992，7（1）：55 - 63.

② 庞玉兰，王欣. "海洋强国"战略背景下海南海洋产业发展策略 [J]. 改革与战略，2016，32（9）：82 - 84.

③ 中国（海南）改革发展研究院课题组. 海南省城乡一体化体制机制与政策研究 [R]. 中国（海南）改革发展研究院咨询报告，2009 - 06.

境，为海南滨海旅游产业的发展提供了良好的资源基础。海南现有风景名胜资源241处，已开发为旅游点的123处，其中有83处分布在海岸带地区，占已开发景点总数的67%，发展热带滨海和海岛休闲度假旅游潜力巨大。① 同时，结合热带海岛旅游资源开展热带海滨旅游、珊瑚礁旅游、潜海旅游、海上运动旅游、海岛探险旅游、科学考察旅游等旅游产品，前景较好。热带滨海旅游业是海南海洋产业体系中优先发展的产业，也是海南目前保持着强劲发展态势的主要产业之一。优质的滨海及海岛旅游资源是海南最具优势的资源本底。

第二节　资源环境约束

目前，海南省经济发展面临着一定的资源环境挑战：自然灾害频现，生态公益林遭到一定程度的破坏，近海污染压力加大。这些都不利于海南经济的可持续发展。

一、自然灾害频现

海南省域内台风、暴雨、干旱、寒露风、清明风、冰雹等自然灾害多发，对海南省经济发展造成不同程度的负面影响。

（一）台风和冰雹多发

海南省台风多发，素有"台风走廊"之称。次数多、强度大、季节长是海南省台风的三大特点。海南省几乎每年夏秋两季都会遭受台风的侵袭，每年6～10月因其气温颇高更是成为台风多发时节，占全年时间的1/4。② 台风常给海南省带来巨大的经济损失，其中台风造成的农业经济损失最为直接和明显。仅2014年15号台风"海鸥"就导致海南省热带作物和热带水果受灾面积达104万亩，绝收面积6.77万亩，瓜菜、水稻、设施大棚等直接经济损失达3.05亿元。台风对旅游业的打击也不容忽视，台风来时，除许多旅游景点被迫关闭、游客无法出行外，还造成大量房屋倒塌、道路等基础设施毁坏及对外贸易中断等危

---

① 余海青．海南省海洋经济现状及战略研究［D］．天津：天津大学管理学院，2009.

② 孙伟，高峰，刘少军，田光辉，蔡大鑫．海南岛台风灾害损失的可拓评估方法及应用［J］．热带作物学报，2010（2）：319–324.

害。例如，作为海南省文化产业重点项目，投资 1.8 亿元打造的《印象·海南岛》曾因台风而遭到严重破坏，剧场屋顶被台风掀翻，设备被海浪卷走。

海南省因其强对流天气的影响造成春夏季节冰雹多发。冰雹虽影响范围不及台风那般广大，时间也比较短，但来势猛烈，强度较大，且经常伴随强降水、急剧降温等灾害性天气。冰雹袭击常给海南省农业、建筑和交通等各个领域带来较大的损失。据新华网报道，仅 2013 年海南省定安县遭受的一次冰雹袭击就造成直接经济损失 3435.1 万元，房屋损失 7174 间，家禽伤亡 30281 只，农作物绝收 14653 亩。据统计，2015 年上半年，海南省因其强对流天气遭受了 3 次局地性冰雹，对农作物的生长产生了极为不利的影响。

（二）旱涝灾害频发

海南省因其独特的地理位置和气候特点导致降水量分布时间不均，有明显的雨季和旱季之分，降水主要集中在夏秋季节，而冬春季节较少，加之地处热带蒸发旺盛，很容易发生旱涝灾害。

旱涝灾害对农作物的生长、居民生产生活都造成了不利影响。国家测绘地理信息局数据显示，2008 年海南省旱灾造成全省受旱面积 62.1 千公顷，绝收面积 70 公顷，1.71 万人发生饮水困难；2010 年的特大洪涝灾害威力更胜，影响到 160 余万受灾群众，94.34 千公顷农作物受灾，1160 多个村庄被淹，经济损失超过 10 亿元。

二、生态公益林遭到一定程度的破坏

生态公益林是指生态区位极其重要或者生态状况极其脆弱，对国土生态安全、生物多样性保护和经济社会可持续发展具有重要作用，提供森林生态和社会服务产品为主要经营目的的重点的防护林和特种用途林，主要包含防风固沙林、水土保持林、水源涵养林和国防林、护岸林及自然保护林等。[1] 海南省生态公益林总面积 1345.78 万亩，占全省陆地面积的 26.1%，占全省林地面积的 43.4%。目前，由于受到经济开发及人为因素影响，海南沿海防护林和中部山地原始林破坏较为明显，在一定程度上对海南生态安全格局造成严重的威胁。

---

① 张峰．海南省琼中县生态公益林生态服务功能研究［D］．长沙：中南林业科技大学，2016.

（一）沿海防护林遭受灾难性的破坏①

由于长期以来，人们对海防林的作用认识不足，在经济开发热潮中，沿海地区房地产开发、采矿、挖塘养殖等活动，造成一些地方沿海防护林遭受破坏。沿海防护林资源变化处于"造林—破坏—再造林—再破坏"的相持阶段。自从20世纪50年代开始营造沿海防护林以来，海南省沿海防护林曾遭受了四次灾难性的破坏。

第一次大破坏是发生于20世纪60年代的围海造田。受当时"农业学大寨"运动的影响，海南全省掀起围海造田高潮，琼山东寨港、文昌会文镇等沿海红树林遭到有史以来最为严重的破坏，毁坏红树林面积达5300公顷。

第二次大破坏是发生于20世纪80年代中后期的沿海采矿。受经济利益驱使，万宁、陵水、文昌等沿海市县一些地方，特别是万宁东沃沿海一带，因无序采矿使原有茂密的沿海防护林遭到毁灭性破坏。据统计，万宁、文昌一带因挖矿遭受破坏的海防林近2000公顷。

第三次大破坏是发生于20世纪90年代初期的沿海开发。受当时房地产开发热潮影响，各地公司纷纷登陆海南，在陵水、三亚、文昌、海口等沿海地区疯狂买卖土地搞开发，使数十千米海防林在几天内消失。特别是陵水县沿海，数十家公司在沿海买地后，当地村民哄砍沿海防护林，造成40多千米沿海防护林在数天内消失。在此期间，沿海市县纷纷设立开发区，导致90千米长、3000多公顷的沿海防护林被毁。

第四次大破坏是发生于20世纪90年代中后期的沿海挖塘养殖。20世纪90年代中期以来，特别是1996～1998年，为了发展地方经济，政府号召学习山东经验，大力发展海水养殖，沿海挖塘面积达4000多公顷，其中在沿海国家特殊保护林带建设用地范围内的林业用地中就有1300多公顷，毁坏海防林带长度达31千米。

由于四次大破坏，导致海防林基干林带多次被撕断，对沿海地区生态安全构成严重威胁。

（二）中部山地生态公益林破坏较为严重

海南岛中部山区是海南省生态系统最为重要的核心区，该区拥有中国保存

---

① 陈君. 海南岛沿海防护林生态系统服务功能价值估算与实现［D］. 海上：华南热带农业大学，2007.

最好、最集中成片的热带雨林，这些森林发挥着调节气候、涵养水源、保持水土、维系海南生态平衡的重要作用。但是，海南中部山区的生态公益林破坏也较为严重，森林的生态服务功能不断下降。该地区原始林覆盖率从 1950 年的 35% 下降到 1987 年的 7.2%，现在仅有 4% 左右，58% 的天然林郁闭度从 20 世纪 50 年代的 0.8 下降到现在的 0.4～0.5。在中部山区，破坏天然林开垦种植的现象时有发生，生态公益林不断遭受破坏，致使森林的防风固沙、水土保持、涵养水源、保护生物多样性的生态功能下降。[①]

三、近海生态保护压力加大

（一）近海污染趋于严重

海南省近年来高位池养殖业发展迅速，对沿海经济起了很大促进作用的同时，也给局部地区生态环境造成了影响。高位池养殖废水排放全部超过了国家规定的排放标准，已经成为近海海水质量下降的主要污染源，主要表现在局部地区赤潮的发生。

过度进行海水养殖残余饲料沉积在海中，农田中超量的化肥、农药积累在土壤中，随江河排泄于海中，工业生产、生活垃圾和污水也大量注入海中，这些现象使得海水中的有机物质，尤其是矿物质不断增加，导致一些沿岸港湾水域富营养化，引发赤潮灾害。

另外，近几年来，南海海岸严重污染海域面积呈现加大的趋势。

（二）大面积的红树林遭遇破坏

红树林是衡量海洋生态的重要指标之一。海南省是国家红树林及其湿地资源保护的重要地区之一，全省红树林主要分布在海口、三亚、文昌、儋州、万宁、澄迈、临高、陵水、琼海、昌江、东方 11 个市县沿海一带河口港湾的滩涂上。其中，海口、三亚、文昌、儋州、临高、澄迈 6 市县红树林的面积占全省红树林面积的 90% 以上。

据海南省林业局近年来的调查，海南省红树林面积减速居中国四大红树林区之首。由于过度开采，海南省红树林面积由 1953 年的 10308 公顷减少为 2000

---

① 中国（海南）改革发展研究院课题组 . 海南省城乡一体化体制机制与政策研究［R］. 中国（海南）改革发展研究院咨询报告，2009－06.

年的 4776.27 公顷，近 50 年减少了一半有余。特别是近 30 年，海南省红树林湿地生态系统遭到破坏，面积缩小，多呈次生状态，残林比重增大，群落由复杂到简单，从乔木向灌木方向演替，防护效能逐步下降，生态环境恶化。①

四、资金和科教资源薄弱

（一）资金资源短缺

资金是经济发展的润滑剂，对于经济发展极为重要。总体而言，海南资金资源较为短缺，不利于经济发展。一方面，海南省经济发展相对落后，人均收入低，存款较少，资金规模较小，对经济社会发展的资金支持力度不足。以 GDP 为例，与发达省份相比，2017 年，海南省 GDP 为 4832.05 亿元，是广东省的 1/20，浙江省的 1/12；人均 GDP 是广东省的 3/5，是浙江省的 1/2；地方一般公共预算收入是广东省的 1/16，是浙江省的 1/9。② 另一方面，海南省资本市场发展不成熟，不够发达，金融业比较落后。除几大国有商业银行外，其他商业银行不多，且各银行的营业网点分布较少，服务覆盖的范围和密度不够。另外，招商引资虽取得一定成效，引进一批重大项目，有力地拉动了固定资产投资，但没有形成产业聚集效应。因此，必须有效解决资金短缺问题，为经济快速发展提供支持。③

（二）科教资源不足

海南省人口规模小，教育投入少，科技发展水平低，科教资源不足是未来长期制约海南省发展的"瓶颈"之一。

1. 教育水平在全国处于落后地位

目前，海南省有 17 所普通高等院校，在全国 2378 所普通高等院校中占比仅有 0.71%。2010 年第六次全国人口普查数据显示，2010 年海南省每十万人拥有大专及以上教育程度人口数为 7768 人，海南省平均每 10 万人中高等院校在校学生数为 2036 人，而同年全国平均水平分别为 8930 人和 2189 人，海南省低于全

---

① 中国（海南）改革发展研究院课题组. 海南省城乡一体化体制机制与政策研究 ［R］. 中国（海南）改革发展研究院咨询报告，2009－06.
② 根据《中国统计年鉴 2019》中的相关数据计算得到.
③ 帅先富. 要素和市场约束下海南产业产业结构优化模式与路径选择 ［D］. 长沙：湖南大学，2012.

国平均水平。

2. 科技发展水平处于全国最低层次

无论是从科技投入还是从科技产出看，海南省科技水平均处于全国最低层次。2018 年，海南省从事研究开发活动人员 1.35 万人，占全国 463.1 万人的 0.29%；投入研究开发经费支出 26.87 亿元，占全国 19677.93 亿元的 0.14%；专利申请授权数 3292 项（其中发明专利 489 项），占全国 2447460 件的 0.13%（其中发明专利占全国 432147 件的 0.11%），这些指标均远低于海南省人口数占全国人口总数的比重 0.67%。①

---

① 根据《海南统计年鉴 2019》中相关数据计算得到。

第二篇

经济发展与布局

第五章　经济发展进程与特征

　　海南长期是半封闭的边陲岛屿，经济发展十分落后。新中国成立以后的几十年里，海南作为广东省的一个行政区，一直是作为海防前哨和军事要塞进行建设的，交通条件闭塞、自然资源有限、消费市场相对狭窄、经济发展落后的状况没有明显的改观。1987年9月26日，中共中央、国务院印发《关于建立海南省及其筹建工作的通知》，提议将海南行政区从广东省划出，成立海南省。第六届全国人大常委会第二十二次会议赞成这一提议，并授权国务院着手进行海南省的筹建工作。1988年4月13日，第七届全国人民代表大会第一次会议通过了《关于设立海南省的决定》和《关于建立海南经济特区的决定》。1988年4月26日，中国共产党海南省委员会、海南省人民政府挂牌。海南历史从此翻开了崭新的一页。建省办经济特区，对于海南而言，既是巨大的发展机遇，也是前所未有的挑战。三十多年来，海南省从"摸着石头过河"到"一省两地"战略的确立和实施，到"建设海南国际旅游岛"，再到今天的"中国（海南）自贸实验区和中国特色自由贸易港建设"，不断探索、调整和完善具有自身特色的经济发展道路。经济发展的进程历经曲折，从最初创造令全国瞩目的地方经济高速发展的奇迹，到20世纪90年代中期的房地产泡沫破灭，之后经济一度跌入低谷，直到20世纪末，特别是2003年之后，随着投资环境逐步改善，才走出泡沫经济的阴影，逐步迎来了经济发展的欣欣向荣。

第一节 经济发展进程[①]

任何区域的经济发展均呈现出一定的阶段性，海南省也不例外。正确认识海南省经济发展的进程，需要科学划分海南省经济发展阶段。20 世纪 20 年代起，以霍夫曼、罗斯托、弗里德曼、诺瑟姆、钱纳里、库兹涅茨等为代表的西方经济学者从不同视角对经济发展阶段的划分进行了探索，虽然各持己见，但对于解释经济发展阶段性的普遍规律都有启示意义。[②] 20 世纪 80 年代以来，中国学者对中国经济发展阶段的划分标准进行了广泛的探讨，概括起来可分为结构主义观点、总量主义观点和综合主义观点。[③] 有学者认为，综合主义的阶段模式判断整体上缺乏普适的客观标准，而借鉴西方模式的结构主义和总量主义观点中钱纳里标准[④]成为目前在诸多领域被广泛使用的最方便也最具权威性的经济发展阶段划分标准，尽管对于空间尺度较小的区域，使用钱纳里标准时需要通过产业结构、经济发展速度等进行辅助评判。[⑤] 基于钱纳里标准，同时考察产业结构和经济发展速度的变动，可以确定，海南建省办经济特区以来经济发展大体经历了低水平和低层次的高速发展时期（1988～1991 年）、房地产经济泡沫累积并形成的超高速发展时期（1992～1994 年）、房地产经济泡沫破灭及之后的恢复性增长时期（1995～2000 年）、经济恢复性增长后的高速度发展时期（2001～2009 年）与较高水平和较高层次的转型发展时期（2010 年以来）五个阶段。

---

① 本部分各指标数据主要来源于《海南 50 年（1949—1999）》（中国统计出版社）、相关年份的《海南统计年鉴》或通过计算得到。

② 参见 Hoffmann（1958）、Rostow（1960）、Friedmann（1966）、Northam（1979）、Chenery 等（1986）、库兹涅茨（1989）等的研究。

③ 陈刚，金通. 经济发展阶段划分理论研究述评 [J]. 北方经贸，2005（4）：12 – 14.

④ Chenery H, Robinson S, Syrquin M. Industrialization and Growth：A Comparative Study [M]. London：Oxford University Press, 1986.

⑤ 齐元静，杨宇，金凤君. 中国经济发展阶段及其时空格局演变特征 [J]. 地理学报，2013，68（4）：517 – 531.

一、低水平和低层次的高速发展时期（1988~1991年）

海南建省办特区之后，中央政府赋予海南各项新的经济制度和优惠政策，海南省充分运用中央赋予的特殊政策和灵活措施，大胆探索，勇于实践，不断深化改革和扩大对外开放，促成了建省初期的海南省经济在落后起点上的高速发展。1988~1991年，海南省年均实际 GDP 增长率达到17.42%，经济发展水平逐年提高，与全国平均水平的差距逐步缩小，但未超过全国平均水平，经济发展水平低，产业结构层次低。按照钱纳里经济发展阶段划分标准，此期间海南省处于初级产品生产阶段Ⅰ。[①] 从三次产业增加值构成看，此期间第一产业比重在41.3%~50%之间，第二产业比重在18.4%~20.5%之间，第三产业比重在31.6%~38.2%之间，产业结构均为低端的"一三二"型。

（一）经济发展的主要举措

1. 明确海南经济特区经济发展的目标

建省办特区之初，海南省委和省政府明确提出了经济发展目标，即坚持以改革开放促开发的方针，用市场调节经济，努力发展生产力，在大力引进外资、引进技术和加快工业化的基础上，最终建成以工业为主导、工农贸旅并举、三次产业协调发展、商品经济高度发达、科学文化比较先进、人民生活比较富裕、以发展外向型经济为主的综合型经济特区，力争用20年或稍长一点时间，进入东南亚经济比较发达国家和地区的行列。

2. 探索建立"小政府、大社会"的新体制

海南建省办特区后，努力推进经济和政治体制改革，积极推进"小政府、大社会"的新体制。[②] 坚持党政分开、政企分开、精简机构等原则，撤销了海南黎族苗族自治州，设置了精干的省直属机关，建立了省直接领导市县的地方行政体制，理顺了农垦及其他企业的隶属关系。"小政府、大社会"的改革在实践中显示出一定的活力，得到了中央领导同志的肯定。

3. 逐步加快市场建设的步伐

为促进市场体系的建立和市场机制的形成，1991年上半年出台了《关于建

① 李敏纳，周春山，蔡舒，王平，宋洁华．海南建省以来经济增长空间分异格局演变［J］．经济地理，2017，37（2）：23-32.

② 杨自力．海南省创立农业综合开发区成效显著［J］．山东经济战略研究，1997（4）：60-61.

立和完善海南经济特区市场体系的意见》，提出了建立和完善粮食市场、早瓜菜批发市场、热带水果市场、胡椒市场、生产资料市场、资金市场、技术市场、劳务市场、房地产市场九大市场的实施方案，按照"建一处市场，活一处经济，兴一批产业，福一方群众"的方针，遵循"谁投资、谁受益"的原则，制定土地转让、项目选择、信贷投资等方面的优惠政策，鼓励社会力量进行市场建设。

4. 开始国有企业股份制改革试点与粮食价格改革

1991 年 3 月，海南省政府成立了股份制试点领导小组，开始进行国有企业股份制改革试点，为以后的国有企业股份制改革工作向纵深发展奠定了良好的基础。粮食价格关系国计民生，粮食价格改革是价格改革中非常敏感的一项。1991 年 5 月，海南省开始在全国率先实行粮食购销价格改革。

5. 开始实行土地成片开发并创建各类开发区

自海南省开始筹建到 1991 年，海南省设立了海口金融贸易区、海甸岛东部开发区、港澳国际工业开发区、海口金盘工业开发区、海南国际科技工业园及老城、清澜和海口桂林洋等经济开发区，探索成片开发的路子。

此外，海南省于 1990 年 2 月创建农业综合开发试验区，开始了现代化商品农业发展的新路子的大胆探索。该试验区的规划范围涉及 9 个县市和 9 个国营农场，面积达 50 多万公顷，管理机构是按照"小政府、大社会"的体制建立的正厅级管委会（或管理办公室）。试验区以探索社会主义市场经济新体制为重要任务，推行"生产社会化、经营企业化、公司 + 农民、农民办公司、贸工农一体化、产供销一条龙"的经营模式，以市场带动生产力的发展。① 试验区在产业开发和市场建设上与农民结合，组成经济利益共同体，优化组合生产要素，尽可能发挥经济效益，成为海南"绿色革命"的摇篮，被称为"九亿农民的特区"。

（二）经济发展成效

1. 经济高速发展且综合经济实力明显增强

1991 年，海南省 GDP 达 120.52 亿元，按可比价格计算（下同），比 1988 年增长约 34%，年均递增 10.18%，快于同期全国平均水平 4.5 个百分点以上。其中，第一产业增加值 49.8 亿元，增长 22.4%，年均递增 6.97%；第二产业增加值 24.71 亿元，增长 50%，年均递增 14.49%，其中工业增加值 15.23 亿元，

---

① 杨自力. 海南省创立农业综合开发区成效显著 [J]. 山东经济战略研究，1997（4）：60 – 61.

增长 38.8%，年均递增 11.56%；第三产业增加值 46.01 亿元，增长 40.87%，年均递增 12.1%。人均 GDP 由 1988 年的 1220 元增加到 1991 年的 1804 元，按可比价格计算，比 1988 年增长 26.89%，年均递增 8.26%。

1988～1991 年，不论按当年价还是按可比价格计算，海南省 GDP 与人均 GDP 均逐年增长，人均 GDP 与全国平均水平的差距也逐步缩小，但直至 1991 年，人均 GDP 未超过全国平均水平。

在经济规模扩大的同时，财政实力得以提高。全省地方公共财政预算收入由 1988 年的 4.82 亿元增加到 1991 年的 9.31 亿元。全省人均地方公共财政预算收入由 1988 年的 77 元增加到 1991 年的 141 元。

2. 固定资产投资规模逐步扩大使经济发展后劲有所增强

1988 年，海南经济特区的建立及与此配套的社会主义市场机制的逐步确立，像磁石一样吸引了众多的境外投资者。建省当年，出现了"十万人才过海峡"、投身开发建设海南的中国历史上最大的人才迁徙壮举，来自国内外的开发建设投资如暴雨般倾泻到海南。据统计，1988 年海南省全社会固定资产投资额为 20.14 亿元，1991 年达到 45.63 亿元，1988～1991 年 4 年累计全社会固定资产投资额为 130.13 亿元，约为建省前 1952～1987 年 36 年累积固定资产投资总额的 1.11 倍。在 1990 年的全社会固定资产投资额中，实际利用外资 4.24 亿元，商品房建设投资 4.14 亿元，用于基本建设的投资 22.1 亿元，都是历史上不曾有过的记录。

固定资产投资规模的扩大，使基础产业和基础设施对国民经济发展的"瓶颈"制约明显缓解，支撑经济发展的能力大大增强。海南建省以前，基础产业和基础设施非常落后，严重制约国民经济的发展，建省办经济特区以后，实施了"基础产业和基础设施先行"的发展方针，大力加强了全省基础产业和基础设施建设，取得了显著成效。1988～1991 年全民所有制单位累计固定资产投资额为 109.38 亿元，其中能源工业固定资产投资额 10.6 亿元，交通运输和邮电业固定资产投资额 12.77 亿元，两者合计占全民所有制单位固定资产投资额的 21.37%。

3. 非农产业逐步发展带来产业结构不断调整

解放初期，海南产业结构单一，以第一产业（农业）为主体，工业基础薄弱，产业层次低。解放后很长一个时期，直到 1988 年建省办特区，由于特殊的政治军事形势和特定的历史条件，海南岛作为国防前哨，国家对海南投入的资金和人力很少，经济发展较为缓慢，经济结构调整未能取得突破性进展。1988～1991年，随着建省办特区以后经济高速发展，经济结构不断得到调整，三次产业增加值结构由1988年的50∶18.4∶31.6变为1991年的41.3∶20.5∶38.2，三次产业从业人员数结构由1988年的70.86∶9.51∶19.63变为1991年的68.52∶9.93∶21.55。尽管到1991年时产业结构仍然是以第一产业（农业）为主、产业层次低的"一三二"型传统格局，但与1988年相比，第一产业的增加值比重和从业人员数比重均明显下降，第三产业的增加值比重和从业人员数比重均明显上升，第二产业的增加值比重和从业人员数比重略有上升。

第二产业中工业和建筑业都获得了较快的发展。按可比价格计算，1991年工业总产值是1988年的1.47倍，工业与建筑业的增加值分别是1988年的1.39倍和1.8倍，年均增长速度分别为11.57%与21.67%。

此时期第三产业的发展以旅游业为代表。在海南省诸多资源优势中，最具特色的是旅游资源优势。但在交通闭塞、资金匮乏、以国防建设为重点的年代，海南省旅游业发展缓慢。据统计，在1983年以前，海南尚无一家旅游饭店；1988年建省办特区后，海南省旅游业获得了空前的机遇，当年来琼旅游人数达118.5万人次，比1987年增长57.9%，其中接待国外游客19.8万人次，旅游创汇4094万美元，成为海南旅游业有史以来的第一个高峰期；1989年旅游接待人数骤减之后，1991年，海南旅游业又上新台阶，接待国内外游客人数进入第二个高峰期，达到140.6万人次，其中国外游客27.7万人，旅游创汇6384万美元，各项主要旅游指标都创历史最高纪录，年底全省旅游饭店也达到了空前的65家。

4. 市场建设取得突破性进展使城乡商品市场供给日益充裕

1978年改革开放以前，海南实行的是由国营商业独家经营的封闭式、低效益的流通体制，商品市场货源紧缺、缺乏生机。改革开放后直到建省办特区前，海南的市场建设仍较落后，商品流通仍以国有经济成分为主。建省办特区初期的1988～1991年，是海南省自新中国成立以来市场投资发展最快的时期。在此期间，海南省市场建设取得突破性进展，商品流通领域呈现多种经济成分竞相发展的新格局，城乡商品市场供给日益充裕。据统计，1988～1991年，海南省非国有经济在市场销售中所占比重由59.2%上升到65.38%，社会商品零售总额从 37.47 亿元增加到 44.97 亿元。

二、房地产经济泡沫累积并形成的超高速发展时期（1992～1994 年）

1992 年年初邓小平同志"南方谈话"之后，全国出现了新一轮经济建设高潮。海南省开始积极大胆地进行经济体制改革，经济超高速发展，产业结构发生了明显的变化。不过，房地产经济泡沫开始累积并形成。按照钱纳里经济发展阶段划分标准，此期间海南省进入初级产品生产阶段 II。[①] 从三次产业增加值构成看，此期间第一产业比重在 29%～32% 之间，比前一阶段大大下降，第二产业比重在 20.7%～25.4% 之间，比前一阶段有所上升，第三产业比重在 42.9%～50.3% 之间，比前一阶段明显上升，产业结构由低端的"一三二"型转为较低端的"三一二"型。

（一）一系列的经济体制改革措施

在此期间，海南省积极大胆地进行包括企业制度改革、市场体制改革、旅游管理体制改革与投资和交通体制改革等内容的经济体制改革。

1. 企业制度改革

1992 年，海南省委和省政府明确了海南企业改革的目标模式是建立以股份制为主体的现代企业制度。为了规范地推进企业股份制改革的进程，于 1992 年 8 月和 1993 年 10 月先后颁布了《海南经济特区股份有限公司条例》和《海南经济特区有限责任公司条例》，在全国率先对企业股份制改革进行地方性立法。1993 年，海南省在全国率先实行公司法人注册登记制度改革，把申办企业法人由审批登记制改为直接核准登记制，简化企业法人登记的条件和程序，打破各种经济成分经营条件的界限，把国有、集体、私营和外商投资企业等各类企业置于同一起跑线上。1994 年 4 月，海南省颁布《海南经济特区产权交易市场管理办法》，对在海南省从事产权交易活动的法人、自然人和其他组织的交易行为作出规范性规定，进行企业产权制度改革。

2. 市场体制改革

一是尝试建立平等竞争的市场机制。平等竞争是市场经济正常运转的基本

---

① 李敏纳，周春山，蔡舒，王平，宋洁华. 海南建省以来经济增长空间分异格局演变［J］. 经济地理，2017，37（2）：23－32.

原则。随着海南省投资热潮的兴起，各类企业争先恐后地涌入海南。为了给各类企业创造一个平等竞争的市场环境，尽快建立起新型市场经济的正常秩序，海南省政府在《关于加快海南经济特区开发建设若干规定》中作出一系列规定，主要内容包括：所有企业的税收一律平等；所有企业都可以自主经营进出口业务；对一些国家限制进口的商品配额采取公开招标分配的方式，招标收入上缴省财政；允许外资企业经营商业，与国内商业平等竞争；允许省内各专业银行经营外汇业务，允许外资银行经营人民币。二是积极大胆地推行价格改革，进一步健全市场体系。1992年10月彻底放开了粮价，放开后不仅粮价平稳，而且粮食市场丰富，既减轻了财政负担，也为全国的粮价改革提供了可资借鉴的经验。同年实行将18种主要生产资料由计划价格向市场调节价格并轨的改革。1994年3月对地方产的化肥、橡胶等商品的价格由直接管理改为动态管理，扩大企业自主权。价格改革的推进，进一步健全了市场体系。

3. 旅游和外贸管理体制改革

全方位放开进出口业务是海南省外贸体制改革的重大标志。1992年通过了《海南省旅游发展规划大纲》，明确热带海滨度假休闲游这一海南旅游业发展的主题，提出"全社会共办大旅游"的旅游发展方针。1994年3月，省商贸厅组建省进出口商会，属非政府机构的事业单位。省商贸厅逐步将出口配额指标、对外展销促销、对外贸易协调等一些属行业管理范畴的职能转交给省进出口商会。省进出口商会对7种较敏感的商品主要配额实行招标分配。

4. 投资和交通体制改革

1992年3月，国务院正式批准设立洋浦经济开发区，中国首例外商投资成片开发区就此在海南省诞生。1994年5月颁布《海南经济特区基础设施投资综合补偿条例》，对投资海南省公路网骨架及干线公路、铁路、公用港口码头、民用机场和大型水利工程等基础设施建设的投资者，从土地、税收、项目审批、经营范围等方面给予优惠补偿。

（二）经济发展概况

各项经济体制改革措施的实施，增强了海南省招商引资的吸引力，使海南省开发建设的速度明显加快。短短几年内，海南省吸收了大量省外、境外资金，多种经济成分全面推进，经济发展迅猛，1992年与1993年经济发展速度分别达到了41.48%和20.57%。

1. 工业发展速度加快，地位明显提升

1993 年工业总产值为 128.27 亿元，首次超过农业总产值，结束了几千年来海南以农业为主的局面。1994 年工业总产值达 164.75 亿元，工业增加值为 42.84 亿元，按可比价格计算，分别比 1991 年增长 118.54% 与 103.6%，年平均增长速度分别为 29.77% 与 26.74%。1991～1994 年海南工业发展速度快于全省国民经济的总体发展速度，也快于全国的工业发展速度。

2. 投资开发旅游业，渐成热点和高潮

1993 年，省政府颁发了《海南省旅游发展规划大纲》，明确了热带海滨度假休闲这一海南旅游发展的主题，并针对缺乏旅游建设资金的实际情况，提出"全社会共办大旅游"的旅游发展方针。随着这一方针的落实，各界投资开始向旅游业倾斜，逐步掀起了海南旅游开发的热潮，当年旅游重点建设项目近 200 项。到 1994 年，海南涉外宾馆（酒店）发展到 128 家，其拥有客房 12958 间，分别比 1991 年增长 97% 和 107%；其接待游客 289.6 万人次，比 1991 年增长 106%，其中境外旅游者 24.73 万人次，国际旅游外汇收入为 4.92 亿元。

3. 地价巨幅上扬，房地产投机渐成狂潮

房地产开发公司由建省办特区前的 1 家发展到了 1992 年的 1400 多家。① 1992 年房地产泡沫开始累积，1993～1994 年房地产业更为迅猛地发展，房地产泡沫形成，由此引发金融泡沫。

4. 以旅游投资开发热与房地产热为显著标志，产业结构层次得以提升

1992 年，第三产业增加值比重超过第一产业成为最大的产业，三次产业增加值结构由"一三二"型向"三一二"型转变。三次产业就业结构虽然还是"一三二"型，但第二和第三产业的从业人员数比重明显增加，第一产业的从业人员数比重明显下降。

三、房地产经济泡沫破灭及之后的恢复性增长时期（1995～2000 年）

1993 年 6 月 24 日，中共中央、国务院印发《关于当前经济情况和加强宏观调控的意见》，出台宏观调控措施，严控信贷规模、削减基建投资、清理所有在

---

① 沈德理. 非均衡格局中的地方自主性——对海南经济特区发展的实证研究 [D]. 武汉：华中师范大学，2002.

建项目，海南省房地产业被作为宏观调控的突破口。随之，大量用于海南省房地产和开发区建设的资金被抽走，在海南省的企业大批撤退，海南省房地产经济泡沫破灭，之后，海南省经济进入恢复性增长时期。按照钱纳里经济发展阶段划分标准，此期间海南省仍处于初级产品生产阶段Ⅱ。[①] 从三次产业增加值构成看，此期间第一产业比重比前一阶段有所上升，第二产业比重比前一阶段有所下降，第三产业比重基本稳定，产业结构仍为较低端的"三一二"型。

（一）房地产经济泡沫的破灭

1992～1994年，海南经济发展速度一直位居全国第一，但到1995年，仅为3.76%，由1994年11.48%的高速度跌入低谷，由位居全国第一猛跌到位居全国倒数第一。伴随着经济发展速度的猛然下滑，海南房地产经济泡沫破灭，经济发展进入低迷和艰难状态。在1995～1997年连续三年的时间里，海南经济发展速度一直位居全国倒数第一。

（二）经济恢复性增长

在发展低潮中，海南省委、省政府没有退缩，而是冷静反思，重新审视省情，继续坚定改革开放的决心，在认真总结经验教训、分析形势和统一思想的基础上，提出了"消除泡沫、夯实基础、调整结构、增进效益"的经济发展总方针和深化改革、加快建立社会主义市场经济体制、优化产业结构的发展新思路。1996年1月的海南省委二届四次全会第一次提出把海南建设成新兴工业省、热带高效农业基地和热带海岛休闲度假旅游胜地的"一省两地"的产业发展战略。1996年2月，海南省人大通过《海南省国民经济和社会发展"九五"计划和2010年远景目标纲要》，正式通过"一省两地"的产业发展战略，取得了产业发展战略定位上的重大突破。"一省两地"产业发展战略，立足海南的资源、环境和区位的比较优势，面向国际国内两大市场，顺应全国经济结构调整的大势，完全符合海南实际。[②] "一省两地"产业发展战略及一系列改革措施的实施，使海南经济逐步实现恢复性增长，产业结构开始从房地产业"一枝独秀"开始向热带高效农业、热带海岛休闲度假旅游业和新兴工业"三足鼎立"的格局转变，具有比较优势和海南特色的产业发展新格局初露端倪。

---

① 李敏纳，周春山，蔡舒，王平，宋洁华. 海南建省以来经济增长空间分异格局演变 [J]. 经济地理，2017，37（2）：23-32.

② 海南省社科联课题组. 积极探索海南特色的发展新路 [N]. 海南日报，2008-03-31（13）.

1. **工业地位提升**

工业是国民经济的主体，是推进社会发展的动力。没有发达的工业，就没有发达的农业、发达的服务业，就没有发达的国民经济。大力发展工业，把海南建设成新兴工业省是海南经济腾飞的必由之路。"一省两地"战略的提出，进一步加强了工业的地位，并确立了石化工业、机电工业、食品工业、纺织工业、制药工业、浆纸工业和建材工业七大支柱工业。省工业主管部门相应提出了将西南部沿海市县建设成"工业走廊"的工业发展规划。省委、省政府制定了《关于深化国有工业企业改革的决定》，国有工业企业改革步伐加快，国有、股份制、外商投资等多种所有制工业企业蓬勃发展。一系列产业政策和产业规划的实施，将海南的工业推向了一个快速发展的新阶段。电力工业等瓶颈工业和基础工业快速发展，一批重点工业项目得以建成，工业规模扩大，工业企业的经济效益进一步提高，工业产品出口创汇登上了一个新台阶，工业行业结构发生了明显的变化。① 2000 年工业总产值达 265.61 亿元，工业增加值为 65.76 亿元，按可比价格计算，分别比 1995 年增长 60.63% 与 51.72%，工业增加值占GDP 的比重比 1995 年提高了 1.3 个百分点。按工业增加值计算，1995~2000 年工业年平均发展速度为 8.69%，而同期全省年均经济发展速度为 7.43%，工业发展速度快于国民经济的总体发展速度。

2. **热带特色高效农业迅速发展**

政府基于海南省的资源和地域优势，除在地方财政支出中不断增加对农业的投入、适时制定各项优惠政策吸收并引导外资对海南省农业开发的投入外，还建立专门的农业开发区供投资者进行农业开发经营。除了建立省农业综合开发试验区外，各个市县都根据本地的地理特点和资源优势建立了不同类型、适合种植各种不同热带高效作物品种的农业开发区。为了最大限度地满足投资开发经营者的需要，各地还敞开山门、放开手脚，让投资者灵活选择适合自身经营特点和经营方式的开发模式，如投资者租赁土地、人财物和产供销全由自身负责的纯公司模式，投资者出资金和技术、当地农民以土地和人力入股经营的公司加农民的模式，当地农民经营的反包模式，投资者先租下土地、进行各种

---

① 从占工业总产值的比重来看，交通运输设备制造业、食品工业、医药工业、饮料工业和化学工业成为前五大工业行业，而在建省前的 1987 年，前五大工业行业为食品工业、化纤工业、纺织工业、黑色金属矿采选业和橡胶制品业。

基础和配套设施建设后再承包，等等。

在此期间，由于海南省与台湾地理位置相近，气候条件相似，耕作方式和种植习惯接近，在台湾工业化进程日趋加快、可耕作土地日渐减少的情况下，不少台商产生了来海南省开发经营农业项目的浓厚兴趣，海南省的决策者们及时把握这一形势，适时作出了加强琼台农业合作的战略决策，并相应制定了一系列鼓励台商来琼投资开发农业的优惠政策，同时还采取各种有力措施确保台商的经营利益和经营安全，促进了琼台农业合作的快速发展。来琼投资开发农业项目的台商达数百家，不仅产生了良好的经济效益，也推动和密切了海峡两岸同胞的相互交流，产生了巨大的社会效益。除了琼台农业合作的发展外，海南无霜期长、日照充沛，即使在冬季也可以种植各类瓜菜的特点，吸引了不少境外经营者，他们纷纷来海南安营扎寨、租赁或承包土地，种植冬季瓜菜（反季节瓜菜），或组成反季节瓜菜营销队伍，从海南运到内地省市销售，从而开辟了一条闻名全国的"绿色通道"。2000年，海南省农业总产值达到311.94亿元，农业增加值达到196.56亿元，按可比价格计算，两者分别比1995年增长59%和50%，分别比1988年增长222%和181%。

3. 旅游业蒸蒸日上

在制定了许多优惠政策吸引外资开发旅游业的基础上，于1995年8月颁布中国第一部地方旅游法规《海南旅游管理条例》，给境外、国外来琼旅游者在住宿、餐饮、购物、乘坐飞机轮船等方面以"国民待遇"，并对与中国有外交关系的或官方贸易往来的国家和地区的外国人来琼停留不超过15天者，实行"落地签证"制度。这些措施的出台对开拓国际旅游市场起到了积极作用，境外游客不断增加。与此同时，海南省旅游主管部门还通过主办或承办一系列国际国内的重大旅游活动，加强海南旅游的对外宣传和促销工作，提高海南旅游在国内外的知名度。在1996年、1997年香港国际旅游交易会上，海南连续两年获得"最有希望的新的旅游目的地"和"最佳休闲产品奖"。到2000年，海南各类旅行社发展到149205家，其中国际旅行社36家，三星级及以上饭店44家，其中定点旅游饭店发展到238家，拥有客房28479间，旅游度假区、景区和参观点不仅数量多达80多处，而且在规模和档次上都有很大的提高，体现出海南旅游的鲜明特色，共接待游客1007.57万人次，其中境外旅游者48.68万人次，旅游总收入78.56亿元，其中国际旅游收入10883万美元。

4. 城乡市场日益繁荣

随着市场流通体制改革的不断深化，统一、开放、竞争、有序的商品市场流通体系逐渐形成，市场规模、档次以及管理手段不断提高，商业发展格局越来越多元化和现代化。截至 1998 年底，海南拥有各类商品交易市场 542 个，其中室内市场 339 个，占 62%，拥有批发零售贸易业、餐饮业网点 12.22 万个，平均每万人拥有 166 个网点，比 1979 年增长 5.9 倍，从业人员 38.67 万人，比 1979 年增长 4.9 倍。省会海口建成了乐普生、生生百货、望海商城、DC 城、第一百货等一批大型综合性商场，还呈现如仓储式商店、连锁经营店等一些新的商业组织形式。这些商业实体由于设施先进、购物环境幽雅、经营管理规范和现代化，在商业中发挥了骨干示范作用，并且在全国也有了知名度。如 1998 年全国百家大型零售商店排序中，海口乐普生、海口生生百货榜上有名。此外，县城中心市场、乡镇集贸市场建设也得到较快发展，构成了多渠道、少环节和城乡一体化的流通网络。

四、经济恢复性增长后的高速度发展时期（2001～2009 年）

1998 年后，特别是进入 21 世纪后，面对重要的战略机遇期和全国各地竞相发展的形势，海南省委、省政府在"一省两地"产业发展战略的基础上进一步探索新的产业发展战略和路径，不仅丰富、拓展和提升了"一省两地"产业发展战略的内涵，而且使海南经济发展的战略定位更加明确，经济发展思路更加清晰，经济发展特色更加突出，经济发展的道路更加符合科学发展观的要求和海南实际。在科学的发展战略指引下，海南经济实现了从恢复性增长向高速发展的转变，综合经济实力和经济发展后劲明显增强，经济运行质量和效益显著提高，生态环境得到有效保护，实现了经济发展与环境保护双赢。按照钱纳里经济发展阶段划分标准，此期间海南省由处于初级产品生产阶段 Ⅱ 逐步进入工业化初期。[①] 从三次产业增加值构成看，此期间海南省产业结构仍为较低端的"三一二"型，但第一产业比重明显下降，第二和第三产业特别是第二产业的比重明显提升。

---

① 李敏纳，周春山，蔡舒，王平，宋洁华. 海南建省以来经济增长空间分异格局演变［J］. 经济地理，2017，37（2）：23－32.

（一）对海南特色的产业发展道路的进一步探索

1999 年 2 月，海南省第二届人民代表大会从实施可持续发展战略、发挥海南环境优势、打造海南特色、加快和实现全省经济社会协调发展的大局出发，做出了建设生态省的决定。2002 年召开的海南省第四次党代会明确提出"把特色鲜明、潜力巨大的优势产业做大做强"的"优势产业战略"，打造"环境、产业、体制"三大特色，建设"国际著名休闲度假旅游胜地"，"加快发展依托资源和环境优势的现代工业"，并首次把海洋产业纳入"一省两地"产业发展战略（海南省社科联课题组，2008）。2003 年海南省委、省政府基于对海南经济发展面临的主要矛盾是"三低一小"① 及经济发展与环境保护必须"双赢"等的认识，提出"大企业进入、大项目带动"的"双大"产业发展战略，为海南发展新型工业指明了路径。② 2007 年召开的海南省第五次党代会进一步把"生态立省"放在一个突出的位置，确立了生态环境是海南的"饭碗"和"最大的本钱"的理念，提出"既要金山银山，更要绿水青山"，绝不以牺牲环境为代价去换取经济上的一时繁荣。省第五次党代会还系统阐述了发展特色产业总体框架，即把"发展热带高效农业"改为"发展热带现代农业"，界定其出岛出口、直接进超市和宾馆的"两出两进"目标；提出"发展一批工业产业集群"的工业发展新思路，进一步丰富"大企业进入、大项目带动"战略的内涵；在发展旅游业方面，从"升级转型"和"国际化"新高度，注入打造国际休闲度假旅游目的地更为丰富的内涵。③

（二）进一步的改革开放举措

国务院分别于 2007 年和 2008 年批准设立了洋浦保税港区和海口综合保税区。这是由海关监管的开放层次高、优惠政策多、功能齐全、手续便捷的特殊经济区域。与此同时，国家赋予海南保税港区、离岛免税、邮轮游艇、体育彩票、离岸金融、落地免签等一系列开放政策，这些优惠政策对海南经济发展起到了明显的促动效应。

---

① 即工业化水平低，城市化水平低，城乡居民收入水平低，经济总量小。

② "大企业进入、大项目带动"战略有效地避开了国内大部分地区在工业化初期，以小企业、小项目、乡企村企为主体进行大规模、低层次、破坏性资源开发的"先污染后治理"的老路子。

③ 海南省社科联课题组．积极探索海南特色的发展新路［N］．海南日报，2008 – 03 – 31（13）．

（三）经济高速发展的格局

生态省建设的推进，"优势产业战略"与"双大"产业发展战略等的实施，取得了明显的经济发展成效。海南生产总值在 2001 年和 2002 年接近两位数增长，2003 年恢复到两位数增长，之后，发展势头进一步趋好。

1. 新型工业是拉动经济增长的主要动力

随着"双大"产业发展战略的实施，800 万吨炼油、东方 1－1 气田、80 万吨化肥、60 万吨甲醇、洋浦金海 100 万吨纸浆、华盛 200 万吨水泥、15 万台汽车发动机、福耀玻璃一期、海口电厂 2 台 30 万千瓦发电机组等一批支撑海南长远发展的技术和资金密集型的重点工业项目相继建成投产，油气化工、浆纸、汽车、制药、矿产资源加工、农副产品加工等支柱工业逐步形成。2000～2009 年工业增加值年均增速为 16.1%。工业增加值占生产总值的比重明显提升，由 2000 年的 13.4% 提升到 2009 年的 17.6%，其中 2001～2006 年间提升更为迅速，2006 年曾达到 22.4%，之后到 2009 年又略有下降。

2. 包括旅游业在内的现代服务业迅速成长

此期间，交通运输业、邮电通信业、信息传输和计算机软件业、旅游业等现代服务业迅速发展。交通、电力、水利、通信等基础设施日趋完备，环岛高速公路、粤海铁路等重大项目建成投入使用。特别是 2003 年到 2007 年，是海南铁路和地方经济同步高速发展的 5 年，粤海铁 1 号跨越琼州海峡及西环线建成开通运营，吸引一大批重点工业项目沿着西环线顺利竣工投产。海口托普南方软件园、海汽三期、三星光通讯等，成为海南经济增长新的亮点和支撑力量。旅游业国际竞争力明显增强。瞄准世界一流热带海岛度假旅游目的地的目标，海南旅游业连续出击国内外客源市场。2007 年在全国首次开展了"旅游宣传促销年"主题活动，省委书记、省长亲自带队促销，全年先后举办了 20 多场宣传促销活动，其中精心策划的俄罗斯"中国年·海南日"系列活动，在俄罗斯刮起了强劲的"海南旋风"。海南连续三年开展"旅游宣传促销年"并同时举办"旅游优质服务年"活动。在中西文化大融合的背景下，海南还注重深入挖掘旅游产品的文化内涵，借助文化创意不断优化旅游产品结构，从吃、住、行、游、购、娱六个方面实施海南旅游国际化改造。通过不断开拓创新，海南旅游业初步实现了从数量规模型向质量效益型转变、从团队观光向高端度假转变。到 2009 年，全省接待过夜旅游人数 2250.33 万人次，是 1987 年的 30 倍，旅游总收入达 211.72 亿元，其中国际旅游收入 27666.01 万美元。旅游业已经成为海南最具特色和国际竞争力的产业。

3. 热带现代农业发展成效显著

海南省作为中国最大的热带地区，拥有发展农业的独特的资源禀赋和优越的生产条件。到 2009 年，海南热带现代农业发展取得了明显的成效。瓜菜种植面积和产量分别达到 349.90 万亩和 492.47 万吨。特别是冬季瓜菜种植成为大产业，冬季瓜菜销往全国各地，海南成为全国冬季"菜篮子"生产基地。热带水果迅猛发展，种植面积、产量分别达到 255.95 万亩、267.95 万吨，香蕉种植面积达 75.37 万亩，产量 159.57 万吨，建成全国优质香蕉生产基地，并出口日本、俄罗斯等多个国家和地区。热带作物稳定发展，橡胶种植面积 696.44 万亩，产量 30.71 万吨，占全国总产量近 60%，是全国最大的天然橡胶生产基地。南繁基地建设成效显著，全国 30 个省市区 5000 名专家来琼制种，常年制种面积 8 万~11 万亩，为中国粮食安全做出了重要贡献。2009 年海南水产品产量达到 145.49 万吨，水产品生产不断做大做强，使海南成为全国热带水产种苗中心和渔业生产基地。重大动物疫病零发生，2000 年以来建设全国最大的无规定动物疾病区，促进了畜牧业发展，2009 年全省肉类总产量 66.05 万吨，实现由调进到出岛出口的历史性突破。农业科技推广机制得到创新，农业科技含量大幅度提高，农业科技服务"110"成为全国推广新模式，覆盖面达到 80% 以上，促进了农业科技进村入户。农产品出岛出口大幅度增长，十年"海交会"打造了农产品交流订货的大平台和大品牌，推动订单农业发展。

4. 产业结构层次提升

从产业增加值构成看，自 1988 年建省办特区到 1991 年，海南三次产业结构是"一三二"型的，1992~2000 年基本保持"三一二"型产业结构。2001~2009 年与 1992~2000 年相比，虽然三次产业结构仍为"三一二"型的，但由于新型工业成为拉动经济增长的主要动力及现代服务业迅速成长，三次产业中第二和第三产业的比重明显提升，特别是第二产业的比重提升到 26.2%，接近第一产业的比重 27.3%。

五、较高水平和较高层次的转型发展时期（2010年以来）[①]

2010年1月4日，国务院发布了《关于推进海南国际旅游岛建设发展的若干意见》，海南国际旅游岛建设上升为国家战略，国家从投融资、财税、开放、土地等方面给予海南许多特殊政策支持，海南再一次迎来了改革、开放和发展的良机。此后，国家又给予海南省一些优惠政策，如2013年国务院正式批复海南设立博鳌乐城国际医疗旅游先行区，并量身定做了一批含金量高的特殊政策等，特别是在2018年海南建省办经济特区30周年之际，党中央和国务院作出了支持海南全面深化改革开放的重大决策，赋予海南省"全面深化改革开放试验区、国家生态文明试验区、国际旅游消费中心、国家重大战略服务保障区"的"三区一中心"战略定位，支持海南省建设自由贸易试验区和中国特色自由贸易港，成为我国改革开放的新标杆。与此同时，海南与全国其他省区一样，受到国际金融危机持续发酵的冲击及国内经济迈入增速度换挡期、结构调整阵痛期和前期刺激政策消化期的"三期叠加"阶段的严峻挑战。总体而言，2010年以来，海南省面对并存的机遇和挑战，以稳增长、调结构、促改革、防风险、惠民生为导向，科学引导和培育新产业或新业态，着力铸造新的经济增长引擎，全省进入经济发展规模和质量提升但速度放缓的转型阶段。按照钱纳里经济发展阶段划分标准，此期间海南省总体进入工业化中期。[②]从三次产业增加值构成看，此期间海南省第一产业比重明显下降，第三产业比重明显提升，第二产业的比重超过第一产业，产业结构转为较高端的"三二一"型。

（一）经济增长硬环境不断改善

"十二五"期间，海南基础设施建设进展迅速，经济增长硬环境不断改善。累计完成固定资产投资12880亿元，是"十一五"时期的3.2倍，固定资产投资年均增长22.9%，增速比全国平均水平快3.7个百分点。全球首条环岛高铁开通，海口至琼中高速公路、清澜大桥、洋浦大桥竣工通车，马村港二期与国投孚宝30万吨级油品码头投入使用，海口美兰与三亚凤凰机场旅客吞吐量剧增，突破千万人次。红岭水库下闸蓄水，电网主网和城乡电网完成改造建设，

---

① 本部分参考了姚洁斯（2016）的研究成果。
② 李敏纳，周春山，蔡舒，王平，宋洁华. 海南建省以来经济增长空间分异格局演变［J］. 经济地理，2017，37（2）：23–32.

东方电厂二期、西南部电厂、昌江核电首台机组、大广坝水电二期实现并网。到 2015 年，海南省城市和行政村光纤宽带网络覆盖率分别达到 89.2%、71.0%，4G 覆盖率分别达到 99.1%、84.7%。

2018 年，海南省重点项目完成投资 666.71 亿元，"五网"基础设施完成 344 亿元，三亚亚特兰蒂斯水上乐园、海口五源河文体中心、琼中至乐东高速公路、海口齐鲁高端药品研制及产业化项目、中国铁塔海南基础网络完善工程项目、琼中抽水蓄能电站项目、陵水富力海洋欢乐世界项目、陵水清水湾南国侨城旅游度假区项目、铺前大桥工程等项目竣工或进入竣工扫尾阶段，海口观澜湖度假区项目、海口康宁光纤预制棒车间技术改造项目、农村公路六大工程、洋浦 150 万吨/年特种油、海口桂林洋国家热带农业公园等项目超额完成年度投资计划。

（二）经济发展速度放缓但经济发展规模和质量提升

"十二五"期间，海南省经济年均递增 9.5%，比"十一五"时期放慢了 3.9 个百分点。2010 年海南省经济发展速度达到了 16% 的高速，是 1994 年以来的最高速度，2010 年以来海南省经济发展速度从高位逐步下滑到中位，到 2012 年降为 9.1%，到 2014 年降为 8.5%，到 2015 年进一步降为 7.8%。进入"十三五"期间，海南省经济发展速度进一步下滑，2016 年与 2017 年分别为 7.5% 和 7.01%，到 2018 年仅为 5.78%。

在经济发展速度放缓的同时，经济发展的规模和质量有所提升。从经济发展的规模来看，2018 年，海南 GDP 与人均 GDP 分别为 4832.05 亿元和 51955 元，按可比价格计算，分别是 2010 年的 1.9 倍和 1.8 倍，海南 GDP 占全国的比重由 2010 年的 0.5% 提升到 0.54%，人均 GDP 实现了从不足 3000 美元到超过 6000 美元的跨越；GDP 超 100 亿元的市县由"十一五"期末的 6 个增加到 12 个，其中海口市超过 1000 亿元。"十二五"期间，海南省经济每递增 1 个百分点，城镇和农村居民人均可支配收入分别递增 122 个百分点和 1.51 个百分点，比"十一五"时期快了 0.25 个百分点和 0.62 个百分点；亿元 GDP 创造的财政收入为 1557.66 万元，比"十一五"时期放大了近 50%。2018 年海南省各市县地方一般公共预算收入全部过亿，其中超 10 亿元的市县由"十一五"期末的 6 个增加到 10 个。

（三）工业发展的知识技术含量提升

2010 年以来，海南省工业发展的知识技术含量提升。海南省油气化工、汽车及装备制造、建筑建材等新型工业不断壮大，新能源、新材料、电子信息和生物制药等战略性新兴产业快速崛起。2018 年海南省工业增加值 572.52 亿元，比 2009 年增长 90%，2009~2018 年年均增长 7.4%。2018 年海南省高技术产业中的医药、电气行业占全部工业总产值的比重分别为 10.5%、2.35%，均比"十二五"期末明显提高。

（四）现代服务业发展日益壮大

"十二五"期间，海南省服务业年均增长 10.6%，比全国平均水平快 2.2 个百分点，对 GDP 增长的贡献率达到 53.5%，成为经济增长的主要驱动力。其中，旅游业发展迅速，空间布局不断优化。开发了海棠湾购物中心、观澜湖电影公社、奥特莱斯品牌折扣店、三亚千古情等一批新的旅游业态和产品，接待旅游人数突破 5000 万人次，年均增长 11.7%。金融业迅速壮大，2015 年金融业占服务业的比重达到 12.3%，较"十一五"期末提高了 3.6 个百分点。海南银行、海口联合农商银行、三亚农商银行等地方金融机构成立，阳光人寿保险公司总部落户，中信、招商、浦发、民生、华夏等多家银行设立分行，海南大宗商品交易中心、海南股权交易中心和贵金属交易中心建成运营；培育了一批新兴服务业态，2015 年规模以上软件和信息技术服务业、文化艺术业和娱乐业的营业收入同比增长均超过 50%。免税购物成为近几年来的消费热点，年均增速超过 30%，社会消费品零售总额年均增长 13.6%。

进入"十三五"时期，海南省现代服务业进一步发展壮大。到 2018 年，接待旅游人数突破 7600 万人次，旅游产业增加值达到 392.82 亿元，较 2015 年增长 32%，对经济增长的贡献率达到 11.5%，比 2015 年增长 3.9 个百分点；现代金融服务业增加值达到 309.09 亿元，较 2015 年增长 28%，对经济增长的贡献率达到 10%，比 2015 年增长 3.4 个百分点；互联网业增加值达到 230.95 亿元，较 2015 年增长 104%，对经济增长的贡献率达到 19.1%，比 2015 年增长 16.3 个百分点。

（五）民生和社会发展状况得到明显改善

"十二五"期间，海南省财政用于民生支出累计 3663.8 亿元，占一般公共预算支出的 2.7%，促进了居民的住房、教育、就业、医疗、社会保障等状况明显改善。累计开工建设城镇保障性安居工程 31.97 万套，开工套数比"十一五"时期增长 44%。城镇人口超过农村人口，常住人口城镇化率从 2010 年的 49.81% 提高到 2015 年的 55.12%，处于全国中游水平。就业人数明显增加，五年累计新增城镇就业人数 46.9 万人、农村劳动力转移 45.8 万人。2015 年，海南省医疗机构病床位共有 3.75 万张，比 2010 年增长 44.2%；各类卫生人员达到 6.99 万人，增长 43.8%。物价水平基本保持稳定，居民消费价格年均涨幅为 3.2%，呈现稳增长、低通胀的良好局面。

进入"十三五"时期，海南省民生和社会发展状况得到进一步改善。2018年，海南省常住居民人均可支配收入 24579 元，比上年增长 9%，城镇新增就业人数 12.84 万人，比上年增长 7.0%，城镇从业人员 277.81 万人，比上年增长 8.2%，共有卫生机构 5325 个，比上年增加 148 个，城镇居民最低生活保障人数 4.83 万人，比上年下降 23.4%，参加城镇职工基本养老保险人数 257.95 万人，比上年增长 7.1%，新开工城镇保障性住房 1.39 万套，基本建成城镇保障性住房 1.65 万套，脱贫退出 21593 户 86742 人，81 个贫困村脱贫出列。

（六）产业结构逐步改善但经济结构性问题仍未得到根本解决

2010 年以来，海南省经济结构层次较前一阶段明显提升。从三次产业增加值构成看，海南省各年的三次产业结构均是"三二一"型的，而之前是"三一二"型的。2018 年，海南省三次产业增加值构成为 20.7∶22.7∶56.6，第一产业增加值比重较 2009 年降低 6.6 个百分点，第二产业增加值比重较 2009 年降低 3.5 个百分点，第三产业增加值比重较 2009 年提高 10.1 个百分点；三次产业从业人员数构成为 38.3∶11.69∶50.01，第一产业从业人员数比重较 2009 年降低 14.84 个百分点，第二产业和第三产业从业人员数比重分别比 2009 年提高 0.33 个和 14.51 个百分点。

然而，海南省经济的结构性问题仍未得到根本解决。主要体现为第一产业所占比重仍然偏高，第二产业所占比重明显偏低。2018 年，海南省第一产业增加值占 GDP 的比重高出全国平均水平 13.5 个百分点，第一产业从业人员数比重高出全国平均水平 12.2 个百分点；同年海南省第二产业增加值占 GDP 的比重只是略高于第一产业增加值比重，低于全国平均水平 18 个百分点，第二产业从业人员数比重低于全国平均水平 15.91 个百分点。

第二节　经济发展特征[①]

一、海南省经济发展规模与全国相比的特征

经济发展规模是一个国家或区域在一定时期内所生产出来的社会财富总量，分为绝对规模和相对规模。用 GDP、第一、第二和第三产业增加值、全社会固定资产投资额、社会消费品零售总额、进出口总额、实际利用外商直接投资额、地方公共财政预算收入等指标值来度量经济发展的绝对规模；用人均 GDP、人均城乡居民储蓄存款余额、城镇居民人均可支配收入和农村居民人均可支配收入等指标来度量经济发展的相对规模，以反映人口数量与经济发展绝对规模间的关系。测度结果表明，海南省自 1988 年建省办特区以来，经济发展的绝对规模和相对规模均明显扩大，但与全国的差距总体上也在拉大，目前海南省仍属于小规模经济体。

（一）经济发展规模明显提升

1. 经济发展的绝对规模明显提升

1988 年，海南省 GDP 总额为 77 亿元，其中，第一、第二和第三产业增加值分别为 38.46 亿元、14.19 亿元和 24.35 亿元，全社会固定资产投资额为 20.14 亿元；社会消费品零售总额为 34.32 亿元；进出口总额为 6.65 亿美元，其中出口总额 2.95 亿美元；实际利用外商直接投资额为 1.14 亿美元；地方公共财政预算收入为 4.82 亿元；居民储蓄存款余额为 29.98 亿元。到 2018 年，上述指标值均大幅度增长。其中，GDP、第一、第二和第三产业增加值分别达到 4832.05 亿元、1000.11 亿元、1095.79 亿元和 2736.15 亿元，全社会固定资产投资额、社会消费品零售总额、进出口总额、出口总额、实际利用外商直接投资额、地方公共财政预算收入和居民储蓄存款余额分别达到 3503.9 亿元、1717.08 亿元、848.18 亿美元、297.76 亿美元、51.52 亿美元、752.67 亿元和 4188.82 亿元。用 GDP 缩减指数进行缩减，扣除物价上涨因素的影响后，2018

---

① 本部分数据根据相关年份的《海南统计年鉴》和《中国统计年鉴》中的相关数据计算得到。

年海南省 GDP 与第一、第二和第三产业增加值分别比 1988 年增长了 21 倍、7.9 倍、35 倍和 31 倍，2018 年全社会固定资产投资额、社会消费品零售总额、进出口总额、出口总额、实际利用外商直接投资额、地方公共财政预算收入和居民储蓄存款余额分别比 1988 年增长了 59.8 倍、16.5 倍、43.6 倍、34 倍、14.8 倍、53.6 倍和 47.9 倍。

2. 经济发展的相对规模明显提升

1988 年，海南省人均 GDP 为 1220 元，城乡居民储蓄存款人均余额为 367.9 元，城镇居民人均可支配收入为 1196 元，农村居民人均可支配收入为 609 元。到 2018 年，上述四项指标值分别达到 51955 元、45116 元、33349 元和 13989 元。用 GDP 缩减指数进行缩减，扣除物价上涨因素的影响后，2018 年海南省人均 GDP、人均城乡居民储蓄存款余额、城镇居民人均可支配收入和农村居民人均可支配收入分别比 1988 年增长了 13.9 倍、41.9 倍、8.7 倍和 7 倍。

（二）经济发展规模与全国的差距总体上拉大

1. 建省之初经济发展的相对规模与全国平均水平相比差距不大

1988 年，全国人均 GDP、城乡居民储蓄存款人均余额、城镇居民人均可支配收入和农村居民人均可支配收入分别为 1371 元、346.8 元、1181.4 元、544.9 元，同年海南省人均 GDP 只是比全国人均 GDP 低 151 元，而城乡居民储蓄存款人均余额、城镇居民人均可支配收入和农村居民人均可支配收入均略高于全国平均水平。

2. 经济发展绝对规模与全国的差距持续扩大

1988 年以来，海南省与全国名义 GDP 的差距逐年扩大，2018 年与 1988 年相比，海南省与全国名义 GDP 的差额扩大了 58 倍。以 1988 年为基年，计算 1988～2018 年全国和海南省各年的实际 GDP，同时计算各年海南省与全国实际 GDP 的差额，结果表明，1988～2018 年海南省与全国实际 GDP 的差距也是一年比一年大，2018 年与 1988 年相比，两者的差距扩大了 13 倍。

3. 经济发展相对规模与全国的差距在波动中扩大

1988 年以来，海南省与全国人均 GDP 的差距在波动中明显扩大，2018 年与 1988 年相比，海南省与全国人均 GDP 的差额扩大了 79 倍（见图 5-1）。以 1988 年为基年，计算 1988～2018 年全国和海南省各年的人均实际 GDP，同时计算各年海南省与全国的差额，结果显示，海南省人均实际 GDP 与全国人均实际

GDP 的差距也是在波动中明显扩大，2018 年与 1988 年相比，两者的差距扩大了近 7 倍（见图 5-2）。

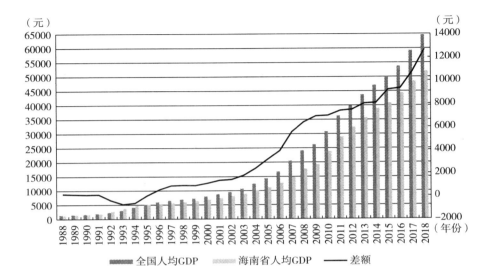

图 5-1 1988~2018 年海南省人均 GDP 与全国人均 GDP 对比

注：差额为正数表示海南省低于全国平均水平，反之则相反。

图 5-2 1988~2018 年海南省人均实际 GDP 与全国人均实际 GDP 对比

注：差额为正数表示海南省低于全国平均水平，反之则相反。

（三）经济发展规模总体上偏小

1. 经济发展绝对规模在全国所占份额明显偏小

1988 年，海南省 GDP、第一、第二和第三产业增加值占全国的比重分别为 0.51%、1%、0.22%、0.52%，全社会固定资产投资额、社会消费品零售总额、进出口总额、实际利用外商直接投资额和地方公共财政预算收入占全国的比重分别为 0.45%、0.53%、0.65%、3.58% 和 0.2%，除了实际利用外商直接投资额外，其他指标值占全国的比重基本没有超过 1%。2018 年，海南省第一产业增加值、进出口总额占全国的比重分别为 1.54% 和 1.57%，与 1988 年比有明显的提升，GDP、第二产业增加值、第三产业增加值、全社会固定资产投资额、地方公共财政预算收入占全国的比重分别为 0.54%、0.3%、0.58%、0.54% 和 0.41%，与 1988 年比略有提升，而社会消费品零售总额和实际利用外商直接投资额占全国的比重分别为 0.45% 和 0.55%，与 1988 年比还有所下滑，特别是实际利用外商直接投资额所占比重下滑了 3.03 个百分点。1988 ~ 2018 年间，海南省 GDP 占全国的比重在 0.46% ~ 0.73% 间波动，多数年份处于 0.5% ~ 0.6% 之间（见图 5 - 3）。

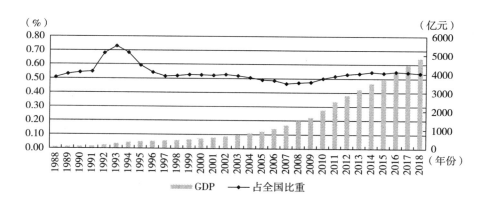

图 5 - 3　1988 ~ 2018 年海南省 GDP 及其占全国比重的变动

2. 经济发展相对规模总体上与全国平均水平有较大差距

目前，海南省经济发展的相对规模明显小于全国平均水平。2018 年，全国人均 GDP、城镇居民人均可支配收入和农村居民人均可支配收入分别为 64644 元、39251 元和 14617 元，而同年海南省人均 GDP、城镇常住居民人均可支配收入和农村常住居民人均可支配收入分别为 51955 元、33349 元和 13989 元。显然，海南省人均 GDP、城镇常住居民人均可支配收入和农村常住居民人均可支配收入分别比全国平均水平低 12689 元、5902 元和 628 元。

从动态上考察，1988～2018 年，海南省人均实际 GDP 除 1992～1995 年略高于全国人均实际 GDP 外，其余各年均低于全国人均实际 GDP（见图 5－2）。

二、海南省经济发展速度与全国相比的特征

经济发展速度最常用的测度指标是实际 GDP 年增长率。分析和评价海南省经济发展速度，需要依据经济发展速度的分级标准，目前学术界在此方面无统一定论。一般认为，不同经济体所处的经济发展阶段不同，经济发展速度的分级标准是不同的，相对于发达经济体，欠发达经济体的经济发展速度分级标准应该高一些。原因在于，当一个经济体经历了一定时段的高速发展而进入较高发展阶段，甚至是发达时期，经济总量的基数相对于地域面积或人口总量变得很大，这时要求经济总量增长一个百分点，就要求经济总量增加很多，经济发展速度会自然换挡回落。在当今日本、韩国等发达国家或地区，GDP 年均增长 3% 以上，已经算是较高的速度。中国经济经过改革开放后多年的高速增长，目前已呈现新常态。从过去 10% 左右的高速发展转向 7%～8% 的中高速发展，是新常态的最基本特征。[1] 不少国家的经济发展速度是从 8% 以上的高速挡直接切换到 4% 左右的中速挡，中国有望在 7%～8% 的中高速挡运行一段时间。[2]

基于上述分析，确定年实际 GDP 增长率 10% 及以上为高速，8%～10% 为中高速，7%～8% 为中速，4%～7% 为中低速，4% 及以下为低速。与此同时，计算 1988～2018 年全国和海南省各年的经济发展速度（见图 5－4）及海南省及其各市县在 1988～2018 年的年均经济发展速度（见图 5－5），在此基础上分析和比较海南省与全国的经济发展速度，结果表明，海南建省办经济特区以来的经济发展速度呈现以下三个方面的特点。

---

① 张翼. "三条曲线" 见趋势——2014 年经济发展质量述评［N］. 光明日报，2014－12－10（001）.

② 王俊岭. 中国经济新常态将造福全球［N］. 人民日报（海外版），2014－09－03（002）.

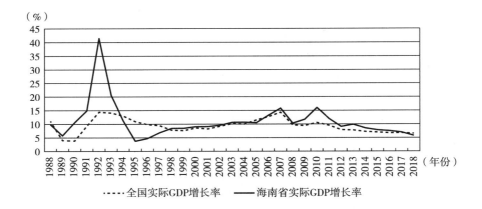

图5-4　1988~2018年海南省与全国经济发展速度对比

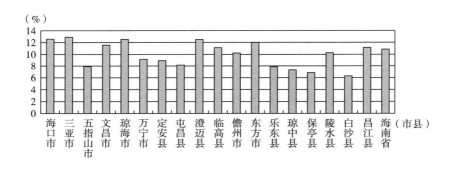

图5-5　1988~2018年海南省及其各市县实际GDP年均增长率

（一）经济发展速度大幅升降后平稳提升再在波动中下滑

1988~1995年海南省经济发展速度经历了先短暂下降后急速上升、然后又急速下降的变化过程。其间，1992年海南省经济发展速度高达41.48%，为1988~2018年期间的最高值。三年之后的1995年，海南省经济发展速度猛跌至3.76%。1995~2007年，海南省经济发展速度总体上稳步提升。2008年开始，海南省经济发展速度在波动中下滑。

1992年前后海南省经济发展速度大起大落，原因在于，20世纪90年代初海南省上演过一次楼市泡沫破裂事件。1992年初，邓小平同志发表"南方谈话"后，住房制度改革步伐加快，加上海南建省和特区效应的全面释放，全国大量资金蜂拥扑向海南省，特别是海口和三亚。1992年，海南省房地产投资达87亿元，占固定资产总投资的一半，海南省房价猛升，海口和三亚的经济增长率达到了 83% 和 73.6%，海南省财政收入的 40% 来源于房地产业，海南省房地产价格于 1993 年上半年达到顶峰，为 7500 元/平方米。1993 年 6 月国家开始采取严厉措施调控房地产市场，包括宣布终止房地产公司上市、全面控制银行资金进入房地产业等，随后开发商纷纷逃离海南省或倒闭。到 1995 年，海南省房地产泡沫破灭，成为中国局部泡沫经济的典型样本，海南省拥有了占全国 10% 的积压商品房①，经济发展速度跌入最低谷。

2008 年开始，海南省经济发展速度在波动中下滑，是全球金融危机的负面影响与海南国际旅游岛建设上升为国家战略这一政策利好的激励综合作用的结果。2007 年下半年，全球金融危机的影响开始波及中国，受此影响，2008 年海南省经济发展速度放缓。然而，2009 年海南国际旅游岛建设上升为国家战略，受此政策利好的激励，海南省经济发展速度不降反升，到 2010 年达到 16%，高出全国 5.37 个百分点。

（二）经济发展速度波动态势与全国大体一致但波幅大于全国

1. 经济发展速度波动态势与全国大体一致

1988～2018 年海南省经济发展速度呈"大幅升降后平稳提升再在波动中下滑"的变动过程，这与全国经济发展速度的变动方向大体一致（见图 5－4）。1992 年，海南省与全国经济发展速度均达到 1988～2018 年期间的最高值。1992 年前后，两者都经历了先上升后下降的变化过程。之后到 2007 年，海南省和全国经济发展速度均总体上稳步上升②。2008 年以来，海南省和全国经济发展速度均在波动中下滑。

2. 经济发展速度的波动幅度大于全国经济发展速度

1988～2018 年海南省经济发展速度的波动幅度大于全国（见图 5－4）。1992 年前后，海南省经济发展速度与全国相比呈现出幅度更大的升降波动，1992 年海南省经济发展速度急剧上升到 41.48%，而同年全国仅为 14.27%，虽然两者均为 1988～2018 年期间经济发展速度的最高值，但海南省高出全国 27.21 个百分点，1995 年海南省经济发展速度猛跌至 3.76%，同年全国经济发

---

① 90 年代海南楼市泡沫事件回顾 今天还会上演嘛？［EB/OL］. http：//newhouse. gz. fang. com/2015－08－31/17175984. htm.

② 海南省从 1996 年开始到 2007 年，全国从 2000 年开始到 2007 年。

展速度下跌到 10.98%。2007 年海南省经济发展速度只是略高于全国,受 2009 年海南省国际旅游岛建设上升为国家战略这一政策利好的激励,海南省经济发展速度在 2009 年不降反升,到 2010 年达到 16%,高出全国 5.44 个百分点。2010 年以来,海南省经济发展速度下滑的幅度高于全国。

(三) 经济发展速度总体上为高速且快于全国

1988~2018 年,海南省年均经济发展速度为 10.99%,属于高速类型。以 1992 年、1995 年、2007 年三个经济发展速度发生变化的重要转折年份为节点划分时段,分时段考察海南省经济发展速度,结果为,1988~1992 年为 17.42%,1992~1995 年为 11.69%,1995~2007 年为 12.71%,2007~2018 年为 9.57%,其中 2007~2015 年 10.65%,各时段内经济发展速度基本大于 10%,为高速类型。另外,1988~2018 年,海南省 18 个直管市县中多数市县年均经济发展速度大于 10%,其中,海口、三亚、琼海和澄迈的年均经济发展速度大于 12.5%,文昌、临高、东方和昌江的年均经济发展速度大于 11%。

从 1988~2018 年的年均经济发展速度来看,海南省与全国分别为 10.99% 和 9.32%,海南省为高速,而全国为较高速,海南省快于全国。从各个年份的经济发展速度来看,海南省经济发展速度除在 1988 年、1994 年、1995 年、1996 年、1997 年、2005 年和 2018 年慢于全国经济发展速度外,在其余 23 个年份里均快于全国经济发展速度(见图 5-4)。

第六章 产业结构与产业布局

第一节 产业结构

产业结构涉及三次产业与字母行业两个层面，涉及增加值结构和就业结构两个维度。中国国民经济行业分类（GB/T4754—2011）划分出标号为 A~T 的20 个字母行业，不考虑国际组织（T），19 个字母行业分别为农、林、牧、渔业（A），采矿业（B），制造业（C），电力、热力、燃气及水生产和供应业（D），建筑业（E），批发和零售业（F），交通运输、仓储和邮政业（G），住宿和餐饮业（H），信息传输、软件和信息技术服务业（I），金融业（J），房地产业（K），租赁和商务服务业（L），科学研究和技术服务业（M），水利、环境和公共设施管理业（N），居民服务、修理和其他服务业（O），教育（P），卫生和社会工作（Q），文化、体育和娱乐业（R），公共管理、社会保障和社会组织（S）。这里认定标号为 G、I、J、K、L 和 M 的 6 个行业构成生产服务业，标号为 F、H、O 和 R 的 4 个行业构成生活服务业，标号为 N、P、Q 和 S 的 4 个行业构成公共服务业。

一、三次产业结构

1988 年海南建省办特区以来，三次产业增加值结构和就业结构均明显改善，目前第三产业既是增加值的主要贡献者，也是吸纳劳动力的主要场所，第二产业比重明显偏低。

（一）三次产业增加值结构

三次产业增加值结构由"一三二"型变为"三一二"型，再变为目前的"三二一"型，1992 年、2007 年是两个转折年份（见图 6-1）。

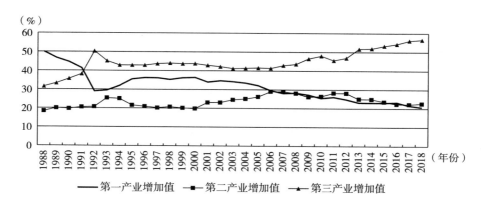

图 6-1　1988～2018 年海南省三次产业增加值占 GDP 比重

1. 1988～1991 年"一三二"型的结构

从 1988 年海南建省办特区到 1991 年，海南省三次产业增加值结构得到一定改善，由 1988 年的 50∶18.4∶31.6 变为 1991 年的 41.3∶20.5∶38.2，尽管到 1991 年三次产业增加值结构仍然呈以第一产业为主、产业层次低的"一三二"型，但与 1988 年相比，第一产业的增加值比重明显下降，第三产业的增加值比重明显上升，第二产业的增加值比重略有上升。

2. 1992～2006 年"三一二"型的结构

1992 年，第三产业增加值的比重开始超过第一产业，三次产业增加值结构发生了根本的变化，由此前的"一三二"型转变为"三一二"型。

从 1992 年到 2006 年，第一产业增加值比重在波动中有明显下降，第二产业增加值比重在波动中明显提升，到 2006 年达到 29%，接近第一产业增加值比重，第三产业增加值比重经过 1992 年和 1993 年升降波动后基本稳定在高位。在此期间，产业发展以第三产业为主，其次为第一产业，三次产业增加值结构维持"三一二"型。

3. 2007～2018 年"三二一"型的结构

2007 年，第一产业增加值比重明显下降，第二产业增加值比重开始超出第一产业，三次产业增加值结构转变为"三二一"型。

从 2007 年到 2018 年，第三产业增加值比重在波动中明显提升，第一和第二产业增加值比重在波动中有所下滑。到 2018 年，第三产业增加值比重达到56.6%，为建省办特区以来的最高水平，第一产业增加值比重降为20.7%，为建省办特区以来的最低水平，第二产业增加值比重为22.7%，略高于第一产业增加值比重。

（二）三次产业就业结构

从图 6-2 可以看出，2013 年之前，海南省第一产业从业人员数比重一直高于第三产业，第三产业从业人员数比重一直高于第二产业，三次产业就业结构长期维持较低端的"一三二"型；2013 年海南省第三产业从业人员数比重超过第一产业，三次产业就业结构转变为"三一二"型；之后，海南省第一产业从业人员数比重逐步下降，第三产业从业人员数比重逐步上升，第二产业从业人员数比重一直维持 10% 左右的水平。目前，海南省第二产业从业人员数比重明显偏低，表明第二产业尤其是工业基础薄弱，提供就业岗位较少。

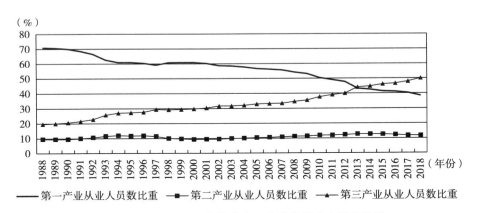

图 6-2 1988～2018 年海南省三次产业从业人员数比重

资料来源：《海南统计年鉴 2019》。

1. 1988～2012 年"一三二"型的结构

1988 年海南建省办特区以来，三次产业从业人员数量均呈增长态势。2012年，海南省从业人员数为 483.9 万人，比 1988 年增加 191.75 万人，其中，第一产业从业人员数 230.79 万人，第二产业从业人员数 59.2 万人，第三产业从业人员数193.91万人，分别比1988年增长23.78万人、31.4万人和136.57万人。

从1988年到2012年，三次产业就业结构从1988年的70.86∶9.51∶19.63调整到2012年的47.69∶12.24∶40.07，虽逐步改善，但较低端的"一三二"型结构没有从根本上改变，且第二产业就业比重明显低于第一产业和第三产业。在此期间，第一产业始终是吸纳就业的第一大户，其吸纳就业比重呈下滑态势，第三产业是吸纳就业的第二大户，其吸纳就业比重呈上升态势，第二产业吸纳就业比重基本维持在10.5%左右的低位。

2. 2013～2018年"三一二"型的结构

2013年，第三产业就业比重首次超越第一产业，三次产业就业结构变为43.23∶12.68∶44.09，呈"三一二"型。2013年以来，第一产业吸纳就业比重继续呈下滑态势，第二产业就业比重呈略微下降态势，第三产业就业比重分别呈明显上升态势，到2018年，三次产业就业结构为38.3∶11.69∶50.01，与2012年相比明显改善。

二、行业结构

（一）行业增加值结构

1. 变动态势

图6－3显示，2009年海南国际旅游岛建设以来，海南省行业增加值结构有明显的变化，主要表现为：农、林、牧、渔业，工业（由采矿业，制造业，电力、热力、燃气及水生产和供应业构成），教育，公共管理、社会保障和社会组织对增加值的贡献呈下滑态势；建筑业和绝大多数服务业特别是生产服务业和生活服务业对增加值的贡献不同程度提高。具体而言，2017年①与2009年相比，农、林、牧、渔业增加值比重下降了5.68个百分点，农、林、牧、渔业对增加值的贡献下降，虽然其一直是增加值的最大贡献者，由采矿业、制造业与电力、热力、燃气及水生产和供应业构成的工业、教育与公共管理、社会保障和社会组织的增加值比重分别下滑了6.33个、0.07个、0.19个百分点，建筑业与除教育、公共管理、社会保障和社会组织外的12个服务业增加值比重合计增加了12.26个百分点。

---

① 2018年海南省各行业增加值的数据不全，故用2017年的数据。

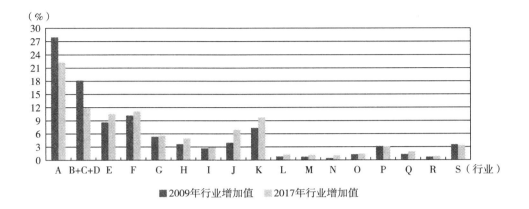

图 6 - 3 2009 年与 2017 年海南省 19 个字母行业增加值比重

注：字母为行业代码。

2. 现状特点①

目前，海南省行业增加值结构较低端：农、林、牧、渔业增加值占比过高；工业增加值占比过低；农、林、牧、渔业，建筑业，批发和零售业，交通运输、仓储和邮政业，住宿和餐饮业，金融业与房地产业是增加值的主要来源：而信息传输、软件和信息技术服务业，租赁和商务服务业，科学研究和技术服务业，文化、体育和娱乐业等多数资本和技术密集型服务业对增加值贡献较小②（见图 6 -3）。一是农、林、牧、渔业增加值占比过高。2017 年，海南省各行业增加值（或 GDP）为 4462. 54 亿元，其中，农、林、牧、渔业增加值为 993. 25 亿元，占比 22. 26%，接近 1/4。同年全国 GDP 为 820754. 3 亿元，农、林、牧、渔业增加值为 64660 亿元，占 GDP 的比重仅为 7. 88%。二是由采矿业、制造业与电力、热力、燃气及水生产和供应业构成的工业的增加值占比过低。2017 年，海南省工业增加值为 528. 28 亿元，仅占 GDP 的 11. 84%，而同年全国工业增加值为 278328. 2 亿元，占 GDP 的比重约为 33. 91%。三是建筑业，批发和零售业，交通运输、仓储和邮政业，住宿和餐饮业，金融业与房地产业 6 个行业对增加值贡献较大；信息传输、软件和信息技术服务业，租赁和商务服务业，科学研

---

① 2018 年海南省各行业增加值的数据不全，故用 2017 年的数据。

② 根据陈娟（2010）等的研究成果，在服务行业中，批发和零售业（F），住宿和餐饮业（H），居民服务、修理和其他服务业（O）为劳动密集型服务业，其余为资本和技术密集型服务业。

究和技术服务业，水利、环境和公共设施管理业，居民服务、修理和其他服务业，教育，卫生和社会工作、文化、体育和娱乐业与公共管理、社会保障和社会组织9个行业对增加值贡献较小。2017年建筑业等6个行业增加值比重合计为48.87%，而信息传输、软件和信息技术服务业等9个行业的增加值比重合计仅为17.03%。

（二）行业就业结构

1. 变动态势

2009年，海南国际旅游岛建设以来，海南省行业就业结构有明显的变化，主要表现为：农、林、牧、渔业，采矿业，电力、热力、燃气及水生产和供应业3个基础产业，以及居民服务、修理和其他服务业与教育吸纳就业的能力相对下滑；制造业，建筑业，生产服务业，除居民服务、修理和其他服务业外的生活服务业及除教育外的公共服务业吸纳就业的能力不同程度提高（见图6-4）。其一，农、林、牧、渔业始终是吸纳就业的第一大力量，但2018年农、林、牧、渔业从业人员年末人数在全省占比与2009年相比下降了14.84个百分点，表明农、林、牧、渔业剩余劳动力转移态势明显。其二，采矿业，制造业，电力、热力、燃气及水生产和供应业，交通运输、仓储和邮政业，居民服务、修理和其他服务业与教育6个行业吸纳就业的能力不同程度地相对下滑。2018年与2009年相比，6个行业从业人员年末人数在全省占比分别下降了0.43个、0.26个、0.36个、0.26个、3.82个和0.34个百分点。其三，建筑业，批发和零售业，住宿和餐饮业，信息传输、软件和信息技术服务业，房地产业与租赁和商务服务业6个行业吸纳就业的能力明显提高；金融业，科学研究和技术服务业，水利、环境和公共设施管理业，卫生和社会工作，文化、体育和娱乐业与公共管理、社会保障和社会组织6个行业吸纳就业的能力略有提高。2018年与2009年相比，前6个行业从业人员年末人数占比提高的百分点为0.98～4.61，后6个行业从业人员年末人数占比提高的百分点为0.3～0.51。

2. 现状特点

从字母行业层面来看，目前海南省就业结构层次不高低端，农、林、牧、渔业是吸纳就业的第一大力量，除批发和零售业与住宿和餐饮业外的多数服务行业，特别是信息传输、软件和信息技术服务业、金融业与科学研究和技术服务业三个服务业及水利、环境和公共设施管理业与卫生和社会工作两个公共服务

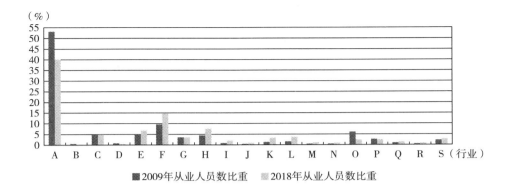

图6-4　2009年与2018年海南省19个字母行业从业人员数比重

注：字母为行业代码。

行业吸纳就业能力相对较弱。其一，农、林、牧、渔业，制造业，建筑业，批发和零售业与住宿和餐饮业5个行业对就业贡献较大；农、林、牧、渔业是吸纳就业的第一大力量。2018年，海南省从业人员年末人数为600.5044万人，其中，农、林、牧、渔业从业人员年末人数229.9648万人，占比38.3%，在19个行业中位居第一；制造业、建筑业、批发和零售业与住宿和餐饮业从业人员年末人数占比分别为4.68%、6.42%、14.23%和7.26%，5个行业占比合计为70.88%。其二，采矿业，电力、热力、燃气及水生产和供应业，交通运输、仓储和邮政业，信息传输、软件和信息技术服务业，金融业，房地产业，租赁和商务服务业，科学研究和技术服务业，水利、环境和公共设施管理业，居民服务、修理和其他服务业，教育，卫生和社会工作，文化、体育和娱乐业，公共设施管理业，社会保障和社会组织14个行业吸纳就业能力较弱。2018年，这14个行业从业人员年末人数占比合计仅为25.76%。

第二节　产业空间布局①

从产业整体、三次产业和行业三个层面，从变动态势与现状特点两个方面，

---

① 本部分参考了李敏纳、程叶青和蔡舒等（2019）的研究成果。

阐述海南省产业空间布局，用产业区位基尼系数①、地理集中率②及一些比重指标以反映海南省产业空间布局的非均衡性。

考虑到三沙市设立时间较短且目前人口规模和经济发展规模均极小，加之相关统计数据缺乏，仅就位于海南岛上的18个直管市县进行产业空间布局分析。

一、产业整体空间布局

（一）2009年以来产业整体空间布局的变动态势

伴随2009年海南国际旅游岛建设战略的实施，海南省产业整体空间布局发生了明显的变化。一方面，由于物资资本投资的分散化趋势，产业整体增加值空间布局呈向北部沿海地区以南分散的态势，空间布局的非均衡性略为减缓。具体体现是：产业整体增加值的区位基尼系数和前8位市县地理集中率、北部沿海地区比重趋于下降，空间布局趋于向三亚、琼海和东方等市县分散。另一方面，产业整体从业人员数的空间布局呈向沿海非民族市县集中的态势，非均衡性进一步强化。具体体现是：产业整体从业人员数的区位基尼系数、首位市县、前4位市县和前8位市县地理集中率、北部沿海地区比重和三亚市比重趋于上升，内陆地区比重、民族地区比重和中间地区的比重趋于下降，空间布局趋于向海口、三亚、儋州、澄迈和万宁集中。

（二）目前产业整体空间布局的非均衡性与地域倾向性

1. 产业整体空间布局的非均衡性

目前，海南省产业整体空间布局明显非均衡。具体体现为，产业整体增加值和从业人员数的区位基尼系数值均在高值临界点0.5左右，首位市县地理集中率均大于30%，前4位市县地理集中率分别超过60%和50%，前8位市县地理集中率在75%左右。

2. 产业整体空间布局的地域倾向性

目前，海南省产业整体布局倾向于沿海地区和非民族地区，沿海地区产业整体布局又倾向于北部沿海地区与南部沿海的三亚市，产业整体发展水平呈明显的沿海地区高于内陆地区、非民族地区高于民族地区及北部沿海地区和三亚

---

① 参见戴平生（2015）的研究成果。
② 参见魏后凯（2006）的研究成果。

市高于两者之间的中间地区^①的空间格局（见图6-5）。

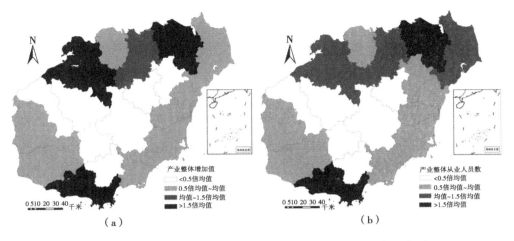

图6-5　海南省产业整体增加值和从业人员数的空间分布示意图

其一，产业整体增加值和从业人员数的内陆地区比重和民族地区比重均明显偏低，沿海地区比重特别是北部沿海地区比重和三亚市比重，以及非民族地区比重相对较高。^②

其二，产业整体增加值大于全省均值的市县为海口、三亚、儋州和澄迈，产业整体从业人员数大于全省均值的市县为海口、三亚、儋州、澄迈和文昌，两者均形成了相对高值集聚的北部沿海热点区和三亚点状高值区，而产业整体增加值和从业人员数小于0.5倍均值的市县均在内陆地区、民族地区、北南向的中间地区形成相对低值集聚的冷点区。

二、三次产业空间布局

（一）2009年以来三次产业空间布局的变动态势

2009年以来，由于物资资本投资的分散化趋势，三次产业增加值空间布局基本呈分散态势，非均衡性不同程度减缓，三次产业从业人员数空间布局基本呈集中态势，非均衡性强化。

---

①　北部沿海地区包括文昌、海口、澄迈、临高和儋州5个市县，中间地区由北部沿海地区与三亚之间的12个市县构成。

②　区域单元比重偏低和较高是相对于该区域单元所含市县数占全省18个市县数的比重。

在三次产业增加值方面，第一产业的首位市县儋州地理集中率趋于下降，空间布局趋于向临高、澄迈和乐东分散；第二产业的区位基尼系数、首位市县、前4位市县和前8位市县地理集中率和北部沿海地区比重趋于下降，内陆地区比重、民族地区比重和中间地区比重趋于上升，空间布局趋于向北部沿海地区以南的三亚、东方、琼海乐东和定安分散；第三产业的区位基尼系数、前4位市县地理集中率和北部沿海地区比重趋于下降，民族地区比重趋于上升，空间布局趋于向北部沿海地区以南的琼海、陵水、定安和屯昌分散。

在三次产业从业人员数方面，第一产业的区位基尼系数、前4位市县和前8位市县地理集中率趋于上升，空间布局趋于向乐东、文昌和澄迈集中；第二产业的前8位市县地理集中率和三亚比重趋于上升，北部沿海地区比重趋于下降，空间布局趋于向三亚、澄迈、万宁和定安集中；第三产业的区位基尼系数、首位市县、前4位市县和前8位市县地理集中率、北部沿海地区比重和三亚比重均趋于上升，内陆地区比重、民族地区比重和中间地区比重均趋于下降，空间布局趋于向海口、三亚、儋州、澄迈和万宁集中。

（二）目前三次产业空间布局的非均衡性和地域倾向性

1. 三次产业空间布局的非均衡性

目前，海南省第一产业空间布局的非均衡性相对较弱。第一产业增加值和从业人员数的区位基尼系数在低值临界点0.3左右，首位市县地理集中率在13%左右，前4位市县地理集中率在40%左右，前8位市县地理集中率分别为65%~70%之间。

目前，海南省第二产业和第三产业空间布局的非均衡性较强，第三产业空间布局最不均衡。第二产业和第三产业增加值的区位基尼系数均在0.6左右，第二产业和第三产业从业人员数的区位基尼系数均接近0.6，均高于高值临界点0.5，第三产业比第二产业更高。第二产业和第三产业增加值的首位市县地理集中率在25%~45%之间，第二产业和第三产业从业人员数的首位市县地理集中率超过40%，前4位市县地理集中率均在60%以上，前8位市县地理集中率均在80%以上，第三产业比第二产业更高。

2. 三次产业空间布局的地域倾向性

第一产业主要分布于沿海地区，总体上呈沿海地区发展水平高于内陆地区、非民族地区发展水平高于民族地区的空间格局（见图6-6）。第一产业增加值大于全省均值的市县为儋州、临高、琼海、文昌、澄迈、乐东、三亚、万宁和海口；第一产业从业人员数大于全省均值的市县为海口、儋州、文昌、乐东、澄迈、东方、临高、万宁、琼海和三亚，均在沿海地区形成多个相对高值集聚的热点区；第一产业增加值和从业人员数小于0.5倍全省均值的市县均在内陆地区和民族地区形成相对低值集聚的冷点区。

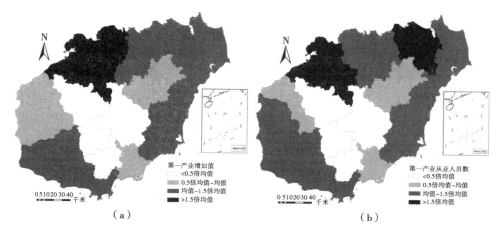

图6-6 海南省第一产业增加值和从业人员数的空间分布示意图

第二产业和第三产业主要分布于沿海非民族地区，总体上呈沿海地区发展水平高于内陆地区、非民族地区发展水平高于民族地区、北部沿海地区和三亚市发展水平高于两者之间的中间地区的空间格局（见图6-7、图6-8）。

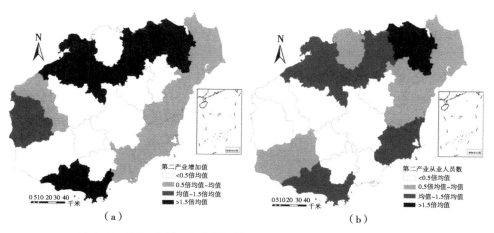

图6-7 海南省第二产业增加值和从业人员数的空间分布示意图

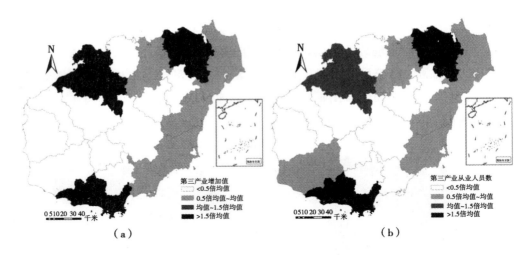

图6-8 海南省第三产业增加值和从业人员数的空间分布示意图

其一，第二产业增加值大于全省均值的市县为海口、儋州、三亚、澄迈和东方；第二产业从业人员数大于全省均值的市县为海口、儋州、万宁、澄迈和三亚，均形成相对高值集聚的北部沿海热点区和沿海点状高值区；第三产业增加值和从业人员数大于全省均值的市县均为海口、三亚和儋州，均在沿海地区形成几个点状高值区。

其二，二三产业增加值和从业人员数小于全省均值的市县均在内陆地区、民族地区和北—南向的中间地区形成相对低值集聚的冷点区。

三、字母行业从业人员数空间布局①

（一）字母行业从业人员数空间布局的变动态势

2009年海南国际旅游岛建设以来，海南省各行业空间布局发生了不同程度的变化。

1. 十个行业从业人员数空间布局趋于向少数沿海市县集中

农、林、牧、渔业从业人员数的区位基尼系数、前4位市县和前8位市县地理集中率趋于上升，空间布局趋于向海口、儋州、乐东、文昌和澄迈集中。

采矿业从业人员数的区位基尼系数、首位市县、前4位市县和前8位市县地

---

① 海南省各市县行业增加值数据难以充分获取，这里仅反映行业从业人员数空间布局。

理集中率、民族地区比重、中间地区比重趋于上升，内陆比重和北部沿海地区比重趋于下降，空间布局趋于向昌江、万宁和东方集中。

交通运输、仓储和邮政业从业人员数的首位市县地理集中率趋于上升，民族地区比重和三亚比重趋于下降，空间布局趋于向海口、儋州和澄迈集中。

金融业从业人员数的区位基尼系数、首位市县、前 4 位市县和前 8 位市县地理集中率及三亚比重趋于上升，内陆地区比重和中间地区比重趋于下降，空间布局趋于向海口和三亚集中，呈极化态势。

租赁和商务服务业从业人员数的前 4 位市县和前 8 位市县地理集中率及三亚比重趋于上升，内陆地区比重、民族地区比重和中间地区比重趋于下降，空间布局趋于向海口、三亚、儋州、澄迈、文昌和琼海集中。

科学研究与技术服务业从业人员数的前 4 位市县和前 8 位市县地理集中率及三亚比重趋于上升，内陆比重和中间地区比重趋于下降，空间布局趋于向海口、三亚、澄迈和琼海集中。

居民服务、修理和其他服务业从业人员数的区位基尼系数、首位市县、前 4 位市县和前 8 位市县地理集中率、北部沿海地区比重和三亚比重趋于上升，内陆地区比重、民族地区比重和中间地区比重趋于下降，空间布局趋于向海口和三亚集中，呈极化态势。

教育从业人员数的区位基尼系数、前 4 位市县和前 8 位市县地理集中率、北部沿海地区比重和三亚比重趋于上升，内陆地区比重、民族地区比重和中间地区比重趋于下降，空间布局趋于向海口、三亚、儋州、澄迈和万宁集中。

卫生和社会工作从业人员数的区位基尼系数、前 4 位市县和前 8 位市县地理集中率与北部沿海地区比重趋于上升，内陆地区比重和中间地区比重趋于下降，空间布局趋于海口、三亚儋州、澄迈和琼海集中。

公共管理、社会保障和社会组织从业人员数的区位基尼系数、前 4 位市县地理集中率和三亚比重趋于上升，内陆比重和北部沿海地区比重趋于下降，空间布局趋于向海口、三亚、儋州、澄迈、万宁和陵水集中。

2. 六个行业从业人员数空间布局趋于向北部沿海地区以南分散

制造业从业人员数的首位市县地理集中率和北部沿海地区比重趋于下降，北部沿海地区与三亚市之间的中间地区的比重趋于上升，空间布局趋于向万宁、定安和乐东分散。

电力、热力、燃气及水生产和供应业从业人员数的前4位市县和前8位市县地理集中率与北部沿海地区比重趋于下降，中间地区比重和三亚比重趋于上升，空间布局趋于向三亚、昌江、琼海和东方分散。

建筑业从业人员数的区位基尼系数、首位市县和前4位市县地理集中率、民族地区比重和北部沿海地区比重趋于下降，内陆比重和三亚比重趋于上升，空间布局趋于向三亚、万宁、琼海、定安和屯昌分散。

房地产业从业人员数的区位基尼系数、首位市县、前4位市县和前8位市县地理集中率和北部沿海地区比重趋于下降，民族地区比重和中间地区比重趋于上升，空间布局趋于向三亚万宁、陵水、东方、保亭和乐东分散。

水利、环境和公共设施管理业从业人员数的首位市县地理集中率和北部沿海地区比重趋于下降，中间地区比重和三亚比重趋于上升，空间布局趋于向三亚、儋州、琼海、东方、万宁、保亭和乐东分散。

文化、体育和娱乐业从业人员数的区位基尼系数、首位市县和前4位市县地理集中率及北部沿海地区比重趋于下降，民族地区比重和三亚比重趋于上升，空间布局趋于向三亚、琼海、万宁、陵水、乐东和保亭分散。

3. 三个行业从业人员数空间布局相对稳定

2009年以来，批发和零售业、住宿和餐饮业与信息传输、软件和信息技术服务业三个行业从业人员数的区位基尼系数、地理集中率及各个比重指标均没有呈现明确的变化趋势，空间布局相对稳定。

（二）字母行业从业人员数空间布局现状

由各字母行业从业人员数区域类型的划分结果（见表6-1）可知，目前海南省农、林、牧、渔业从业人员数在空间布局上相对较均衡；电力、热力、燃气及水生产和供应业，住宿和餐饮业，教育与公共管理、社会保障和社会组织四个行业从业人员数在空间布局上相对较均衡；其余14字母行业从业人员数空间布局明显不均衡，特别是金融业、房地产业、租赁和商务服务业、科学研究与技术服务业与文化、体育和娱乐业五个资本和技术密集型服务业（四个生产性服务业）基本高度集中于海口和三亚。

1. 农、林、牧、渔业

目前，农、林、牧、渔业从业人员数的区位基尼系数在低值临界点0.3左右；

表 6-1　2018 年海南省 19 个字母行业从业人员数区域类型的划分

行业类型	高水平区域	中高水平区域	中低水平区域	低水平区域
A	海口、儋州	文昌、乐东、澄迈、东方、临高、万宁、琼海、三亚	定安、屯昌、陵水、昌江	其余 4 个市县
B	昌江、海口、万宁	文昌	东方、儋州	其余 12 个市县
C	海口、澄迈、儋州、万宁	无	文昌、定安、临高、琼海、乐东	其余 9 个市县
D	海口、三亚	儋州、昌江	东方、琼海、乐东	其余 11 个市县
E	海口、三亚	儋州、万宁、文昌	琼海、澄迈、临高、定安	其余 9 个市县
F	海口、三亚	儋州	澄迈、万宁、乐东、文昌、琼海	其余 10 个市县
G	海口、儋州	三亚、澄迈	乐东、东方、万宁、定安、文昌、琼海	其余 8 个市县
H	海口、三亚	澄迈、文昌、琼海、儋州	万宁、乐东、临高、东方、定安	其余 7 个市县
I	海口、儋州	三亚	万宁、澄迈、文昌	其余 12 个市县
J	海口、三亚	无	无	其余 16 个市县
K	海口、三亚	无	澄迈、琼海、文昌	其余 13 个市县
L	海口、三亚	无	儋州	其余 15 个市县
M	海口、三亚	无	儋州	其余 15 个市县
N	海口、三亚	儋州	无	其余 15 个市县
O	海口、三亚	儋州	澄迈、琼海、文昌、万宁	其余 11 个市县
P	海口、三亚、儋州	无	琼海、万宁、文昌、澄迈、乐东、临高、东方、陵水	其余 7 个市县
Q	海口、三亚	儋州	万宁、琼海、文昌、乐东、澄迈	其余 10 个市县
R	海口、三亚	无	儋州	其余 15 个市县
S	海口、三亚	儋州	陵水、万宁、文昌、澄迈、乐东、东方、琼海、临高、琼中、昌江、屯昌、五指山	其余 3 个市县

注：①字母行业用字母表示；②产业增加值或从业人员数大于 1.5 倍均值的市县为高水平区域，介于 1.5 倍均值与均值之间的市县为中高水平区域，介于均值与 0.5 倍均值之间的市县为中低水平区域，小于 0.5 倍均值的市县为低水平区域。

首位市县、前 4 位市县和前 8 位市县地理集中率分别为 13% 左右、40% 左右与 65% 左右，均明显低于其他行业，主要分布区域为海口、儋州、文昌、乐东、澄迈、东方、临高、万宁、琼海和三亚，在北部沿海地区、东部沿海地区和西南沿海地区形成相对高值集聚的热点区；沿海地区发展水平总体高于内陆地区，非民族地区发展水平总体高于民族地区。

2. 采矿业

采矿业的空间布局高度集中。采矿业从业人员数的区位基尼系数为 0.7；首位市县、前 4 位市县和前 8 位市县地理集中率分别在 40%、80% 与 90% 左右，均属于高值，主要分布区域为昌江、海口、万宁和文昌，形成东北沿海热点区、昌江与万宁点状高值区；沿海地区发展水平总体高于内陆地区，民族地区发展水平总体高于非民族地区。

3. 制造业

制造业的空间布局较集中。制造业从业人员数的区位基尼系数接近 0.6；首位市县、前 4 位市县和前 8 位市县地理集中率分别在 40%、70% 与 80% 左右，主要分布区域为海口、澄迈、儋州和万宁，形成北部沿海热点区和万宁点状高值区；沿海地区发展水平总体高于内陆地区，非民族地区发展水平总体高于民族地区，北部沿海地区发展水平总体高于其他地区。

4. 电力、热力、燃气及水生产和供应业

电力、热力、燃气及水生产和供应业的空间布局较集中。电力、热力、燃气及水生产和供应业从业人员数的区位基尼系数超过 0.4；首位市县、前 4 位市县和前 8 位市县地理集中率分别在 25%、50% 与 70% 左右，主要分布区域为海口、三亚、儋州和昌江，形成多个沿海点状高值区；沿海地区发展水平总体高于内陆地区，非民族地区发展水平总体高于民族地区，北部沿海地区、西南沿海地区和三亚的发展水平总体高于其他地区。

5. 建筑业

建筑业的空间布局较集中。建筑业从业人员数的区位基尼系数超过 0.6；首位市县、前 4 位市县和前 8 位市县地理集中率分别在 45%、65% 与 85% 左右，主要分布区域为海口、三亚、儋州、万宁和文昌，形成北部沿海热点区和 2 个沿海点状高值区；沿海地区发展水平总体高于内陆地区，非民族地区发展水平总体高于民族地区，北部和东部沿海地区和三亚的发展水平高于内陆地区和西南沿海地区。

6. 批发和零售业

批发和零售业的空间布局较集中。批发和零售业从业人员数的区位基尼系数超过0.6；首位市县、前4位市县和前8位市县地理集中率分别为50%、70%与85%左右，主要分布区域为海口、三亚和儋州，在沿海地区形成三个点状高值区；沿海地区发展水平总体高于内陆地区，非民族地区发展水平总体高于民族地区，北部沿海地区和三亚的发展水平总体高于两者之间的中间地区。

7. 交通运输、仓储和邮政业

交通运输、仓储和邮政业的空间布局较集中。交通运输、仓储和邮政业从业人员数的区位基尼系数接近0.6；首位市县、前4位市县和前8位市县地理集中率分别在40%、65%与80%，主要分布区域为海口、儋州、三亚和澄迈，形成北部沿海热点区和三亚点状高值区；沿海地区发展水平总体高于内陆地区，非民族地区发展水平总体高于民族地区，北部沿海地区和三亚的发展水平总体高于两者之间的中间地区。

8. 住宿和餐饮业

住宿和餐饮业的空间布局较集中。住宿和餐饮业从业人员数的区位基尼系数接近0.5；首位市县、前4位市县和前8位市县地理集中率分别在25%、55%与80%左右，主要分布区域为海口、三亚、澄迈、文昌、琼海和儋州，形成北部沿海热点区和沿海点状高值区；沿海地区发展水平总体高于内陆地区，非民族地区发展水平总体高于民族地区，北部和东部沿海地区与三亚的发展水平总体高于其他地区。

9. 信息传输、软件和信息技术服务业

信息传输、软件和信息技术服务业的空间布局高度集中。信息传输、软件和信息技术服务业从业人员数的区位基尼系数超过0.7；首位市县、前4位市县和前8位市县地理集中率分别在55%、75%与90%左右，主要分布区域为海口、儋州和三亚，形成沿海点状高值区；沿海地区发展水平总体高于内陆地区，非民族地区发展水平总体高于民族地区，北部沿海地区和三亚的发展水平高于两者之间的中间地区。

10. 金融业

金融业的空间布局高度集中。金融业从业人员数的区位基尼系数高达0.85；

首位市县、前 4 位市县和前 8 位市县地理集中率分别超过 65%、90% 与 95%，主要分布区域为海口和三亚，形成两个点状高值区；呈现高度极化的空间格局。

11. 房地产业

房地产业的空间布局高度集中。房地产业从业人员数的区位基尼系数超过 0.7；首位市县、前 4 位市县和前 8 位市县地理集中率分别在 55%、80% 与 90% 左右，主要分布区域为海口和三亚，形成两个沿海点状高值区；北部和东北部沿海地区及三亚的发展水平总体高于其他地区。

12. 租赁和商务服务业

租赁和商务服务业的空间布局高度集中。租赁和商务服务业从业人员数的区位基尼系数接近 0.85；首位市县、前 4 位市县和前 8 位市县地理集中率分别超过 65%、90% 与 95%，主要分布区域为海口和三亚，形成两个沿海点状高值区；空间格局的高度极化仅次于金融业。

13. 科学研究和技术服务业

科学研究和技术服务业的空间布局高度集中。科学研究和技术服务业从业人员数的区位基尼系数超过 0.8；首位市县、前 4 位市县和前 8 位市县地理集中率分别在 70%、90% 与 95% 左右，主要分布区域为海口和三亚，形成两个沿海点状高值区；空间格局的高度极化仅次于租赁和商务服务业。

14. 水利、环境和公共设施管理业

水利、环境和公共设施管理业的空间布局较集中。水利、环境和公共设施管理业从业人员数的区位基尼系数超过 0.6；首位市县、前 4 位市县和前 8 位市县地理集中率分别在 35%、70% 与 85% 左右，主要分布区域为海口、三亚和儋州，形成三个沿海点状高值区；沿海地区发展水平总体高于内陆地区，非民族地区发展水平总体高于民族地区。

15. 居民服务、修理和其他服务业

居民服务、修理和其他服务业的空间布局较集中。居民服务、修理和其他服务业从业人员数的区位基尼系数超过 0.65；首位市县、前 4 位市县和前 8 位市县地理集中率接近或超过 50%、75% 与 85%，主要分布区域为海口、三亚和儋州，形成三个沿海点状高值区；沿海地区发展水平总体高于内陆地区，非民族地区发展水平总体高于民族地区，北部沿海地区、东部沿海地区和三亚的发展水平高于其他地区。

16. 教育

教育的空间布局较集中。教育从业人员数的区位基尼系数接近 0.5；首位市县、前 4 位市县和前 8 位市县地理集中率分别接近 40%、60% 与 75%，主要分布区域为海口、三亚和儋州，形成三个沿海点状高值区；沿海地区发展水平总体高于内陆地区，非民族地区发展水平总体高于民族地区，北部沿海地区和三亚的发展水平总体高于两者之间的中间地区。

17. 卫生和社会工作

卫生和社会工作的空间布局较集中。卫生和社会工作从业人员数的区位基尼系数超过 0.55；首位市县、前 4 位市县和前 8 位市县地理集中率分别在 45%、65% 与 80% 左右，主要分布区域为海口、三亚和儋州，形成三个沿海点状高值区；沿海地区发展水平总体高于内陆地区，非民族地区发展水平总体高于民族地区，北部沿海地区、东部沿海地区和三亚的发展水平总体高于其他地区。

18. 文化、体育和娱乐业

文化、体育和娱乐业的空间布局高度集中。文化、体育和娱乐业从业人员数的区位基尼系数超过 0.7；首位市县、前 4 位市县和前 8 位市县地理集中率分别在 60%、80% 与 90% 左右，主要分布区域为海口和三亚，形成两个沿海点状高值区；沿海地区发展水平总体高于内陆地区，非民族地区发展水平总体高于民族地区。

19. 公共管理、社会保障和社会组织

公共管理、社会保障和社会组织的空间布局较集中。公共管理、社会保障和社会组织从业人员数的区位基尼系数接近 0.45；首位市县、前 4 位市县和前 8 位市县地理集中率分别为 35%、60% 与 75%，主要分布区域为海口、三亚和儋州，形成三个沿海点状高值区；沿海地区发展水平总体高于内陆地区，非民族地区发展水平总体高于民族地区，北部沿海地区、东部沿海地区和三亚的发展水平总体高于其他地区。

第三篇

区域与城乡发展

第七章　区域经济格局

由于三沙市设立时间较短，相关统计数据缺乏，对海南省区域经济格局现状与演变的分析不考虑三沙市，仅着眼于海南岛上的 18 个直管市县、沿海地区、内陆地区、北部沿海地区等区域单元。

第一节　区域经济格局现状与演变①

一、区域经济格局现状

目前，海南省区域经济格局明显不均衡，沿海地区与内陆地区之间，北部沿海地区、三亚市与中间地区②之间，在经济总量、经济增长水平、产业结构和经济空间组织发育方面均存在明显的差异。

（一）明显的沿海—内陆分异格局

目前海南省沿海—内陆分异明显，沿海地区相对于内陆地区，经济总量规模较大，经济增长水平较高，产业结构较优，经济空间组织系统发育相对完善，沿海地区经济发展水平明显高于内陆地区，内陆地区为经济发展的洼地。

1. 内陆地区经济总量相对于沿海地区明显偏小

2018 年，海南省除三沙市外的 18 个市县的 GDP 总和为 4814.60 亿元。其中，五指山、定安、屯昌、琼中、保亭和白沙 6 个内陆市县的 GDP 多数在 50 亿

---

① 本部分参考了李敏纳、蔡舒和李营堃（2019）、李敏纳等（2019）、李敏纳等（2017）的研究成果。

② 北部沿海地区包括文昌、海口、澄迈、临高和儋州 5 个市县，中间地区由北部沿海地区与三亚之间的 12 个市县构成。

元以下。内陆地区 GDP 约为 353.30 亿元, 仅占 18 个市县总和的 7.34%; 沿海地区经济总量是内陆地区的 12.5 倍以上 (见图 7-1)。

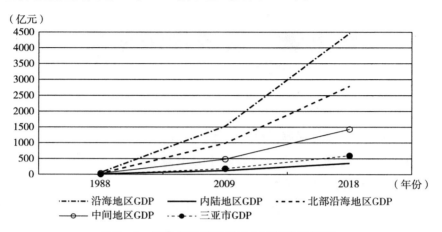

图 7-1 观察年份海南省五个区域单元 GDP

2. 内陆地区经济增长水平相对于沿海地区偏低

从人均 GDP 看, 2018 年, 海口、三亚、澄迈、儋州和昌江 5 个沿海市县的人均 GDP 大于全省人均 GDP, 6 个内陆市县与其余 7 个沿海市县的人均 GDP 均小于全省人均 GDP, 沿海地区与内陆地区的人均 GDP 分别为 54653 元和 29951 元, 沿海地区是内陆地区的 1.8 倍 (见图 7-2)。沿海地区囊括全部经济增长热点和次热点区, 内陆地区基本为经济增长冷点和次冷点区。

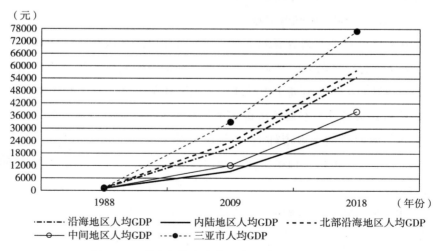

图 7-2 观察年份海南省五个区域单元人均 GDP

从区域单元所处的钱纳里经济增长阶段来看，目前海南省多数沿海市县处于工业化中期，少数沿海市县处于工业化初期和后期，内陆市县均处于工业化初期。2009 年以来，海南省整体与海口、三亚和儋州三个沿海市县先后进入了工业化后期，文昌、琼海、万宁、澄迈、东方、昌江、临高七个沿海市县相继进入了工业化中期，五指山、定安、屯昌、琼中、保亭和白沙六个内陆市县及乐东和陵水两个沿海市县步入工业化初期。

　　3. 内陆地区产业结构相对于沿海地区较低端

　　从三次产业结构看，2018 年，沿海地区和内陆地区三次产业增加值结构分别为"三二一"型和"三一二"型，三次产业就业结构分别为"三一二"型和"一三二"型，沿海地区优于内陆地区（见表 7 − 1）。

表 7 − 1　观察年份海南省五个区域单元三次产业结构

	观察年份	区域单元				
		沿海地区	内陆地区	北部沿海地区	三亚	中间地区
增加值结构	1988	一三二型	一三二型	三一二型	一三二型	一三二型
	2009	三二一型	一三二型	三二一型	三二一型	一三二型
	2018	三二一型	三一二型	三二一型	三二一型	三一二型
就业结构	1988	一三二型	一三二型	一三二型	一三二型	一三二型
	2009	一三二型	一三二型	一三二型	三一二型	一三二型
	2018	三一二型	一三二型	三一二型	三一二型	一三二型

　　注：表中"一三二"型产业结构表示第一产业比重最高，第二产业最低，第三产业居中，其他以此类推。

　　从优势产业看，沿海地区整体及其多数市县的优势产业多为较高端的第二产业和第三产业，如制造业、建筑业及生产性和生活性服务业；内陆地区整体及其多数市县的优势产业多为较低端的第一产业，以及电力、热力、燃气及水生产和供应业，教育，公共管理、社会保障和社会组织等基础产业和公共服务业。

　　4. 内陆地区经济空间组织发育相对于沿海地区明显不足

　　经济空间涉及经济增长极、增长轴、过渡区、边缘区及由经济增长极、增长轴、过渡区、边缘区的不同组合构成的单核心—边缘空间组织、点—轴空间组织、多核心—边缘空间组织和网络空间组织等。相关研究成果显示，目前海南省经济空间存在海口、三亚、澄迈和儋州4个经济增长极、4个单核心—边缘结构和1个点—轴空间组织，沿海地区囊括全部增长极，是4个单核心—边缘空间组织和1个点—轴空间组织的主体，内陆市县均为边缘区，内陆地区无经济增长极和经济空间组织，处于低水平相对均衡状态（见表7-2和表7-3）。

表7-2　观察年份海南省域经济增长极的识别

观察年份	GDP或人口数大于均值的市县	人均GDP大于均值的市县	各市县空间关联类型			有较高端显著优势产业的市县	经济增长极
			高低型	低低型	低高型		
1988	海口、三亚、文昌、琼海、万宁、澄迈、儋州、乐东	海口、三亚、琼海、儋州、白沙、昌江	海口、三亚、儋州、白沙	五指山、琼中	澄迈	海口、三亚、五指山、昌江	海口、三亚、儋州
2009	海口、三亚、文昌、琼海、万宁、澄迈、儋州、乐东	海口、三亚、儋州	海口、三亚、儋州	五指山、琼中	白沙、澄迈	海口、三亚、万宁、澄迈、儋州、东方、昌江	海口、三亚、儋州
2018	海口、三亚、文昌、万宁、澄迈、儋州	海口、三亚、澄迈、儋州、昌江	海口、三亚、澄迈、儋州	五指山、琼中	白沙	海口、三亚、琼海、万宁、定安、澄迈、儋州、东方、陵水、昌江	海口、三亚、儋州、澄迈

注：①经济增长极须同时具备经济或人口规模大于区域的平均规模、经济增长水平高于区域平均水平、与邻近区域单元存在较强的经济关联性及有较高端的显著优势产业4个条件。②未列出空间关联类形的市县均为"弱关联"型，其经济增长水平的局域Moran指数的绝对值小于0.5，没有一个市县的空间关联类型为高高型。

表7-3　观察年份海南省域经济过渡区、边缘区和空间组织

观察年份	经济过渡区	经济边缘区	经济增长轴	单核心—边缘空间组织的核心	点—轴空间组织的点和轴	其他组织
1988	文昌、琼海、万宁、澄迈、乐东、白沙、昌江	五指山、定安、屯昌、临高、东方、琼中、保亭、陵水	西环轴东环轴中线轴	海口、三亚、儋州	无	无

续表

观察年份	经济过渡区	经济边缘区	经济增长轴	单核心—边缘空间组织的核心	点—轴空间组织的点和轴	其他组织
2009	文昌、琼海、万宁、澄迈、乐东	五指山、定安、屯昌、临高、东方、琼中、保亭、陵水、白沙、昌江	西环轴东环轴中线轴	海口三亚儋州	无	无
2018	文昌、万宁、昌江	五指山、琼海、定安、屯昌、临高、东方、乐东、琼中、保亭、陵水、白沙	西环轴东环轴中线轴	海口三亚儋州澄迈	海口澄迈西环轴海口—澄迈段	无

注：经济过渡区具备经济增长极的前两个条件之一，经济边缘区为经济增长极和过渡区以外的区域单元，海南省域内始终存在西环轴、东环轴与中线轴三条主要轴线，单核心—边缘空间组织由邻近的经济增长极、过渡区和边缘区构成，点—轴空间组织中存在一条经济增长轴，轴上至少分布有两个邻近的经济增长极。

（二）明显的北南向类似 U 形的分异格局

目前，海南省北部沿海地区和三亚市经济发展水平明显高于两者之间的中间地区，北南向类似 U 形的分异明显。

1. 中间地区经济总量相对于北部沿海地区和三亚偏小

2018 年，GDP 大于全省均值的市县为北部沿海的海口、儋州和澄迈及南部沿海的三亚，不涉及中间地区 12 个市县。北部沿海地区 5 个市县 GDP 总和为 2787.92 亿元，是中间地区 12 个市县总和的 1.95 倍；三亚的 GDP 为 595.51 亿元（见图 7-1），相当于中间地区 12 个市县的 41.6%。

2. 中间地区经济增长水平相对于北部沿海地区和三亚偏低

从人均 GDP 看，2018 年，人均 GDP 大于全省均值的市县有 5 个，包括北部沿海的海口、澄迈和儋州，南部沿海的三亚及属于中间地区的昌江。北部沿海地区、三亚和中间地区人均 GDP 分别为 57901 元、76949 元和 38127 元；三亚经济增长水平最高，北部沿海地区次之，中间地区最低（见图 7-2）。目前，北部沿海地区为经济增长的热点和次热点区带，三亚及其部分辖区处于经济增长热点或次热点区优势地位，而中间地区则是经济增长冷点和次冷点区集中连片分布区。

从区域单元所处的钱纳里经济增长阶段看，目前海南省位于北部沿海的市县区与南部沿海的三亚及其所辖区基本处于工业化后期或中期；在北部沿海地区与三亚之间的中间地区中，多数市县处于工业化初期，少数市县处于工业化中期。

3. 中间地区产业结构相对于北部沿海地区和三亚较低端

从三次产业结构看，2018 年，北部沿海地区和三亚的三次产业增加值结构均为"三二一"型，三次产业就业结构均为"三一二"型，而中间地区三次产业增加值结构和就业结构分别为"三一二"型和"一三二"型，北部沿海地区和三亚的三次产业结构优于中间地区（见表 7–1）。

从优势产业看，目前北部沿海地区整体及其多数市县及三亚的优势产业多为较高端的第二产业、第三产业，如制造业、建筑业及生产性和生活性服务业；中间地区整体及其多数市县的优势产业多为较低端的第一产业，以及电力、热力、燃气及水生产和供应业，教育，公共管理、社会保障和社会组织等基础产业和公共服务业。

4. 中间地区经济空间组织发育相对于北部沿海地区和三亚明显不足

2018 年，北部沿海地区有 3 个经济增长极，是 3 个单核心—边缘空间组织和 1 个点—轴空间组织的主体，三亚为经济增长极，中间地区多数市县为经济边缘区，少数为经济过渡区（见表 7–2 和表 7–3）。

二、区域经济格局演变

海南省区域经济的沿海—内陆分异与北南向类似 U 形的分异格局呈逐步强化态势，区域经济格局总体由建省初期的相对均衡型转变为目前的明显非均衡型。

（一）建省初期相对均衡的区域经济格局

建省初期区域经济的沿海—内陆分异与北南向类似 U 形的分异均不明显。1988 年，沿海地区和内陆地区、北部沿海地区、三亚与中间地区的经济总量和经济增长水平均较低且差距很小（见图 7–1、图 7–2），三次产业结构基本为低端的"一三二"型，只有北部沿海地区三次产业增加值结构为略具优势的"三一二"型（见表 7–1），虽然 3 个经济增长极均位于沿海地区（见表 7–2），但实力相对较弱。

（二）1988～2009 年区域经济格局由相对均衡型向非均衡型的转变

1988～2009 年，沿海地区相对于内陆地区，北部沿海地区和三亚相对于中间地区，经济总量和经济增长水平的提升与三次产业结构的改善相对明显（见图 7－1、图 7－2、表 7－1），且人均 GDP 大于均值的市县数减少，3 个经济增长极的实力明显增强（见表 7－2），区域经济格局的沿海—内陆分异与北南向类似 U 形的分异显现。

（三）2009～2018 年区域经济格局非均衡性的强化

2009～2018 年，沿海地区相对于内陆地区，北部沿海地区和三亚相对于中间地区，经济总量或经济增长水平的提升更为明显（见图 7－1、图 7－2），内陆地区和中间地区的三次产业增加值结构相对改善，沿海地区特别是北部沿海地区就业结构改善更明显（见表 7－1），北部沿海地区增加了 1 个经济增长极和1 个点—轴空间组织（见表 7－2 和表 7－3），区域经济格局的沿海—内陆分异与北南向类似 U 形的分异均有所强化。

第二节　经济区

海南省在中国社会经济发展全局中具有战略地位，中央已赋予海南省"三区一中心"功能定位，要求在海南岛全岛范围内高质量建设自由贸易试验区验区（以下简称自贸区）与中国特色自由贸易港（以下简称自贸港），但目前海南省经济发展总体水平较低，区域经济发展不平衡。科学划分和规划经济区是海南省优化区域经济布局与推进区域经济协调发展的需要，对于推进海南自贸区（港）建设，深化中国改革开放进程意义重大。然而，追索相关研究文献，同时考察政府计划和规划等文件与经济发展现实，可以发现，迄今为止，学界和政界关于海南省域经济区尚未形成共识。

一、关于海南省域经济区划分的探索

（一）海南建省以前和建省初期的探索

在海南建省以前，有学者根据自然条件、自然资源、社会经济和民族因素，将海南岛作为一个大经济区，并将海南岛经济区划分为北部（汉区）经济区和

海南经济地理

南部（自治州）经济区 2 个亚区，两区以海南黎族、苗族自治州的界线为分界线，其中南部（自治州）经济区辖通什（现五指山）、三亚、乐东、保亭、白沙、东方、琼中、陵水和昌江 9 个市县。为使规划、开发与建设更为具体，又将北区（汉区）和南区（自治州）分别再划分为 3 个次级区，即北区的海口片（包括海口、琼山、澄迈、定安和屯昌）、洋浦片［包括儋县（现儋州）和临高］和清澜港片（包括文昌、琼海和万宁），南区的八所港片（包括东方、昌江、白沙和乐东县局部）、三亚港片（包括三亚、陵水和乐东县大部）与通什片［包括通什（现五指山）、琼中、保亭和乐东北部］。①

海南建省初期，日本国际协力事业团和海南中日合作计划办公室及中国社会科学院调研组基于"摒弃计划经济条件下的均衡分散式布局模式，培育经济增长极，以充分发挥聚集效应和扩散效应和加速经济发展"的考虑，将海南岛划分为北部、南部、西北部、西南部和东部 5 个经济区。

日本国际协力事业团和海南中日合作计划办公室于 1988 年 5 月编制的《〈中华人民共和国海南岛综合开发计划调查〉最终报告书》（第一卷）确定，海南省北部经济区以海口为中心城市，包括海口、琼山（现海口市琼山区）、文昌、澄迈、定安和屯昌 6 个市县，重点发展轻工、食品、橡胶制品、机械电子和第三产业；南部经济区以三亚为中心城市，包括三亚、通什（现五指山）、陵水、保亭和乐东 5 个市县，以旅游业为主导，重点发展无污染高科技产业，食品、旅游工艺品和旅游娱乐业；西北部经济区以儋州（那大—洋浦）为中心城市，包括儋州、临高和白沙 3 个市县，将成为天然气产业和石油化工及水产加工基地，并以"热作两院"为中心，发展生物工程和农业、科技教育事业；西南部经济区以东方（八所）为中心城市，包括东方和昌江 2 个市县，重点发展钢铁、水泥等重工业；东部经济区以琼海（嘉积）为中心城市，包括琼海、万宁和琼中 3 个市县，以发展农业、农产品加工、食品、木材、木材加工、轻纺和仪表工业为主。

中国社会科学院调研组 1988 年制定的《海南经济发展战略》把海南省东部经济区扩大到文昌，并将以清澜港为依托的文城镇选择为东部经济区的中心城

---

① 钟功甫. 海南岛经济区特点及其发展意见［J］. 经济地理，1985（1）：26 – 30.

市。① 这个选择被省政府正式采纳，并在全省"八五"计划和十年规划中进一步确认，具有权威性地位。

（二）海南建省以后的探索

许自策等（1989）提出了将海南岛划分为北部、南部、西部和东部 4 个经济区的方案，这一方案与省政府采纳的方案相比，在北部经济区中加入了临高和儋县（现儋州），取消了西北部和西南部之划分，把东方、昌江和白沙划为西部经济区。②

1994 年，廖逊等学者对海南省经济区域的划分进行了较为深入的调研，提出了相关建议。一是考虑文昌和临高的位置偏北、海口市的发展潜力及其对邻近的文昌和临高经济发展的强大影响，建议将文昌和临高划入以海口为中心的北部经济区。二是鉴于西北经济区和西南经济区主导产业相同，建议合二为一，形成以石油化工和钢铁工业等为主的西部工业走廊。三是鉴于琼海在历史上一直是海南岛东部的商贸中心，且在琼海境内发现了深水良港龙湾港，应将琼海市（依托龙湾港的琼海市城区）作为东部经济区的中心。③

海南省于 1999 年作出了建设生态省的决定，于 2000 年通过了《海南生态省建设规划纲要》，于 2005 年修编《海南生态省建设规划纲要》，明确了海南生态省建设的"三圈一区"布局，即明确打造海洋生态圈、海岸生态圈、沿海台地生态圈三圈，建设海南岛中部山地生态区，从而提出了建设海南岛中部生态经济区这一海南省经济发展的重大课题。众所周知，海南岛中部地区是海南省三大河流——南渡江、昌化江和万泉河的发源地，有丰富的植被资源调节气候和涵养水土，是海南岛的"绿色之肺"和"心脏"，其生态环境的质量直接影响着全海南岛的水质和空气质量，影响着全海南岛人民的生活质量。目前，由于地理和历史等因素的制约，海南岛中部地区经济发展相对滞后，必须加大海南岛中部地区发展的力度，同时保护好其良好的生态环境。

《海南省国民经济和社会发展第十一个五年规划纲要》根据不同区域的地理

① 刘国光.海南经济发展战略［M］.北京：经济管理出版社，1988.

② 许自策，蔡人群，林幸青.海南省的经济发展与经济区划探讨［J］.热带地理，1989（3）：271 － 278.

③ 廖逊，张山克，张金良.琼海：海南东部经济区中心城市的选择［J］.海南大学学报（社会科学版），1994（2）：7 – 14.

区位、自然环境和自然资源、生态和环境功能与产业基础等明确提出，建设五个功能经济区和实施中心城市优先发展战略。五个功能经济区即以海口为中心的琼北综合经济区、以三亚为中心的琼南旅游经济圈、"西部工业走廊"、东部沿海经济带和中部生态经济区。在实施中心城市优先发展战略方面，提出把海口发展成为辐射带动全省的中心城市，不断增强城市综合功能，充分发挥其全省政治、经济、文化中心和交通枢纽的作用；围绕建设亚洲一流、世界知名旅游度假目的地的目标，把三亚市建设成为带动琼南发展的南部中心城市；逐步把儋州（洋浦）、琼海培育成琼西和琼东的区域性经济中心。

《海南省国民经济和社会发展第十二个五年规划纲要》则要求，坚持把海南省作为一个整体进行统一规划建设的原则，继续落实"南北带动，两翼推进，发展周边，扶持中间"的思路，强化区域功能定位发展，推动区域协调发展，强调加快建设琼东沿海地区国家休闲度假海岸带，扶持中部生态功能区建设，加快西部地区开发建设，增强琼北综合经济区综合承载和带动能力，提升琼南旅游经济圈发展水平及继续加大对革命老区、少数民族地区、贫困地区等特殊类地区的发展支持力度。

《海南省国民经济和社会发展第十三个五年（2016—2020年）规划纲要》要求，实施《海南省总体规划纲要（2015—2030）》，按照"统筹陆海发展、严守生态底线、优化空间布局、高效配置资源"的思路，构筑区域经济优势互补、主体功能定位清晰、国土空间高效利用、人与自然和谐相处的区域发展格局，明确海南省域的主体功能区划，划定禁止开发区域、限制开发区域和重点开发区域，形成南北两极带动、东西两翼加快发展、中部生态保育的全省空间格局。在开发建设结构上，强调建设"海澄文"一体化综合经济圈和"大三亚"旅游经济圈，辐射带动全省，明确了澄迈、文昌、定安和屯昌作为海口卫星城镇在一体化综合经济圈中的作用及陵水、乐东和保亭在"大三亚"旅游经济圈中的作用；强调建设琼海、儋州区域中心城市，加快琼东、琼西两翼发展；以高速公路、高速铁路、机场港口为依托，优化全省城镇、旅游度假区和产业园区布局；加快特色产业小镇和美丽宜居乡村建设，形成"日月同辉满天星"的开发建设结构。

总体而言，海南建省以后，虽然学界与政界倾向于将海南岛划分为琼北综合经济圈、琼南旅游经济圈、琼西工业走廊、琼东沿海经济带和琼中生态经济区五个经济区，但关于五个经济区的具体范围，并没有得到统一和明确的界定。譬如，2010 年 1 月出台的《中共海南省委关于加快海南西部地区开发建设的若干意见》明确提到，海南省西部地区包括儋州、东方、昌江、澄迈、临高、乐东六个市县和洋浦经济开发区，但澄迈和临高同时又属于琼北综合经济区，乐东同时又属于琼南旅游经济圈。同时，关于经济区划的依据和划分方法也不明确。

二、海南省域经济区的合理划分①

省域经济区划必须在满足全国经济区划的分级系统下选取区域单元，这样就可能涉及邻近省区的部分区域。但考虑到海南省受琼州海峡的阻隔而相对独立，仅着眼于海南省域进行经济区划，不考虑海南省域以外的市县。

（一）经济区的内涵与划分原则和方法

1. 经济区的内涵

经济区的定义多种多样，但学界普遍认为，经济区是按照发展条件的一致性或经济联系密切程度而划分的区域，分为同质区与结节区两种，② 其中，同质区通常是依据发展条件的相对一致性划分的，其在空间形态上可能无统一的经济中心，甚至并不连成一片；结节区是按经济联系密切程度划分的经济区，在空间形态上有自己的经济中心，且连成一片。实际上，同质是相对的，异质是绝对的，强调经济联系划分出的结节区有绝对的和动态的意义。因此，经济区应是地域完整、功能明确、内聚力较强、相对独立的经济地域单元，不包括生态功能区等具有同质性的各种开发管制区。

经济区有以下三个基本特征：一是有明确的边界和地域范围，在空间上完整连片；二是有专业化与综合发展相结合的产业体系，在更大范围的区域内扮演重要角色；三是有经济中心和周边腹地，构成内部联系密切的、相对独立的整体。

2. 经济区的划分原则

经济区划分原则是人们认识经济区形成和发展规律的理论概括，是科学划

---

① 本部分参考了李敏纳等（2019）与李敏纳等（2019）的研究成果。
② 同质区也被称为均质区或匀质区，结节区也被称为极化区，本书统一用同质区和结节区表示。

・127・

分经济区的客观依据和准则。① 基于经济区的内涵，经济区划分应遵循以下四个基本原则：一是经济关联性原则。这就是说，经济区划应首先遵循经济关联性原则，即把区域单元间经济联系密切程度放在第一位，否则，区划结果可能会造成同质竞争和重复建设，难以促成优势互补和分工协作，不能发挥经济区整体优势。遵循经济区划分的经济关联性原则，就是要着眼于区域单元之间在过去、当前和未来的经济关联性进行经济区划，就是要根据距离衰减原理，尽可能将空间邻近的区域单元划入同一个经济区内，并实现经济中心与其吸引范围的结合。② 二是同质性和异质性相结合原则。同质性原则强调经济区内的相似性和经济区间的差异性，异质性原则强调经济区内部联系与经济区间的相对独立性，基于同质性原则的区划模式使区域内地区间更有竞争性而不是互补合作性，③ 不够科学，从实践效果看未达到预期，④ 异质性与同质性区划模式相结合，是必然选择。三是产业专业化发展与综合发展相结合原则。经济区是劳动地域分工的产物，经济区间和内部的关联性通过专业化与综合发展相结合的产业体系体现，产业专业化体现经济区功能定位，产业综合发展支撑产业专业化，并为区内居民服务，体现经济区的相对独立性。四是保持行政区划完整性原则。一切经济活动都在行政区内进行，经济区划分应尽可能照顾行政区的完整性，以实现经济区划人与行政区划分的协调。⑤

3. 经济区的划分方法

划分经济区需要采用定量分析与定性分析相结合的方法。定性分析方法是指依据专业知识和实践经验进行经济区划，带有较强的主观性，而定量分析方法是指以空间相互作用理论为依据，通过收集空间联系数据或流数据⑥和引入数学模型进行经济区划，可避免主观性，但也有局限性。一方面，因很难准确获取流数据，且据不同流指标所确定的经济区范围可能不一致，基于流数据的分

① 郑度，傅小锋．关于综合地理区划若干问题的探讨［J］．地理科学，1999（3）：193–197.

② 邹凤琼，张刚华．基于多尺度空间聚类的江西省经济区域划分［J］．地域研究与开发，2017（5）：7–10.

③ 张子珍．中国经济区域划分演变及评价［J］．山西财经大学学报（高等教育版），2010（2）：89–92.

④ 刘本盛．中国经济区划问题研究［J］．中国软科学，2009（2）：81–89.

⑤ 高新才，王云峰，买莎．区域经济发展中的经济区划问题研究——基于经济区划与行政区划冲突的思考［J］．贵州社会科学，2010（11）：72–76.

⑥ 指客货流、人口迁移流、信息流等各种流的数据。

析法在实践中的应用受限。另一方面，基于不同模型得到的区划结果有较大差异，①②③且数学模型或多或少抽象掉了一些影响空间相互作用力的因素，基于数学模型划分的经济区范围可能与实际有所偏离。因此，先通过定量分析得到经济区划初步方案，再基于实际和经验进行定性分析，对初步方案进行完善，定量分析与定性分析相结合是较为合理的经济区划方法。

运用定量分析方法划分经济区时，数学模型的选择至关重要。梳理相关文献可知，目前经济区划分中引入的数学模型主要有康弗斯断裂点模型、引力模型、0～1整数规划模型和空间聚类模型。其中，康福斯断裂点模型的应用是基于两城市间为匀质区假设，其结果与实际有较大出入；④空间聚类模型过于强调经济区划分的同质性原则；引力模型度量两个区域单元间空间相互作用力大小，表示两区域单元间的相互作用力与两区域单元质量的乘积成正比，与两区域单元间的距离成反比，可为确定区域单元间经济联系密切程度提供依据；0～1整数规划模型的求解旨在使划出的经济区系统能保证区域单元间经济联系强度尽可能大。

由于经济关联性原则是经济区划须遵循的首要原则，因此在采用定量分析方法进行经济区划时，引力模型与0～1整数规划模型的联合应用需发挥重要作用。而在运用引力模型时，用经济距离代替直线距离，并基于区域单元质量概念选取指标以综合评定区域单元质量，是发挥引力模型应用效果的关键。

（二）海南省域四大经济区

由于三沙市设立时间不长，且其辖区主要为海洋，将三沙市单独划分为海洋经济区。然后，基于经济区的内涵，遵循前述经济区划分原则，采用前述定量分析与定性分析相结合的方法，将位于海南岛的18个市县划分为海南岛东北部、东南部和西部三个经济区。具体步骤是：先综合评定18个市县的质量，计

① Davis B C. Regional Planning in the US Coastal Zone：A Comparative Analysis of 15 Special Area Plans［J］. Ocean &Coastal Management，2004，47（1）：79 – 94.

② Nakajima K. Economic Division and Spatial Relocation：The Case of Postwar Japan［J］. Journal of The Japanese and International Economies，2007，22（3）：383 – 400.

③ Bryan B A，Crossman N D. Systematic Regional Planning for Multiple Objective Natural Resource Management［J］. Journal of Environmental Management，2008，88（4）：1175 – 1189.

④ 马海霞，张宝山. 新疆经济区划与天山南北坡经济带的形成［J］. 地域研究与开发，2006（4）：48 – 52.

算每两个市县间的经济距离,利用引力模型计算每两个市县间的相互作用力,再运用0~1整数规划模型得到经济区划初步方案,最后采用定性分析方法对经济区划初步方案进行完善。

1. 三沙海洋经济区

本区为三沙市市域,即三沙市辖西沙群岛、中沙群岛、南沙群岛的岛礁及其海域,陆地面积很小,只有20多平方千米(含西南沙吹填陆地),海洋面积很大,达200多万平方千米,目前常住人口仅0.05万人,地区生产总值和人均地区生产总值暂未有统计数据。[①]

本区目前自然环境优美,自然旅游资源与海洋资源丰富,但还没有大规模展开经济活动。

2. 海南岛东北部经济区

本区位于海南岛东北部,靠近大陆,包括海口、文昌、琼海、定安、屯昌和澄迈6个市县,以省会海口为中心,总面积10956平方千米,常住人口444.74万人,地区生产总值2481.21亿元,人均地区生产总值55790元。[②] 本区是目前海南省的海陆空交通枢纽区与人口规模和经济总量最大、产业结构最高端、经济发展水平最高的经济区。

从产业从业人员数看,本区目前在信息传输、软件和信息技术服务业、金融业、房地产业、租赁和商务服务业与科学研究和技术服务业5个生产性服务业乃至第三产业整体方面有显著竞争优势;在制造业、建筑业、批发和零售业、交通运输、仓储和邮政业、居民服务、修理和其他服务业、教育、卫生和社会工作与文化、体育和娱乐业方面有竞争优势。

3. 海南岛东南部经济区

本区主体位于海南岛东南部,邻近南海诸岛,包括三亚、五指山、万宁、乐东、琼中、保亭和陵水7个市县,以三亚为中心,总面积12698平方千米,常住人口260.92万人,地区生产总值1233.14亿元,人均地区生产总值47261元。[③] 本区是目前海南省土地面积最大、热带资源和海洋资源丰富、自然环境优势和旅游资源优势明显、人口规模和经济总量居中、经济发展水平最低的一个

---

① 资料来源于《海南统计年鉴2019》。
②③ 根据《海南统计年鉴2019》中相关市县的相关指标数据计算得到。

经济区。

从产业从业人员数看，本区目前在住宿和餐饮业与水利、环境和公共设施管理业两个旅游直接相关产业方面有显著竞争优势，在农、林、牧、渔业、电力、热力、燃气及水生产和供应业、居民服务、修理和其他服务业与公共管理、社会保障和社会组织方面有竞争优势。

4. 海南岛西部经济区

本区位于海南岛西部，临近北部湾，大部分属于北部湾城市群区域，处于国际通道的重要枢纽位置，有丰富的港口资源、矿产资源、农业资源、海洋资源与自然和人文旅游资源，范围涉及儋州、临高、东方、白沙和昌江5个市县，以儋州为中心，总面积10752平方千米，常住人口228.6万人，地区生产总值1100.25亿元，人均地区生产总值48130元。[①] 本区是目前海南省土地面积、人口规模和经济总量均居末位，但经济发展水平居中的一个经济区。

从产业从业人员数看，本区目前在农、林、牧、渔业和采矿业方面有显著竞争优势，在电力、热力、燃气及水生产和供应业与交通运输、仓储和邮政业方面有竞争优势。

---

① 根据《海南统计年鉴2019》中相关市县的相关指标数据计算得到。

第八章　城镇化与城乡统筹发展

第一节　城镇化

城镇化是当今世界重要的社会经济现象之一，对其内涵的理解多种多样，其中较为普遍的观点是，城镇化是由以农业为主的传统乡村社会向以工业和服务业为主的现代城市社会逐渐转变的历史过程，包括人口和非农业活动在规模不同的城市环境中的地域集中过程、非城市景观转化为城市型景观的地域推进过程、城市文化、城市生活方式和价值观在农村的地域扩展过程。[①] 城镇化分析的主要内容包括城镇化进程、城镇体系、城镇化发展面临的主要问题和新型城镇化和城乡一体化道路探索四大方面。

一、城镇化进程

（一）城镇化进程的总体特征

与全国平均水平相比，海南省城镇化发展起点较低，速度较快，阶段性明显。其一，由于历史和地理诸多方面的原因，海南省城镇化发展起步较晚，起点较低。1988 年海南建省办经济特区之初，常住人口城镇化率仅为 17.01%，远低于同年 25.81% 的全国平均水平。其二，1988～2018 年，在经济特区建设和行政区划调整等政策的影响下，海南省城镇化发展总体快于全国平均水平，与全国平均水平的差距缩小。在此期间，海南省常住人口城镇化率年均提高 1.40 个

---

① 许学强，周一星，宁越敏. 城市地理学［M］. 北京：高等教育出版社，2009.

百分点，年均增长率为 4.24%，而全国常住人口城镇化率年均提高 1.13 个百分点，年均增长率为 2.83%。其三，1988~2018 年，全国城镇化发展水平逐年提升，海南省城镇化发展过程中有突出的跳跃性变化或波动（见图 8-1）。

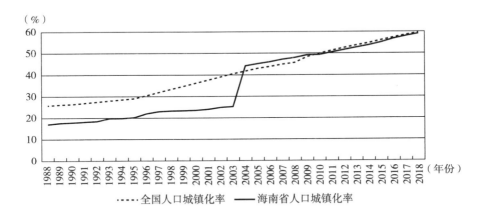

图 8-1　1988~2018 年海南省常住人口城镇化率与全国平均水平比较

（二）城镇化进程的两个阶段

相较于全国城镇化发展的平均水平，海南省城镇化发展进程呈现出明显的阶段性，大致可分为两个阶段。

1. 阶段Ⅰ（1988~2003 年）

1988~2003 年，受到改革开放等一系列特区政策的促动，海南省城镇化发展水平逐步提升，但提升速度低于全国平均水平，城镇化发展水平与全国平均水平的差距总体上在拉大。在此期间，海南省常住人口城镇化率从 17.01% 增至25.25%，年均提升 0.55 个百分点，年均增长率为 2.67%，而同期全国常住人口城镇化率年均提升 0.98 个百分点，年均增长率为 3.05%；海南省常住人口城镇化率与全国平均水平的差距由 8.8 个百分点拉大到 15.28 个百分点。

2. 阶段Ⅱ（2004~2018 年）

2004 年海南省常住人口城镇化率在 2003 年的基础上呈现跳跃式增长，由2003 年的 25.25% 增加到 44.2%，增长 18.95 个百分点，增长率高达 75.05%。其原因在于，2002 年琼山市和海口市合并设立新的海口市，琼海县、儋县、文昌县和万宁县 4 个县撤县设市，行政区划大调整政策效应在 2004 年体现出来。

2004 年的跳跃式增长使海南省城镇化水平开始超出全国平均水平。2004 年以来，海南省城镇化发展速度有所放缓，常住人口城镇化率年均增长率为 2.09%，低于 1988～2003 年的 2.67%，同期全国城镇化发展速度也有所放缓，由 1988～2003 年的 3.05% 下降到 2.63%，但放缓的幅度小于海南省。这导致 2010 年以来海南省常住人口城镇化率开始略低于全国平均水平，反映出海南省城镇化水平提升缺乏内在动力。

二、城镇体系

（一）城镇体系的等级层次结构

城镇体系的等级层次结构是对城市综合实力的评定，是城镇体系内部结构合理化组织的依据，通常选择"城镇中心性强度"这一综合指标来划分城镇体系的等级层次结构。[①] 选取城镇规模、经济实力、基础设施、社会生活、环境基础、社会管理 6 个方面、17 个指标建立评价体系，运用主成分分析法，计算出 2018 年海南省 18 个直管市县（三沙市因设立时间短除外）的城市中心性强度，由此可知海南省各直管市县分为 5 级，城镇体系等级层次结构大致为 1∶2∶3∶4∶8。

总体而言，海南省城镇等级层次结构较为低端。位列第 1 至第 3 等级的城镇分别有 1 个、2 个和 3 个，分别占 5.56%、11.11% 和 16.67%，合计占 1/3，数量少、占比小；而位列第 4 和第 5 等级的城镇分别有 4 个和 8 个，分别占 22.22% 和 44.44%，合计占 2/3，特别是中心性强度最低的、第 5 等级的城镇数占比高达 44.4%。

（二）中心城市和城镇

将位列第 1 至第 4 等级的城镇作为中心城镇，中心城镇因中心性强度不同而呈现不同的级别，包括省域中心城市、区域性中心城市和地方性中心城市和城镇。

1. 省域中心城市

在海南省除三沙市以外的 18 个市县中，省会海口市是海南省域中心城市和

———————————

① 王发曾，袁中金，陈太政. 河南省城市体系功能组织研究 [J]. 地理学报，1992，47（3）：274－283.

海南省北部地区的中心城市，位居海南省城镇体系的第 1 等级，中心性强度最高。作为全省政治、经济、社会和文化中心，海口市具有较好的基础条件及政策支持，且长期受珠三角辐射带动和北部湾经济圈影响力的拉动。作为国家"一带一路"的战略支点城市，其综合实力明显强于海南省其他市县，在海南省社会经济发展中起绝对的主导作用，处于领先地位。

2. 区域性中心城市

海南省区域性中心城市有两个：一是南部区域中心城市三亚市，二是西部区域性中心城市儋州市，两者均位居海南省城镇体系的第 2 等级。

三亚市拥有得天独厚的地理位置和丰富的热带旅游资源，随着海南国际旅游岛建设战略和"一带一路"倡议的实施，其经济投资力度大幅提升，旅游业、高等教育事业和房地产业等快速发展，城市环境和交通、医疗、金融服务等基础设施不断完善，对外吸引力逐渐加强。目前，三亚市综合实力远远高于省内除海口市外的其他市县。

儋州市濒临北部湾，于 2015 年升级为海南省第 4 个地级市，是海南省土地面积最大的地级市，依托洋浦经济区的开发和建设及两院（中国热带农业科学院研究院和华南热带农业大学）的教育和科研事业的带动，近年来发展很快，综合实力较强。

3. 地方性中心城市和城镇

海南省地方性中心城市和城镇包括位居海南省城镇体系的第 3 等级的万宁市、澄迈县、琼海市 3 个市县与位居海南省城镇体系的第 4 等级的文昌市、陵水县、昌江县、东方市 4 个市县，占全省市县总数的 1/3 以上。这 7 个地方性中心城市和城镇均位于主要交通沿线和沿海地带，均拥有支撑自身发展的特色优势产业，如万宁市的旅游业，昌江县的采矿业和制造业，琼海市的旅游会展业，文昌市的热带农产品制造业等，但综合实力有一定的差距。目前，交通区位与资源条件较好的文昌市、陵水县、昌江县、东方市尚未充分挖掘发展潜力，尚需在特色优势产业发展和产业结构优化方面进一步深化，以提升整体竞争力。

（三）一般性小城镇

位列海南省城镇体系第 5 等级的城镇为一般性小城镇，其数量占市县总数的 44.44%，包括五指山、保亭、琼中、白沙、乐东、定安、临高和屯昌 8 个市县，其中，前 4 个市县位于中部核心生态区，半数市县为少数民族自治县，大多数位于内陆地区。一般性小城镇具有地缘劣势，受铁路和高等级公路等基础设施辐射的影响较弱，加之受新时代海南省生态保护的严格约束，经济结构以第一产业为主，人口数量少，规模小，经济发展慢，综合实力较弱。

三、城镇化发展的主要问题

（一）城镇化水平总体偏低

1. 城镇化水平低于全国平均水平

尽管 1988 年海南建省办经济特区以来城镇化发展速度总体高于全国城镇化发展速度，但目前海南省城镇化发展水平与全国平均水平相比仍然偏低。2018年，全国常住人口城镇化率为 59.58%，海南省仅为 59.06%，比全国平均水平低 0.52 个百分点。

2. 城市和城镇规模普遍偏小

2014 年国务院印发《关于调整城市规模划分标准的通知》，对原有城市规模划分标准进行了调整，明确了新的城市规模划分标准以城区常住人口为统计口径，将城市划分为五类七档：城区常住人口 50 万以下的城市为小城市，其中 20 万以上 50 万以下的城市为Ⅰ型小城市，20 万以下的城市为Ⅱ型小城市；城区常住人口 50 万以上 100 万以下的城市为中等城市；城区常住人口 100 万以上 500 万以下的城市为大城市，其中 300 万以上 500 万以下的城市为Ⅰ型大城市，100 万以上 300 万以下的城市为Ⅱ型大城市；城区常住人口 500 万以上 1000 万以下的城市为特大城市；城区常住人口 1000 万以上的城市为超大城市。

根据上述标准判断，海南省城市和城镇规模普遍偏小。在海南省除三沙市外的 18 个省直管市县中，省会城市海口为Ⅱ型大城市，地级市三亚和儋州的城镇常住人口数略高于中等城市的最低规模 50 万人，勉强进入中等城市行列，文昌、琼海、万宁、澄迈、临高和东方 6 个市县属于Ⅰ型小城市，其城镇常住人口数大于 20 万人，其中临高和东方的城镇常住人口数略高于 20 万，勉强进入Ⅰ型小城市行列，其他 9 个市县均为Ⅱ型小城市，中部山区和少数民族地区的五指山、琼中、保亭和白沙不足 8 万人（见表 8 - 1）。

3. 城镇体系发育尚处于初级阶段

城镇体系发育尚处于行政力量主导的初级阶段。从城市体系中不同城市的行政等级来看，地级市海口、三亚和儋州分居海南省城市中心性强度第 1 至第 2

表 8 - 1　　2018 年海南省及其直管市县常住人口数及常住人口城镇化率

市县	常住人口数（万人）	城镇常住人口数（万人）	常住人口城镇化率（%）
海口市	230.23	181.05	78.64
三亚市	77.39	58.76	75.93
五指山市	10.71	6.24	58.26
文昌市	56.89	30.58	53.75
琼海市	51.57	26.68	51.74
万宁市	57.86	29.52	51.02
定安县	29.76	13.78	46.30
屯昌县	26.85	12.67	47.19
澄迈县	49.44	27.89	56.41
临高县	45.10	20.82	46.16
儋州市	99.84	55.19	55.28
东方市	42.97	20.65	48.06
乐东县	48.27	18.93	39.22
琼中县	18.02	7.60	42.18
保亭县	15.28	6.19	40.51
陵水县	33.39	15.63	46.81
白沙县	17.34	6.56	37.83
昌江县	23.35	13.01	55.72
海南省	934.32	551.81	59.06

资料来源：《海南统计年鉴 2019》。

等级，其他市县依次为第 3 至第 5 等级，行政力量主导了海南建省以来城市体系的发育，行政等级越高的城市在城市体系中的等级层次越高，数量越少。①

（二）城镇化发展质量不高

1. 城镇用地总规模扩展较快

伴随城镇化进程，城市土地的稀缺性与高强度的人类活动矛盾日趋尖锐，城镇化水平的提升不仅表现在城镇人口比重的提高，也表现在城镇数量的增多、单体城镇规模的增大及城镇土地利用空间的拓展。21 世纪以来，海南省城镇建设日新月异，城区面积和建成区面积逐年扩大，城镇建设用地面积在波动中明

---

① 王胜男，马昭．海南省新世纪城镇进程的阶段性及其影响因素［J］．地域研究与开发，2013，32（4）：59 - 63.

显扩大，城镇建设用地规模扩展较快。2000 年，海南省城区面积约 667.10 平方千米，建成区面积占城区土地面积的 28.51%，城镇人口密度为 2610 人/平方千米。到 2010 年，海南省城区面积与建成区面积分别比 2000 年增加了 366.3 平方千米和 118.39 平方千米，建成区面积占城区土地面积的比例提高到 29.85%，比 2000 年提高了 1.34 个百分点（见表 8 – 1）。"十二五"期间，海南省城镇土地利用扩展更为迅速。到 2018 年，全省城区面积和建成区面积分别达到了 1729.3 平方千米和 525.67 平方千米，分别是 2010 年的 1.67 倍和 1.7 倍，城镇规划建设用地面积增加到 2010 年的 2.48 倍（见表 8 – 2）。

表 8 – 2　2000 ~ 2018 年海南省城镇建设用地情况

年份	2000	2005	2010	2015	2016	2017	2018
城区面积（平方千米）	667.10	775.97	1033.74	1673.79	1641.9	1673.5	1729.3
建成区面积（平方千米）	190.17	270.06	308.56	469.39	451.1	467.13	525.67
城市规划建设用地面积（平方千米）	—	400.26	368.93	—	560.01	952.85	913.85
城市人口密度（人/平方千米）	2610	2756	2677	2200	2197	2259	2515
人均公园绿地面积（平方米）	8.67	10.1	11.5	12.1	10.5	11.35	9.96

注："—"表示数据缺失。
资料来源：《海南统计年鉴 2019》、《海南统计年鉴 2001》。

2. 城镇空间扩展与人口发展的适宜性不强

城镇化最直观、最突出的表现是城镇人口的大规模集聚以及城镇用地的快速扩展，但城镇化进程中的人口规模扩大与城市用地扩展两者之间的关系非常复杂，并非能用简单的线性关系表达。城镇人口（P）与建成区面积（A）之间通常满足幂指数关系 $A = aP^b$，其中，a 为比例系数，b 为标度因子或异速生长系数，b≤1 表示城镇人口与城区面积同速增长，人均用地面积基本不变，而 b > 1 表示人均用地面积将随着人口规模的增大而上升，意味着城镇土地利用的铺张浪费。[①]

① 陈彦光. 城市人口——城区面积异速生长模型的理论基础、推广形式及实证研究 [J]. 华中师范大学学报（自然科学版），2002，36（3）：375 – 380.

利用异速生长模型①对 2001～2018 年海南省城镇人口与城镇用地扩展的适宜性进行评价，拟合得到海南省城镇人口与城市建成区面积的异速生长方程。结果表明，在 2001～2009 年，标度因子或异速生长系数 b＜1；在 2009～2018 年，标度因子或异速生长系数 b＞1。由此可知，2009 年海南国际旅游岛建设以来，政策导引致使城镇用地扩展明显快于人口集聚，人口增长与用地扩展之间的关系不太协调，存在土地资源浪费问题。

（三）城镇化动力不足

1. 第一产业发展水平不高，城镇化基础动力不足

目前，海南省第一产业发展水平不高，城镇化发展缺乏基础动力。40%以上的从业人员集中于以农林作物生产为主的第一产业，产品类型单一，技术水平低，农业企业规模小，数量少，特别是缺乏出口创汇型龙头企业，农业产业化程度较低，农产品深加工不足，农产品市场竞争力弱。

2. 工业化水平较低，城镇化根本动力不足

工业化不仅直接推动着城镇化的发展，而且通过产业连锁反应间接推动城市规模的扩展。海南建省以来，第二产业比重低，企业数量少，工业化水平低始终是制约城镇化推进的关键性因素。2018 年，海南省第二产业增加值占生产总值的比重为 22.7%，仅仅略高于第一产业所占比重 20.7%，工业发展层次不高，工艺设备较落后，产品链条较短，高端产品数量少，缺乏自主创新能力和核心竞争力，严重制约了工业现代化程度，城镇化根本动力不足。

3. 第三产业发展整体水平不高，城镇化后续动力不足

第三产业是推动城镇化的后续动力。海南省长期以来第二产业发展缓慢和发展水平较低，导致生产配套性服务业没有得到应有的发展，而生活性服务业存在行业结构不尽合理，传统产业发展相对充分，新型行业发展相对滞后等问题，第三产业发展整体水平不高。2018 年，海南省第三产业增加值占地区生产总值的比重为 56.6%，位列全国第 4，但第三产业增加值总额较低，仅为 2736.15 亿元，居于全国第 28 位，仅高于西藏、青海和宁夏。

（四）城镇化发展的区域差异明显

受不同地域环境、历史基础和社会经济发展水平的制约，海南省城镇化发

---

① 吴金华，吴国栋. 基于城市人口——城区面积异速生长关系的西安市城镇化水平测算模型研究［J］. 国土资源科技管理，2008，25（1）：92－95.

展的空间差异比较明显。

市县之间城镇化发展水平的差距较大。2018年，海口和三亚的常住人口城镇化率在75%以上，远高于其他市县；五指山、文昌、琼海、万宁、澄迈、儋州和昌江7个市县的常住人口城镇化率在50%与60%之间；定安、屯昌、临高、东方、琼中、保亭和陵水7个市县常住人口城镇化率在40%与50%之间；乐东和白沙2个市县的常住人口城镇化率在40%以下；只有海口和三亚的常住人口城镇化率高于全省乃至全国平均水平；11个市县常住人口城镇化率低于全省平均水平5个百分点以上；琼中、乐东、保亭和白沙4个民族自治县的常住人口城镇化率与全省平均水平的差距则在16个百分点以上；城镇化水平最低的白沙县与城镇化水平最高的海口市常住人口城镇化率的差距高达40.8个百分点（见表8-1）。

《海南国际旅游岛建设发展规划纲要》将海南省分为北部、南部、中部、东部、西部和海洋六大功能组团。从六大功能组团层面看，2018年，海南省城镇化率空间分布的总体趋势是北部最高，南部次之，东部和西部略低且相近，中部最低。北部组团城镇分布密集，城镇化发展较快，城镇化率高于全省平均水平，南部组团城镇化率略低于全省平均水平，东部组团和西部组团城镇化率比较接近，均低于全省平均水平近8个百分点，中部地区城镇密度稀疏，城镇化发展相对较慢，城镇化率远低于全省平均水平（见表8-3）。

表8-3　2018年海南省城镇化水平的区域差异

地区	市县	土地面积（平方千米）	面积比例（%）	总人口（万人）	城镇人口（万人）	城镇化率（%）
北部组团	海口、文昌、定安、澄迈	8022	22.80	366.32	253.3	69.15
东部组团	琼海、万宁	3611	10.26	109.43	56.20	51.36
南部组团	三亚、乐东、保亭、陵水	6949	19.75	174.33	99.51	57.08
西部组团	临高、儋州、东方、昌江	8636	24.54	211.26	109.67	51.91
中部组团	五指山、屯昌、琼中、白沙	7188	20.43	72.92	33.07	45.35
全省		35191	—	934.32	551.8	59.06

　　注：因海洋组团的区位特殊性，未纳入研究范围。
　　资料来源：海南省统计局。

四、海南特色的新型城镇化道路探索

党的十八大报告对推进中国特色社会主义事业做出了"五位一体"总体布

局，确定新型城镇化是以科学发展观为统领，以工业化和信息化为主要动力，资源节约、环境友好、经济高效、文化繁荣、城乡统筹、社会和谐，大中小城市和小城镇协调发展、个性鲜明的健康城镇化道路。新型城镇化与"中国特色城镇化"是具有深刻内在联系的一个有机整体。①② 自建省以来，特别是海南国际旅游岛建设以来，海南省努力探索海南特色的新型城镇化道路。

（一）经济新常态下海南特色新型城镇化与城乡一体化模式

经济新常态的精神内核是国民生活质量提高，百姓的获得感提升，民生保障更完善。海南省新型城镇化与城乡一体化，要从基本的省情出发，立足于资源优势、区位优势、环境优势，把推进新型城镇化和城乡一体化与国际旅游消费中心建设、自贸区（港）建设相结合，以城乡空间整合、旅游资源统筹优化为重点和突破口，有效带动城乡经济社会发展各个方面的互促、互动，实现城乡经济、社会、文化和生态的全面融合，形成独具特色的海南模式。新常态下海南特色新型城镇化与城乡一体化模式由人、环境、空间、社会、制度五个系统构成（见图8-2）。其核心内容包括自然生态、城乡一体、服务均等、教育先导、社区建设五个方面，用以统筹建设，协同发展，打造海南城乡发展的新未来。③

（二）海南特色新型城镇化与城乡一体化发展的目标

海南特色新型城镇化和城乡一体化发展必须坚持以建设"国际花园城"为目标。"国际花园城"概念涵盖以下三个方面的内容：

第一，"国际"强调进一步提高开放力度。海南省虽然是个岛屿经济体，但它处于古代海上丝绸之路的一个端点，这造就了海南省人民不拒外的心态和兼容并蓄的吸纳特质。推进进一步的开放不仅可行，而且是海南省落实"三区一中心"功能定位、建设海南国际旅游消费中心及海南自贸区（港）必然要求。

第二，"花园"强调自然生态。海南省拥有独特而优越的自然禀赋，海洋、海岸和岛屿中部的山地所形成的梯度生态及热带气候共同呈现为美丽的花园景

① 仇保兴. 中国特色的城镇化模式之辨——"C模式"：超越"A模式"的诱惑和"B模式"的泥淖［J］. 城市规划，2008，32（11）：9-14.
② 仇保兴. 中国的新型城镇化之路［J］. 中国发展观察，2010（4）：56-58.
③ 王胜男，马昭. 21世纪海南省城市职能演变分析［J］. 资源开发与市场，2015，31（2）：207-211.

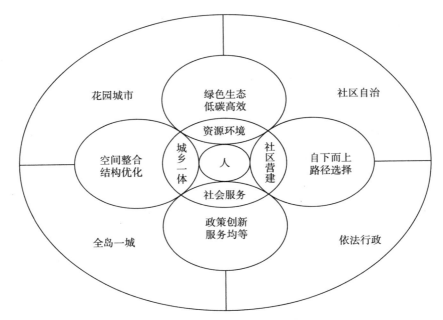

图 8 - 2   海南特色新型城镇化与城乡一体化模式

观和舒适的宜居家园。生态文明、绿色低碳的永续利用原则应贯穿全省新型城镇化和城乡一体化建设的始终。

第三，"城"强调人文生态。人文生态是指人、群体和社会之间的有机联系。这种联系达到平衡、和谐状态，就是优化了的人文生态。海南特色新型城镇化和城乡一体化发展就是要依托城乡基础设施一体化和公共服务均等化等，促进城乡经济社会发展，推进城乡共同富裕，提高城乡居民的获得感和幸福度，提升全社会的公共福利水平，实现农业文明的村落文化、工业文明的城市文化以及后工业时代的超越时空文化的兼容并包，推进人的城镇化和社会现代化。

（三）海南特色新型城镇化与城乡一体化发展的主要内容

海南特色新型城镇化和城乡一体化发展的核心是人的现代化。贯彻教育先导思想，拓展多种教育渠道，提升居民的个人素质，是推进新型城镇化和城乡一体化的关键。

海南特色新型城镇化和城乡一体化发展的保障是环境的维护。通过宣传和教育强化居民的环保意识，并借鉴先进经验，增加投入，大力开展环保研究和行动。

海南特色新型城镇化和城乡一体化发展的前提是城乡空间的融合。通过生产要素在城乡之间的自由流动和公共资源在城乡之间的均衡配置，提高城乡资源综合利用的效率，推动城乡经济社会发展的融合。

海南特色新型城镇化和城乡一体化发展的根本是制度创新。从全省城乡独特资源整合优化、统一开发利用的内在要求出发，突破原有市县行政区、农垦分治的格局，通过区域行政一体化带动区域经济一体化、社会一体化，形成一个大城市的行政区建制。

第二节　城乡统筹发展

一、城乡统筹发展的历程

建省以来，海南省在注重城市改革和发展的同时，高度重视农村改革和发展。城乡关系从侧重城市，逐步演进到城乡统一规划，相互促进，协同发展，进而由经济一体化到社会一体化，大致经历了以下三个阶段。①

（一）注重城市改革发展阶段（1988～1999年）

1988～1999年，海南省注重各项经济体制改革与城乡市场联结，但改革和发展的重心在城市，城市建设成就更为显著，城乡差距较为明显。在此期间，海南省县级市数量由建省初的1个增加到6个，城镇化水平由20.18%上升到25.44%，城乡居民人均可支配收入比由1.96上升到2.51，城乡居民储蓄存款人均余额比由16.40上升到21.28，城镇固定资产投资占总固定资产投资比重由78.72%上升到88.76%。

（二）加大农村综合改革阶段（2000～2009年）

自2000年开始，海南省开始加大农村综合改革力度，改革发展的重心开始向农村倾斜，主要通过加强文明生态村建设、免除农业税和加强农村公共服务改革及等方面扶持农村。从2000年开始创建生态文明村，到2009年，海南省已

---

① 中国（海南）改革发展研究院课题组．海南省城乡一体化体制机制与政策研究［R］．中国（海南）改革发展研究院咨询报告，2009－06.

创建文明生态村 1 万个，占全省自然村总数的 45.4%。2004 年，在全国率先取消农业特产税，比全国提前一年免征农业税。通过实施农村卫生建设扶贫项目，构建农村"15 分钟医疗圈"，建立"县乡村一体化"医疗体制。通过实施乡镇宣传文化站建设、文化信息资源共享、农村电影放映、农家书屋、广播电视"村村通"、农民体育健身六大农村文化惠民工程，极大地改善了农村公共服务设施环境。覆盖城乡居民的养老保险体系也逐步形成。特别是 2003 年中央城乡统筹发展战略的提出，为海南省农村改革及发展注入了强大的动力。

（三）城乡统一规划建设阶段（2010 年以来）

自 2010 年以来，海南省城乡统筹开始走向城乡一体化发展阶段。在这一阶段，海南省提出了"全岛同城"的区域一体化发展理念，并付诸规划及实践。2011 年 3 月出台的《海南省城乡经济社会发展一体化总体规划（2010—2030）》是我国第一个省域层面的综合性规划。2015 年 5 月出台的《海南省总体规划》是我国首个省域级多规合一规划。这两个规划均强调把全省作为一个大城市来规划建设，统筹城乡发展，努力构建城乡一体化新格局，对海南省走健康城镇化道路，推动城乡协调发展起到了重要的指引作用。除此之外，2010 年海南国际旅游岛的建设，2015 年美丽海南省"百镇千村"建设计划的提出，2016 年海南省全域旅游战略的实施等，极大地激活了海南省乡镇发展动力，乡镇经济、社会及环境面貌得到进一步提升。再加上 2017 年乡村振兴战略的提出及精准扶贫的实施，海南省农村产业结构进一步升级，农民生活水平大幅度提升，乡镇的快速发展有力地促进了海南省城乡一体化建设的进程。

二、城乡统筹发展的主要模式

（一）省域城乡统筹发展模式

1. 全岛同城模式

2010 年以来，海南省坚持全省"一盘棋"思想，打破行政区划的壁垒，充分发挥"同城化"效应，通过规划一盘棋、建设一盘棋、发展一盘棋、管理一盘棋，将全省各地统一规划、统一布局、统一安排，充分发挥各市县比较优势，形成分工合作、互补互通的格局。这方面最典型的体现是，2015 年编制完成的《海南省总体规划（2015—2030）》把全省作为一个大城市统一规划，实施"一张蓝图干到底"，在海南岛全岛统筹安排特色产业小镇及美丽乡村建设，并提出

"一环、两极、多点"的空间一体化的城镇空间结构，是海南省城乡统筹发展的战略指引。

2. 全域旅游开发模式

2016 年，国家旅游局提出将海南省建成为国家省级全域旅游示范区，把海南省作为一个大景区建设，实现景点景区内外一体化。创建全域旅游示范省是推进海南国际旅游岛建设战略实施的重要路径，有利于整体优化海南省旅游业发展环境和质量，拓展旅游业发展空间，统筹城乡旅游一体化建设，促进海南省旅游业转型升级。

3. 特色小镇建设模式

海南省工业基础较为薄弱，农业规模较大，缺乏辐射能力强的中心城镇，以中心城镇建设为先导，积极推进特色产业小城镇的建设，是较为符合海南省特色的城乡统筹发展模式。通过产业特色小镇的打造，吸引周边农民向小镇集聚，不仅促进了城镇化水平的提升，也加快了海南省城乡统筹的步伐。当前海南省已初步建成海口市云龙镇、琼海市潭门镇、澄迈县福山镇等 21 个特色风情小镇，约占全省乡镇总数的 10%，较为成熟的有福山咖啡风情小镇、石山互联网农业小镇、潭门渔业风情小镇、文昌会文佛珠小镇、观澜湖高尔夫小镇、博鳌天堂小镇、海棠湾小镇等。规划到 2020 年建成 55 个风情小镇，到 2030 年建成 100 个特色产业小镇。

4. 城镇群协同模式

海南省中心城市规模不大，经济发展水平不高，对周边地区辐射带动作用有限，自上而下型的大城市带动模式不适合海南省中心城市城乡统筹发展。2015 年编制的《海南省总体规划（2015—2030）》提出，加快发展海澄文一体化发展区和三亚—陵水—乐东—保亭一体化发展区，优先发展海澄文北部城镇群和大三亚南部城镇群，打造引领全省城镇发展的南北两极，待时机成熟再扶持打造儋州西部城镇群和琼海东部城镇群。通过打造城镇群实现大区域城乡互动发展，是当前较为适合海南省中心城市城乡统筹发展的新模式。

（二）典型地区城乡统筹发展模式

海南省各市县都在积极探索符合本地特色的城乡统筹发展新模式，较为成功并具有代表性的是琼海市的"三不一就"模式、海口市的"产城融合"模式、三亚市的"全域旅游"模式、保亭县的"大区小镇新村"模式和白沙县的"美丽乡村建设"模式。

1. 琼海市的"三不一就"模式

近年来，琼海市以打造"田园城市"为载体，以"幸福琼海"为目标和落脚点，按照"不砍树、不拆房、不占田，就地城镇化"的"三不一就"原则，走出一条低成本、可持续、因地制宜的城乡统筹发展之路，促进了城镇化水平提升及城乡一体化建设，成为全国城乡统筹发展的典型案例。

"不砍树"体现对生态文明理念的坚守。"不占田""不拆房"表明不搞大建设，不走规模扩张型老路子。"就地城镇化"则是通过完善农村基础设施和公共服务，通过调结构和促转型，让农民不离乡不离土就地创业就业，走上致富之路，过上和城里人一样的日子。"三不一就"新型城乡统筹模式的实施，使琼海市呈现出城乡边界模糊化、城乡产业融合化、城乡收入差距缩小化、农民身份多元化、城市品位田园化与百姓生活幸福化的景象。

2. 海口市的"产城融合"模式

近几年，海口市强化城镇产业支撑，导入特色产业，采取"一镇一业""一镇一品"的产城互动特色产业小镇战术，积极推进"产城融合"式的城乡统筹新模式。如演丰镇以旅游服务业推动城镇化进程，打造中国最美的滨海度假小镇；云龙镇则以工业化带动城镇化，打造工贸型小镇；石山镇借助"互联网＋"，充分利用当地的火山特色资源和文化，依托火山口世界地质公园和施茶石斛基地，打造互联网农业和火山风情旅游小镇。除此之外，海口市通过"产城融合"规划建设的特色小镇还有 7 个，分别是三门坡荔枝风情小镇、红旗花卉风情小镇、甲子猫眼互联网小镇、大坡胡椒风情小镇、旧州古韵风情小镇、新坡民俗文化旅游小镇、大致坡农贸物流小镇，这些特色小镇涵盖热带农业、工贸、旅游和互联网等产业类型。

3. 三亚市的"全域旅游"模式

三亚市是中国较具世界知名度的国际旅游城市，旅游业一直都是城市的主导产业。在城乡统筹发展方面，三亚市依托自己的旅游优势，实施"全域旅游"的城乡统筹发展模式。一方面，三亚市结合地方特色积极推进旅游风情小镇建设，如亚龙湾玫瑰风情小镇、天涯兰花风情小镇、天涯小鱼温泉小镇、林旺旅游服务小镇等，通过风情小镇吸引农民进城，从而实现就近城镇化。另一方面，三亚市依托大景区及美丽三亚城市风貌及特色主题村落开展全域旅游开发，通过旅游促进城乡一体化发展。

4. 保亭县的"大区小镇新村"模式

"大区"是指复合型的旅游景区和旅游度假区;"小镇"是依托"大区"形成有地方风情和文化特色的原居型旅游村镇;而"新村"是指以第一产业为基础,将第三产业,特别是旅游业与第一产业有机结合的社会主义新农村。保亭县是海南省较早采用"大区小镇"模式开发旅游业的市县之一。自城乡统筹概念提出以来,保亭县"大区小镇"旅游开发模式就上升为"大区小镇新村"城乡统筹发展模式。这种全新的模式实现了景区开发与附近村民的和谐共处,村民以土地和民俗文化入股,企业出资金管理和建设,"公司+农户""旅游+农业"的经营方式加快了保亭县城乡一体化建设进程,较为成功的模式是呀诺达热带雨林文化旅游区(大区)—三道镇(小镇)——布隆赛乡村文化旅游区(新村)。

5. 白沙县的"美丽乡村建设"模式

自2011年以来,在罗帅村天涯驿站的"标杆效应"下,白沙县迅速掀起美丽乡村建设的热潮。截至2018年,白沙县已建成美丽乡村67个,惠及农户2861户、1.2万人。白沙县"美丽乡村"主要通过"政府+企业+农户+银行"、村改社区、社会资金帮建等模式进行建设。在资金筹措模式方面,有多种选择,不同村庄可采用不同的模式。在旅游开发价值大的村庄可采用企业出资、政府扶持的"农民+企业+政府"模式。在偏远贫困村庄可采用农民贷款、政府贴息的"政府+农户+金融机构"模式。在城中村、城边村采用农转非、直接纳入城市建设规划的模式。"美丽乡村"的建设既发展了白沙新型乡村旅游产业,也是推进新型城镇化建设的重要举措,农民可以在不失地、不离土的情况下,就地致富、就地产业化、就地城镇化。当前,这一模式已作为美丽乡村建设的"白沙模式",向海南全省扩散。

三、城乡统筹发展水平

借鉴白永秀等(2012)[①]和吴湾等(2016)[②]的做法,遵循系统性、完整

---

① 白永秀,周江燕,赵勇,吴振磊.中国省域城乡发展一体化水平评价报告[M].北京:中国经济出版社,2012.

② 吴湾,刘海青.海南省城乡统筹发展水平评价[J].热带农业科学,2016,36(8):94-99.

性、有效性、科学性和可操作性等原则，从城乡空间统筹、城乡经济统筹、城乡社会统筹和城乡生态环境统筹四个方面构建测度指标体系（见表8－4），采用主成分分析法对海南省城乡统筹发展水平进行测度。结果显示，海南建省以来城乡统筹发展态势良好，城乡统筹发展水平总体上明显提升。具体体现在以下五个方面：

表8－4　海南省城乡统筹发展水平评价指标体系

控制目标	具体指标	单位	指标属性
城乡 空间统筹	城镇化水平	%	正
	旅客周转量	亿人次/千米	正
	交通网密度	千米/平方千米	正
	城乡信息化率比	比值	逆
城乡 经济统筹	二元对比系数	比值	正
	城乡人均可支配收入比	比值	逆
	城乡人均消费支出比	比值	逆
城乡 社会统筹	城乡居民家庭文教娱乐人均消费性支出之比	比值	逆
	城乡每百户拥有彩色电视机比	比值	逆
	城乡人均住房面积比	比值	逆
	人均邮电业务总量	元	正
	每万人拥有医院床位数	张	正
城乡生态 环境统筹	万元GDP能耗	吨标准煤/万元	逆
	环境保护支出占地方财政一般预算支出比重	%	正
	人均公园绿地	平方米	正

注：目标层为城乡统筹度；指标属性"正""逆"是指各指标对城乡统筹发展的正向影响和逆向影响，对于逆向影响的指标主要采用求倒数的方式对数据进行逆向指标正向化处理。

资料来源：1989～2019年《海南统计年鉴》。

（一）城乡统筹发展总体水平

自建省以来，海南省城乡统筹发展总体水平明显提升。从图8－3可以看出，1988～2018年，海南省城乡统筹发展综合指数值总体上明显上升，1988～1995年，城乡统筹发展水平总体较低，城乡综合统筹指数值小于－0.5，但自1995年开始，城乡统筹发展水平稳步提升，2006年城乡综合统筹指数值开始由负值转为正值，之后呈快速提升态势，2018年达到最大值。从各分项指数变动态势来看，除了城乡经济统筹水平先降后升外，城乡空间统筹、城乡社会统筹和城乡生态环境统筹指数均呈现明显提升态势。

（二）城乡空间统筹发展水平

从图 8 - 3 可以看出，海南建省以来城乡空间统筹发展水平在波动中快速提升。城乡空间统筹指数由 1988 年的 - 0.9773 提升到 2018 年的 2.0299，在1988 ~ 1993 年缓慢下降，自 1994 年开始逐步上升，2000 年前以负值为主，2001 年转负为正，2001 ~ 2006 年相对较为稳定，2006 年后快速提升，2018 年达到最大值。城乡空间统筹发展水平的快速提升源于以下两个方面：

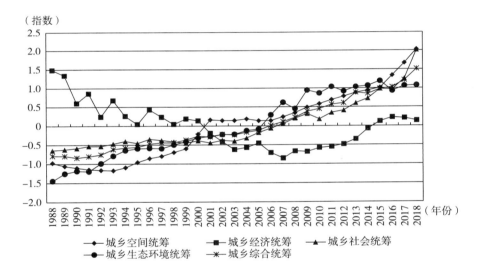

图 8 - 3　1988 ~ 2018 年海南省城乡统筹发展水平变动图

资料来源：《海南统计年鉴 2019》。

一是城镇化进程加快，促进了区域经济一体化的发展。1987 年，海南省尚未成立，那时的城镇化率仅为 16.6%，几乎没有像样的城市。2018 年，海南省城镇化率上升到 59.06%，比 1987 年提高了 42.46 个百分点。2000 年，城市建成区面积 190.17 平方千米，2018 年扩大为 525.67 平方千米，年均扩大 18.63 平方千米。海口市作为海南省省会城市，对琼北辐射力度不断加强，海澄文一体化逐步呈现。三亚市作为海南南部中心城市，对琼南旅游带动作用明显加强，"大三亚旅游圈"经济效益日益提升。儋州市作为海南西部中心城市，随着地级市行政等级的升级，对海南西部辐射带动作用也日益增强。琼海市对周边定安、文昌、屯昌和万宁均有一定程度的吸引力，日益发展为东部的中心城市。在区域经济空间格局上，日益形成北部以海口为核心、南部以三亚为核心、东部以琼海为核心和西部以儋州为核心的四大区域一体化发展板块。

二是城乡基础设施改善，促进了城乡之间要素的流动。在公路交通建设方面，海南省公路通车里程已由建省前1987年的12794千米增长到2018年的35023千米，近30年公路里程增加了22229千米。其中，高速公路通车里程也由1998年的302千米增加到2018年的924千米，近30年增加了622千米，特别是中线高速公路和洋万高速公路的贯通，海南省田字型高速公路网的形成，促进了城乡之间要素的流动。在铁路交通建设方面，海南省铁路营运里程已由建省前1987年的214千米增长到2018年的1172千米，近30年增加了958千米，特别是2015年12月30日海南环岛高速铁路全线贯通，极大地加速了环岛各市县之间的联系。除此之外，汽车、计算机及移动电话数量的大幅度增加及互联网宽带的普及也极大地加快了城乡之间的要素联系。

（三）城乡经济统筹发展水平

由图8-3与图8-4可知，海南建省以来，城乡经济统筹发展水平总体上明显下降，呈现先在波动中明显下降后逐步回升的变动态势，大体上分为两个阶段。具体而言，城乡经济统筹指数总体上明显下降，由1988年的1.488变为2018年的0.1365；在1988～2007年间，城乡经济统筹指数和二元对比系数均在波动中下降，分别由1988年的1.488和0.4112，降到2007年的-0.8536与0.3216，其中城乡经济统筹指数在2007年达到最低值，而城乡可支配收入比、城乡人均消费支出比两个城乡经济统筹逆向指标值均在波动中上升；自2008年开始，城乡经济统筹指数值与二元对比系数均逐步回升，2016年城乡经济统筹指数和二元对比系数均达到回升以来的最高值，2017年和2018年又略有下降，与此同时，城乡可支配收入比、城乡人均消费支出比两个城乡经济统筹逆向指标值均在波动中下降。

1988～2007年间城乡经济统筹发展水平在波动中明显下降，与经济基础薄弱和不稳定的经济发展政策有紧密的联系。建省初期的1988～1991年，经济基础非常薄弱，第一产业占比较高，城乡经济统筹指数大于0.5，相对其他时期较高，特别是在1988年和1989年，城乡经济呈现低经济发展水平下的高度统筹状

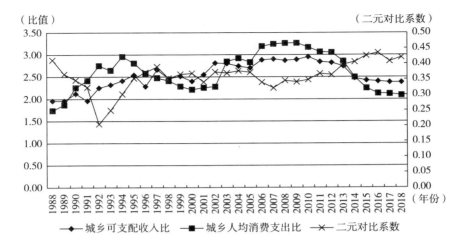

图 8 - 4　1988 ~ 2018 年海南省城乡经济统筹相关指标变动图

资料来源：《海南统计年鉴 2019》。

态。之后，随着经济特区政策的实施，海南省改革和发展的重心放在城市，城市建设成就更为显著，城乡二元结构开始出现且逐步加剧。经历了 1992 年的"房地产泡沫"之后，海南省努力探寻适合自身的特点和优势的发展道路，于 1995 年提出了"一省两地"产业发展战略，明确以农业为基础，以工业为主导，以旅游业为龙头的产业发展方向，决心要把海南省建成我国新兴的工业省、热带高效农业基地和旅游度假胜地。在新的产业战略的指引下，海南省慢慢摆脱"房地产泡沫"的阴影。从 1996 年到 2000 年，海南省经济得到一定程度的恢复。在此时期，由于积极发展热带高效农业，农业经济得到了一定程度的提升，城乡经济二元结构有所缓解，城乡经济统筹指数相对于 1995 年有所提升，但波动也较明显。经历了 1996 ~ 2000 年的经济恢复时期之后，到 2007 年，海南省政府开始实施"大企业进入、大项目带动、高科技支撑"的经济发展战略，伴随工业大项目的进入，海南省城市获得了相对快速的发展，城乡二元经济差距又开始加大，城乡经济统筹指数急剧下降。

2008 年以来，特别是 2009 年海南国际旅游岛战略的提出和实施，海南省旅游业获得了空前的发展，在旅游业的带动下，城乡经济水平均得到明显提升，特别是近几年，乡村振兴战略的提出及精准扶贫战略的实施，使农村产业水平及生活水平均得到明显提升，城乡发展由城乡二元逐步走向城乡融合，城乡经济统筹水平逐步提升。

(四) 城乡社会统筹发展水平

从图 8－3 可以看出，海南建省以来城乡社会统筹发展水平增长势头较好，大体上分为两个阶段，即从 1988 年到 2003 年的平缓提升阶段与 2004 年以来的快速提升阶段。具体而言，城乡社会统筹指数总体上明显上升，由 1988 年的 －0.6457 变为 2018 年的 2.0131；在 1988～2003 年间，城乡社会统筹指数由 －0.6457 缓慢增长到 －0.4047；2004 年开始，城乡社会统筹指数快速增长，由 2003 年的 －0.4047 增长到 2018 年的 2.0131，2018 年达到最高值。

2003 年以来海南省城乡社会统筹发展水平快速提升的主要原因在于，2003 年中国提出城乡统筹发展战略，自此之后国家开始重视农村及农业的发展，出台了一系列助农政策，在此背景下，海南省乡村重焕生机，乡村产业及农民生活水平均得到明显提升，城乡社会差距日益缩小。具体可从以下两个方面来说明：

一是乡村生活水平的提升，有利于城乡社会差距的缩小。从人均可支配收入来看，1988 年，农村居民人均可支配收入 609 元，2018 年上升到 13989 元，增长了 22 倍。从农村恩格尔系数来看，1988 年，农村恩格尔系数为 57.8%，2018 年下降到 41.8%，30 年间，农村生活水平从温饱进入小康，从接近贫困到即将进入富裕，农民的生活条件有了极大的改善。生活水平的提高大大改善了农村住房的条件，也改变了农民的消费方式，使得城乡文娱支出费用、城乡彩色电视机拥有量及城乡人均住房面积等方面差距逐渐缩小 (见图 8－5)。

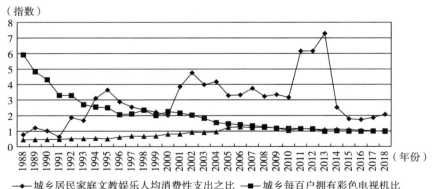

图 8－5 1988～2018 年海南省城乡社会统筹主要指标变动

资料来源：《海南统计年鉴 2019》。

二是社会服务设施规模的扩大，有利于城乡社会服务水平的提升。在医疗设施方面，随着解放军总医院海南分院、海南省眼科医院和耳鼻喉颈外科医院等一批新建医院开诊，海南省人民医院、海南省中医院、海口市人民医院、海南医学院附属医院等新建综合大楼建成使用，海南省服务于城乡的医疗条件明显改善，同时乡镇卫生院和卫生室也实现了全覆盖。至 2018 年，全省拥有各类卫生机构 5325 个，比建省初期 1988 年增加了 1561 个；医院病床位 4.47 万张，比建省初期 1988 年增加了 2.49 万张；各类卫生技术人员 8.13 万人，比建省初期 1988 年增加了 4.61 万人。从邮电业务来看，2018 年邮电业务总量 908332 万元，是 1988 年的 250 倍，其中 2018 年电信业务总量是 1988 年的 3236 倍。以上数据可以看出，30 年间，海南邮电业务获得了快速发展，为城乡物流和信息流提供了便捷的条件。除此之外，自 2015 年美丽海南"百镇千村"战略实施以来，海南农村设施面貌发生了翻天覆地的变化。当前海南省农村的"五网"基础设施逐步完善，自然村"村村通电"，农村自来水率达到85%，农村沼气用户 31.62 万户，光纤宽带网络和4G 信号全覆盖，建成村庄垃圾收集点 1.25 万个，覆盖 100% 的行政村和 95% 以上的自然村。

（五）海南建省以来城乡生态环境统筹发展水平

海南建省以来城乡生态环境统筹发展水平呈逐步上升态势。1988 年到 2005 年间，城乡生态环境统筹指数逐步提升但均为负值，2006 年城乡生态环境统筹指数转负为正，此后，城乡生态环境统筹指数在波动快速增长，其中 2006 ~ 2009 年增长势头较猛，2010 年后呈现波动缓慢增长态势（见图 8 - 3）。

海南省城乡生态环境统筹发展水平的提升与海南省一直以来践行"生态立省"的理念是分不开的。自1988 年建省以来，海南省始终坚守生态底线，把生态文明建设摆在突出位置。一是加大环保投入，环境保护支出占地方财政一般预算支出比重由 2006 年的 1.56% 上升到 2018 年的 2.74%。二是大力进行产业结构调整，狠抓节能减排工作，万元 GDP 能耗从 1988 年的 1.20 吨标准煤下降到 2018 年的 0.45 吨。三是推进生态建设，大力建设城镇公园，使得人均公园绿地水平从1988 年的2.44 平方米上升到 2018 年的 9.96 平方米，城镇生态环境得到明显改善。

四、城乡统筹发展主要问题

海南建省以来在城乡统筹发展方面成效明显，城乡统筹发展水平明显提升，但仍存在以下问题。

（一）城乡经济长期处于较低水平的相对均衡状态

海南建省以来城乡经济长期处于较低水平的相对均衡状态，表现为城乡居民收入低于全国平均水平，而城乡收入差距却小于全国平均水平（见图8－6）。

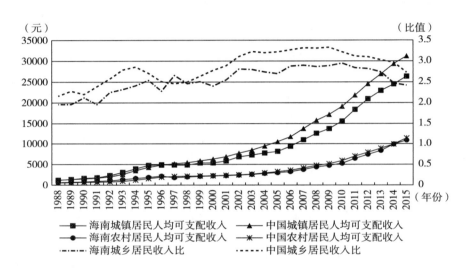

图 8－6　1988～2015 年海南省城乡居民收入及其差距与全国比较

资料来源：《海南统计年鉴2019》和《中国统计年鉴2019》。

1. 城乡居民收入与全国比较

1988～1996 年海南省城乡居民收入均高于全国平均水平，但 1997 年以后，海南省城乡居民收入均低于全国平均水平。2018 年，海南省城镇居民人均可支配收入与农村居民人均纯收入分别为 33349 元和 13989 元，分别比全国平均水平少 5901 元和 628 元。

2. 城乡居民收入差距与全国比较

1988～2018 年，海南省城乡居民收入比除 1997 年外均低于全国平均水平。2018 年，海南省城乡居民收入比为 2.38，而全国城乡居民收入比为 2.68。

（二）城市和城镇对乡村的辐射能力有限

海南省多数城市和城镇经济实力不足，城市（镇）之间纵向和横向关联较弱，导致"以城带乡"缺乏基础，城市和城镇对于农村剩余劳动力的吸引力有限，城市和城镇的发展不能很好地辐射周边乡村。

1. 中心城市带动能力较弱

省会城市海口市仅为Ⅱ型大城市，作为省域中心城市、首位城市和全省唯一的大城市，其综合实力虽然明显强于海南省其他市县，但总体而言，目前其经济总量不高，三次产业结构不够合理，综合经济实力不强，对周边市县乃至整个省域的辐射带动能力有限。由图8-7可知，2018年，海口市人均GDP仅为66042元，低于南部区域中心城市三亚市11392元，城乡居民人均可支配收入为31205元，仅比三亚市高718元，虽然地方财政收入达到1698793万元，高出三亚市694545万元，但从人均水平看，海口市仅为7379元，远远低于三亚市的12976元。

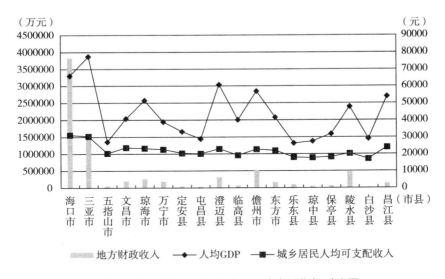

图8-7　2018年海南省各市县经济发展指标对比图

资料来源：《海南统计年鉴2019》。

地级市三亚市和儋州市分别作为海南省南部区域和西部区域的中心城市，城镇常住人口数略高于50万人，勉强进入中等城市行列。这两个城市及琼海市、万宁市、文昌市、东方市等地方性中心城市均存在规模均较小，综合经济实力较弱，城市职能单一，城市职能强度较低等问题，[①] 在一定程度上制约了海南省城镇化进程。

2. 城市（镇）之间的纵横向联系薄弱

海南省不同等级城市（镇）之间竖向联系较弱。从图 8 - 7 可以看出，海南省各市县经济发展差距较大，地级市海口、三亚和儋州经济发展较快，各项经济发展指标远高于其他市县，如在地方财政收入来看，海口市最高，屯昌县最低，海口是屯昌的 112 倍。从空间关联角度看，屯昌县位于海口省会经济圈范围内，距离海口市仅 1 个小时车程，理应受到海口市经济辐射，但事实并没有，这说明海南省中心城市和次级城市（镇）之间纵向联系较弱。主要原因在于，一方面，海南省中心城市规模还不够大（海口属于 II 型大城市，三亚和儋州接近中等城市规模），与国内发达城市相比，经济总体实力也不够强，中心城市作用有限，难以形成强有力的辐射带动作用；另一方面，非中心城市（镇）规模偏小，产业较单一，基础较薄弱，没有能力主动承接中心城市（镇）的功能扩散。

海南省同级城市（镇）之间横向联系也较为薄弱。这主要是因为，很多小城镇发展规模很小，第二和第三产业发展十分薄弱，财政收入少，经济发展动力严重不足，城镇对于农民的吸引力有限。

（三）城乡产业关联性不强

当前海南省三次产业联系不足，农业、工业及旅游业等服务业之间没有形成有效的关联和配合，制约了资源利用效率的提高，产业之间缺乏联系直接导致城乡本质上的"分割"，也制约了城乡产业一体化发展。

1. 农业现代化程度偏低而对其他产业发展构成制约

优越的热带农业生产条件，决定了农业在海南国民经济中的重要地位。同时，也是由于热带农作物一年三熟、种植相对简单且高效、单位土地面积经济效益高于全国平均水平的特点，依靠种植一项就能让农民有较为丰厚的收入，制约了农民延伸产业链条，发展现代农业的动力。因此，海南省的农业无论是

---

① 王胜男，马昭. 21 世纪海南省城市职能演变分析 [J]. 资源开发与市场，2015，31（2）：207 - 211.

从组织模式、技术创新、观念与劳动力素质等方面来看，还是从现代农业发展的配套环境看，其现代化程度均偏低。① 目前，海南省农业主要以种植业为主，农产品加工业仅局限在乡镇当地的农产品初级加工，高附加值的产品深加工、食品制造产业不足。虽然近几年在城乡统筹发展的大背景下，海南省加大了农业和旅游业的融合，但也仅仅表现在农业观光、休闲层面，产品较为单一，吸引力不强。

2. 工业发展滞后而无力带动相关产业发展

海南省工业发展较为滞后。2018 年，工业增加值占 GDP 比重在全国排名倒数第二，仅高于西藏，工业从来不是海南省城镇化的核心推动力量，而且海南省工业的发展并不是来源于农业的积累，主要是基于外部投资的"外嵌式"模式，② 缺乏相对完整的工业体系，一直处于"有项目有企业无产业"的局面，工业产业溢出效益不明显，对农业、服务业的带动较差，工业和农业之间缺乏转换，且服务业的发展也不是来源于工业的服务需求。总体上看，海南省工业对本地其他产业带动作用有限。

3. 旅游业与其他服务业融合较好但与工农业融合深度不够

海南省服务业主要以旅游业为主。当前，在国际旅游岛和国际旅游消费中心建设背景下，旅游业加强了与其他产业的融合发展，如"旅游＋医疗""旅游＋互联网""旅游＋邮轮""旅游＋康养""旅游＋会展""旅游＋乡村"等，出现了许多功能性的旅游产业形态，成为海南省旅游产业发展的新的方向。但从目前旅游新业态来看，旅游产业更多的是与服务业内部的其他产业融合发展，旅游业与农业和工业的产业关联度还不是很高。农业是海南省的优势产业，旅游业是海南省的支柱产业和主导产业，但是二者的融合仅表现在农业观光、休闲层面，旅游产品较为单一，深度融合欠缺。虽然海南省近几年推出了工业旅游产品，如 2014 年海口国家级高新区开通了全省第一条特色工业旅游线路，但总体上看，工业与旅游业的融合程度不高，游线吸引力不强。

（四）城乡公共服务资源的配置明显不均衡

经济实力直接影响着社会发展的水平，海南省城乡经济发展存在明显差距，使得城乡公共服务资源的配置极不均衡。

---

①②　顾京涛．海南省域空间规划背景下的城乡一体化问题研究［D］．北京：清华大学，2012.

一方面，海南省主要的公共服务设施，如大学、三甲医院、大型文化体育设施，比较集中地分布于海口、三亚等城市，尤其以海口最为集中。海口集中了全省 17 所高校中的 12 所，集中了全省近 80% 的在校大学生和研究生，成为全省名副其实的教育中心。在医疗设施方面，海南省卫生机构共 5325 个，海口就有 1011 个，全省 7 家三甲医院中海口占 6 家，[①] 海口拥有超过全省 1/3 的卫生技术人员。主要的文化体育设施也主要分布在海口。

另一方面，城乡公共资源差距较大。以城乡低保标准为例，2018 年城市低保标准为 485 元/月/人，而农村只有 361 元/月/人。尤其是城乡教育差距明显，2010 年第六次全国人口普查时海南省乡村人口中具有高中及以上文化程度的比重为 10.94%，而城镇人口中这一比例为 38.16%。[②]

① 王松林等．海南城乡统筹发展的现状及其发展策略初探［A］//2013 年中国农业资源与区划学会学术年会论文集［C］．2013.
② 海南省第六次人口普查办公室．海南人口现状、发展与展望：海南省第六次人口普查课题集［C］．海口：海南省统计局，2014.

第九章　基础设施建设

基础设施对区域发展起着至关重要的作用，基础设施建设是经济增长和社会发展的重要驱动力，可吸引人口和产业集中，增加就业，促进城镇化进程，有利于经济结构转变和人民生活水平的提高。海南建省办经济特区以来，基础设施建设水平大幅度提升，进一步健全基础设施是未来海南省社会经济发展的一项重大任务。

第一节　交通基础设施建设

交通基础设施建设影响交通可达性程度，交通可达性程度是衡量区域经济发展水平的一个重要指标。海南省是一个岛屿经济体，从某种程度上来说，交通基础设施建设决定着经济发展水平。海南建省办经济特区30多年来，粤海铁路开通，环岛高铁线路全线贯通，干线公路里程增加，环岛高速公路G98并网，干线航空机场运力提升，海运码头港口吞吐量增加，铁路、公路、航空、港口等交通基础设施发生了翻天覆地的变化。

一、公路交通基础设施建设

（一）概况

海南建省办经济特区以来，在强化全岛环岛公路交通的同时，逐步加强了岛内东西向及沿海与腹地之间的公路交通联系，着力完善全岛主干道、次干公路、农村公路和村道公路四级公路路网结构，构建海南岛"三纵四横"干线公路网和纵向主干骨架交通格局。总体而言，海南省公路交通基础设施建设大体经历了基础积累、稳步建设和提速发展三个阶段。

1988～1994 年为基础积累阶段。在此期间，海南省经济建设刚刚起步，诸事待兴，各类公路总里程数增加不多，并以等级较低的二级公路及非等级公路为主（见表 9－1）。

表 9－1 1988～2018 年海南省公路里程和各类公路里程 单位：万千米

年份	总里程	高速公路里程	一级公路里程	二级公路里程	等外公路里程
1988	1.28	—	—	0.04	0.46
1989	1.29	—	—	0.05	0.46
1990	1.29	—	—	0.05	0.44
1991	1.29	—	—	0.05	0.42
1992	1.29	—	—	0.05	0.42
1993	1.29	—	—	0.05	0.42
1994	1.30	—	0.00	0.06	0.42
1995	1.48	—	0.01	0.06	0.41
1996	1.49	—	0.01	0.06	0.41
1997	1.52	0.01	0.01	0.09	0.41
1998	1.69	0.03	0.01	0.08	0.41
1999	1.71	0.03	0.01	0.08	0.41
2000	1.74	0.06	0.01	0.06	0.40
2001	2.07	0.06	0.02	0.12	0.92
2002	2.09	0.06	0.02	0.13	0.91
2003	2.09	0.06	0.02	0.14	0.90
2004	2.09	0.06	0.02	0.15	0.89
2005	2.12	0.06	0.02	0.13	0.85
2006	1.76	0.06	0.02	0.12	0.92
2007	1.78	0.06	0.02	0.13	0.85
2008	1.86	0.07	0.02	0.13	0.73
2009	2.00	0.07	0.02	0.14	0.56
2010	2.12	0.07	0.03	0.14	0.02
2011	2.29	0.07	0.03	0.14	0.08
2012	2.43	0.08	0.03	0.15	0.07
2013	2.49	0.08	0.03	0.15	0.07

续表

年份	总里程	高速公路里程	一级公路里程	二级公路里程	等外公路里程
2014	2.60	0.08	0.03	0.17	0.06
2015	2.69	0.08	0.04	0.17	0.06
2016	2.82	0.08	0.04	0.17	0.05
2017	3.07	0.08	0.04	0.18	0.05
2018	3.50	0.09	0.05	0.18	0.03

注：2005 年起公路里程包括村道。

资料来源：国家统计局官网。

1995～2008 年为稳步建设阶段。在此期间，海南省公路建设重点从较低等级公路铺设逐渐转向高等级公路建设，1995 年东线高速全线通车，1998 年西线高速公路开通，高速公路从无到有，公路总里程数从 1995 年的 1.48 万千米增至 2008 年的 1.86 万千米，其中 2001～2005 年间超过 2 万千米（见表 9–1）。

2009 年以来为提速发展期。受海南国际旅游岛建设等国家政策的积极引导，公路总里程数特别是等级公路里程数增长较快，从根本上改善了社会经济生产生活基础设施条件（见表 9–1）。

（二）"一桥六路"重大交通基础设施

2015 年按照启动大项目、建设主通道、服务大发展的总体思路，海南省启动了"一桥六路"① 重大交通基础设施建设项目，旨在与现有公路网形成一个有机整体，构建全省"田"字型高速公路主骨架，打通岛内交通脉络，打造互联互通、无缝链接的陆海空立体交通体系，提升交通运输体系运行效率，助力海南省社会经济腾飞。

1. 一桥

海文大桥，原称"铺前大桥"，是连接海口市与文昌市的跨海通道。大桥位于铺前湾海域，起点位于文昌市铺前镇，终点接海口市规划建设的江东大道，是中国（海南）自由贸易试验区的重点先行区域——海口江东新区的东部门户，是"海澄文"一体化经济圈的重要交通控制性工程，全长 5.597 千米，设计时速每小时 50 千米，车道规格为双向六车道。海文大桥是海南省建设自由贸易区

---

① "一桥"是指海文大桥，"六路"是指琼中至乐东、万宁至洋浦、文昌至博鳌、儋州至白沙、五指山至保亭至海棠湾高速公路、文昌昌洒—铺前滨海旅游公路。

和中国特色自由贸易港的新地标和新名片，其建设有利于完善"海文澄"区域公路网络，强化海口辐射带动功能，促进沿线地区旅游资源开发和经济社会协调发展，有利于文昌借助便利的交通优势更好地融入海南省北经济圈。

2. 六路

"六路"是指琼中—乐东高速公路、文昌昌洒—铺前滨海旅游公路、文昌—琼海高速公路、万宁—儋州—洋浦高速公路、儋州—白沙高速公路、五指山—保亭—海棠湾高速公路。

琼中—乐东高速公路从琼中经五指山到乐东，起点顺接中线高速屯昌至琼中段，与 G98 环岛西线高速公路相接，全长 129 千米，设计时速每小时 100 千米，车道规格为双向四车道，总投资 117 亿元，于 2018 年 9 月建成通车。琼乐高速公路与中线海口经屯昌至琼中高速公路一起，形成一条纵贯中部、连通南北的快速交通大通道，其建设对于改善海南省中南部地区交通条件，促进地区经济发展，开发沿线市县旅游资源，促进海南国际旅游消费中心乃至中国（海南）自由贸易试验区和自由贸易港建设，都具有十分重要的意义。

文昌昌洒—铺前滨海旅游公路的起点位于文昌市昌洒镇，接已建成的文昌滨海旅游公路龙楼至昌洒段，终点接铺前大桥连接线，连通铺前古镇、宋氏祖居、航天主题公园，将铺前古镇、木兰头、报虎角、月亮湾等东部旅游景点和景区，全长 50 千米，设计时速每小时 80 千米，车道规格为双向四车道。其建成通车将文昌东北部地区纳入海口市半小时经济圈，有利于改善海南省东北旅游环境和投资环境，促进海南省东北特色旅游发展和休闲度假区建设，带动海南省东北旅游业的大发展和整个海南省北旅游圈大循环的建立。

文昌—琼海高速公路的起点为与文昌市文城镇迎宾路衔接的英城互通式立交，沿着东环高铁布线向文昌西南部，经过琼海东南部，终点接 G98 环岛东线高速设机场枢纽互通立交，在琼海博鳌机场北侧交叉，全长 65.7 千米，设计时速每小时 100 千米，车道规格为双向四车道。其建成将为博鳌亚洲论坛和国家新一代火箭发射基地、航天主题公园等国家重大项目提供更好的基础设施条件，并能够有效解决现有海文高速公路断头路问题，扩大东线高速公路的辐射带动范围。

万宁—儋州—洋浦高速公路是纳入了《国家公路网规划（2013 年—2030年)》的国家高速公路网项目，也是海南省"田"字型高速公路格局的重要组成部分，被列入《海南国际旅游岛建设发展规划纲要》中的重点交通建设项目。公路的起点位于万宁市后安镇，新设龙田枢纽互通与东线高速公路相接，途经万宁市东岭农场，琼海市东平农场、会山镇、东太农场，屯昌县乌坡镇，琼中黎族苗族自治县黎母山镇，儋州市兰洋镇、西华农场，终点与环岛西线高速公路白马井枢纽互通相接，全长165千米，设计时速每小时100千米，车道规格为双向四车道。其建成可以极大地改善沿线地区的交通运输条件，加强海南岛内横向交流，促进海南省经济发展。

儋州—白沙高速公路全长36.02千米，五指山—保亭—海棠湾高速公路全长55.99千米，设计时速均为每小时100千米，车道规格均为双向四车道。这两条高速公路的建设，是海南省委省政府的重大决策部署，是海南省实现县县通高速，助力交通强国建设，满足人民日益增长的美好生活需求的重大举措，有利于促进海南省中部地区发展，有利于海南省推进"山海互动"、发展大三亚旅游经济圈和建设全域旅游示范省。

二、铁路交通基础设施建设

（一）概况

海南岛铁路建设已有78年实践经验，历史上第一条铁路是1940年建成的田独至河口10千米长的窄轨简易铁路。

1958年制定的海南岛铁路规划《关于海南铁路规划问题报告》提出以海口为枢纽兴建海南环岛铁路，开始兴建新中国成立后海南岛内的第一条铁路——海秀铁路。海秀铁路为海口大英山至秀英港的一段短途窄轨铁路，主线与支线共长11.283千米。这条铁路于1969年春测量设计，1971年末全线竣工通车，经过后来的修复和改善，到1990年形成达到国家铁路技术标准Ⅱ、Ⅲ级的干线正线长238.2千米，营运里程214千米，建有16条长28.6千米的专用线。1987年5月15日经铁道部批准成立了海南铁路公司，1988年1月21日更名为海南铁路总公司。

1988年海南建省办经济特区以来，铁路建设经历了复建、新修、提速等多个阶段，铁路运营里程不断增加，从建省之初的219千米到2017年的1033.4千米，增加了3.72倍。1990年开始进行海南省西环铁路海口至叉河段工程及琼州海峡火车轮渡工程的前期工作；1998年8月30日，总投资45亿元的粤海铁路通道建设工程正式启动；2003 年 1 月 7 日粤海铁路轮渡开通，2004 年 12 月 5 日粤海铁路客运开通；2007 年 4 月三亚市直达上海市的列车开出，海南省与全国铁路网连成一体。2010 年 12 月东环铁路开通，2013 年 9 月西环快速铁路正式开工，并于 2015 年 12 月 30 日开通。随着粤海铁路开通和环岛快速铁路通行，逐渐形成了海南岛内铁路与公路、航空、港口多位一体的较发达的综合运输体系，为海南省经济社会发展注入了强大的活力。

（二）重要的铁路基础设施

1. 粤海铁路

粤海铁路北起粤西重镇湛江，纵贯雷州半岛，横跨琼州海峡，直达三亚，包括广东省境内湛江至海安铁路、琼州海峡铁路轮渡、海南省境内海口至叉河铁路三个部分，全长 345 千米，是中国第一条跨海铁路，是入选中国世界纪录协会中国最早的跨海铁路[①]。粤海铁路作为海南省与内陆最重要的联系通道，承担了客运、货运、轮渡、铁路快速物流、旅游等多方面交往沟通职能。跨海旅客列车自开通起，运送旅客人数连年增长。各货运营业站均与全国铁路开办了货物直通运输业务。轮渡是目前琼州海峡中装备齐全、设备先进、抗风性好、运行平稳的最大的客滚船，支撑了进京、沪、穗三对跨海旅客列车的顺利开行。粤海铁路的建成，使海南省与周边省份的铁路交通实现了全方位连接，改善了海南岛长期因地域限制交通不便的状况，给全国各地的旅客前往海南岛带来极大的方便。

2. 环岛高铁

海南岛环岛快速铁路由东环、西环两条环线铁路闭环而成（见图 9 - 1），是全球首条环岛高铁线路，是海南省迄今为止投资规模最大的基础设施建设项目，包括东环铁路和西环铁路两个部分。

东环铁路北起海口市，途经文昌市、琼海市、万宁市、陵水县，南至三亚市，贯穿海南东海岸，全长 308 千米，共设海口、海口东、美兰机场、文昌、琼海、博鳌、和乐、万宁、神州、陵水、亚龙湾、三亚等 15 个车站，全程约 2 小时。海口站、三亚站为海南西环线的接轨车站，是以沿线客运为主、兼顾海口市城市轨道交通和少量轻快货运的快速铁路。

① https：//baike. baidu. com/item，粤海铁路。

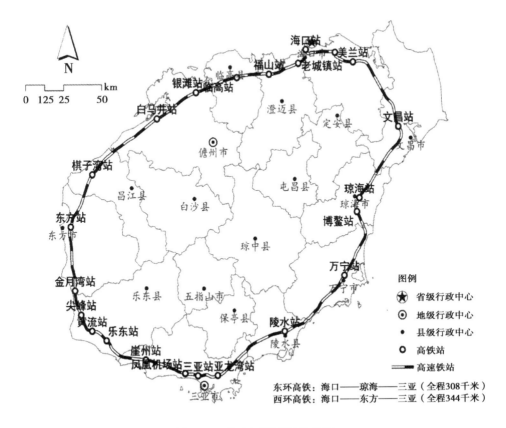

图 9-1　海南环岛高铁示意图

西环铁路与海南岛西部海岸线基本平行，北起海口市，沿西部沿海，途经澄迈、临高、儋州、昌江、东方、乐东 6 市县，南至三亚市，正线全长 344 千米，设海口、老城、福山、临高、银滩、白马井、洋浦、海头、棋子湾、东方、板桥、黄流、尖峰、乐东、崖城、凤凰机场、三亚 17 个车站（其中海口、三亚、东方为既有车站），全线运行时间为 2 小时 30 分钟，以客运为主兼顾货运。

海南环岛快速铁路连接海口美兰机场和三亚凤凰机场，给外地游客和本地居民出行带来极大的便利，对于海南省完善综合交通运输体系和旅游基础设施，优化产业布局，推进国际旅游消费中心建设及中国（海南）自由贸易区和中国特色自由贸易港建设，具有重大意义。

三、港口基础设施建设

（一）概况

海南岛环岛海岸线长达 1528 千米，周围 5～10 米的等深地区达 2330.6 平方千米，相当于陆地面积的 6.85%，沿海有大小天然港湾 68 处，环岛沿海运输线总长约 453 海里，有充分的空间可供建设港口、开辟航道、建设发展对外开放口岸。建省前，海南港口建设属于基础发展阶段，港口建设速度慢、港口服务能力较弱，港口均属地方开放的口岸，主要有海口新港、三亚内港、新村港、白马井港、清澜港、潭门港、铺前港 7 个装卸点和起运点。建省以后，海南港口建设又增设临高新盈港、乐东岭头港、琼山曲口港、昌江昌化港、马村港、三亚铁炉港、三亚红沙内港等，至此，地方口岸共有 14 个，还开辟了 2 个港澳台渔船避风停泊点和 2 个对台小额贸易点。

（二）"四方五港"建设项目

海南省港口众多，涉及客运港口、货运港口、军事港口等多类。为提升海南港航业核心竞争力，提高港口专业化、市场化、现代化、集约化及产业化水平，发挥港航业对经济发展的重要支撑作用，促进港、产、城一体化发展，海南省委和省政府作出决策部署，要紧紧抓住"一带一路"等重大战略机遇，以"多规合一"为契机，以全省港口"一盘棋"统筹发展为思路，遵循"统筹谋划，分步实施；区别对待，利益兼顾；政府主导，企业主体；战略联盟，互利共赢"的原则，整合全省港口资源，推进港口合理分工和布局，打造区域集装箱业务、散杂货和油气业务、滚装运输业务、港口物流业务、邮轮游艇业务五大港口业务板块，重点整合海口港、洋浦港、八所港、三亚港和清澜港，逐步完善"四方五港"格局。

"四方五港"格局中的"四方"即海南岛北部地区、南部地区、西部地区和东部地区；"五港"即海口港（秀英港、新港港、马村港的集合体）、三亚港、八所港、洋浦港和清澜港。五大港口所处地区和市县、主要业务和功能定位列于表 9－2 中。

表 9 - 2 海南省"四方五港"与五大港口业务板块

所处地区	市县	港口名称	主要业务	功能定位
北部地区	海口市	海口港	大宗散杂货、集装箱、车客滚装运输	国家一级口岸。海南省北部水运交通枢纽，是从事港口装卸、仓储、水上客货运输、集装箱运输、外轮理货、船舶修理、商业贸易、旅游、房地产开发、物业管理等多元化的综合性经济实体
南部地区	三亚市	三亚港	国际客运、货运、旅游、南海保障力量	以国际客运为主、货运为辅的国家一级开放口岸和综合性港口、海南省发展旅游事业的重要窗口、对外开放的重要依托、南海资源开发和三沙市发展建设的重要保障
西部地区	东方市	八所港	危险化学品/油品码头服务总包队伍的港口	集成港口装卸、堆存、仓储、物流运输、配送、外轮理货和代理、货运代理等为一体的国家一类开放口岸、海南西部现代化工业港口
西部地区	儋州市	洋浦港	油气、化工品、浆纸和集装箱运输	华南腹地、连接北部湾、面向东南亚的区域性航运和物流中心、主枢纽港
东部地区	文昌市	清澜港	运载火箭中转港、补给港、渔港	国家一级开放口岸港口、三沙市补给基地、文昌航天发射中心中转枢纽、海南第二大渔港

资料来源：笔者根据网络资料整理。

四、航空基础设施建设

(一) 概况

1988～1999 年是海南省航空基础设施建设的起步阶段，在此期间完成了省内海口美兰机场和三亚凤凰机场的建设。此后，特别是随着海南国际旅游岛建设的推进，海南省航空基础设施建设进入扩容和夯实阶段，不仅美兰机场和凤凰机场得到扩建，还增设了琼海博鳌亚洲论坛专用机场、南海永兴岛机场和永暑礁机场，海南省民航事业迎来了前所未有的快速发展，民航大省的轮廓日渐显现。未来将完成三亚凤凰机场海上机场建设，并逐步提升航空港服务能力和质量，规划建设西部儋州机场。

(二) 机场建设布局

机场是海南省重要的对外交通设施，对海南省经济和社会发展起着举足轻重的作用。海南省规划的海南岛机场布局是"南北东西，两干两支"，即在海南岛重点建设海口美兰国际机场、三亚凤凰国际机场、琼海博鳌国际机场和儋州机场四大机场。其中，美兰国际机场和凤凰国际机场是南北方向的两大国内干线机场，博鳌国际机场和儋州机场是东西方向的两个国内支线机场，四大机场分工合理、功能互补、干支协调。目前，儋州机场还没有开始建设，其他三个机场均已投入运营。

美兰国际机场属于4E等级机场，配备有世界先进的二类助航灯光系统，是中国第二家和全球第九家"SKYTRAX四星级"机场，是中国第一个生态园林机场，承担旅游、货运、商务、专机、军事等多个服务功能。2015年，美兰国际机场旅客吞吐量达到1617万人次，居全国机场第19位。

凤凰国际机场也属于4E等级机场，配备有世界先进水平的Ⅰ类助航灯光系统、Ⅱ类精密进近仪表着陆系统等关键设备，是"SKYTRAX四星级"机场，是中国最南端的民用机场和全国最主要的旅游机场，承担旅游、货运、商务、专机、军事等多个服务功能。2015年，凤凰国际机场旅客吞吐量达1619.19万人次，居全国机场第18位。

博鳌机场属于4C等级机场，是具有双重性质的机场。一方面，博鳌机场作为海南岛内第三个民用航班机场，是美兰国际机场和凤凰国际机场的重要补充，为地方旅游、公务和商务活动提供航空运输服务。另一方面，博鳌机场作为通用和公务机机场，满足博鳌亚洲论坛会议的国内外政要的航空保障需求，具有发展通用航空的优势。博鳌机场完全建成后，旅客吞吐量超过48万人次，年货邮吞吐量超过1400吨。

五、跨海交通基础设施建设

跨海交通基础设施分为三类：一是跨海大桥，二是铁路轮渡，三是跨海隧道。目前，海南省跨海交通主要由跨海大桥和铁路轮渡组成。海南岛上已建成的跨海大桥有海口市世纪大桥、儋州市洋浦大桥、文昌市清澜大桥，以及海文跨海大桥，未建成的跨海大桥有海口市如意岛跨海大桥。

世纪大桥为海口城市交通主干路，海口城市标志，于2003年建成，为双塔双索面三跨连续预应力混凝土边主梁斜拉桥，长度2.66千米，设计时速60千米/小时，投资6.67亿元，抗震强度不小于8级。

海文大桥（铺前大桥）位于海南岛东北端东寨港出海口处，是连接海口和文昌两市的跨海大桥，大桥始自文昌市铺前镇，途经北港岛，止于海口市演丰镇塔市，接海口市江东大道。全桥全线采用双向六车道一级公路标准建设，造型为"文"字形，寓意"文耀海天"。

清澜大桥为文昌航天中心重大基础设施，于 2012 年建成，为双塔双索面钢砼结合梁斜拉桥，长度 1.28 千米，设计时速为 80 千米/小时，抗震强度不小于9 级。

洋浦大桥为海南第一桥和儋州市 1 小时经济圈重要基础设施，于 2014 年建成，为双塔双索面混合式结合梁斜拉桥，长度 3.3 千米，设计时速为 80 千米/小时，投资 9.15 亿元，抗震强度不小于 8 级。

在建的如意岛跨海大桥为海口市如意岛重大基础设施，跨琼州海峡，是连接海口市区与外海人工岛如意岛的跨海大桥，是国内首座由企业自主投资建设的大型跨海桥梁，是中国首座集公路、有轨电车、输水、电网、燃气和光纤六大通道功能于一体的跨海大桥，是抗风抗震标准最高的跨海大桥，长度 5.67 千米，桥面宽 27.5 米，设计时速 80 千米/小时，预计投资 39 亿元，抗震强度不小于 8 级。

六、交通基础设施建设存在的主要问题

海南省交通基础设施建设取得了明显的成效，但总体而言，目前海南省交通基础设施的空间分布明显不均衡，交通基础设施建设的整体水平仍有待提升。

（一）交通基础设施的空间分布明显不均衡

1. 海南岛中部内陆地区交通基础设施明显滞后

不论是采用加权核密度分析法进行分析，[①] 还是通过构建交通可达性指数测度海南省各县级行政区的交通通达性，[②] 均可发现，目前海南省沿海地区交通基础设施相对健全，交通通达性较好，而中部内陆地区的交通基础设施建设滞后，交通通达性较差。这与海南省四周低平、中间以五指山、鹦哥岭为隆起核心的独特穹隆山地形有关，充分展现出了海南省沿海地区交通基础设施建设先行的

① 孙建渊. 跨海交通通道与可持续发展 [J]. 同济大学学报（社会科学版），1999（1）：33 - 37.
② 宋洁华，李敏纳，蔡舒，王平. 海南交通可达性的测度与空间分异格局分析 [J]. 地理科学，2017，37（10）：1507 - 1516.

特点。

2. 海南岛沿海各市县交通基础设施差距明显

从直管市县层面来看，在海南岛各沿海市县中，北部、东北部和西北部沿海的海口、文昌、澄迈和儋州 4 个市县与南部沿海的三亚市的交通基础设施建设水平最高，交通可达性明显好于其他市县；乐东县的交通基础设施建设水平最低，交通可达性最差。①

3. 三沙市交通基础设施极其薄弱②

三沙市设立的时间不长，因其特殊的地缘关系，目前其交通基础设施建设水平极低，交通可达性很差。三沙市域内只开通了"甘泉岛"号与"晋卿号"两艘交通艇，主要用于西沙群岛岛际交通，内部交通体系尚未建立。在对外交通方面，只有往来于文昌清澜港与西沙永兴岛的"琼沙 3 号"和"三沙 1 号"两艘补给船，往来于三沙永兴机场与海口美兰国际机场的一个民航公务包机航班，以及往来于三亚凤凰岛国际邮轮码头与西沙永兴岛码头的"椰香公主"号和"长乐公主"号两艘旅游邮轮。三沙市补给船和公务包机航班原则上只能是公务人员乘坐，外国公民和港澳台同胞不能乘坐，大陆和海南公民乘坐要经过严格审批，很难有机会，而旅游邮轮数量少，航运期长。

（二）交通基础设施建设的整体水平有待提升

1. 区域交通一体化水平有待提升

交通是区域发展的主要动力，决定着生产要素的流动、城镇体系的发展及城镇的兴衰。③ 推进区域交通一体化是交通基础设施建设整体水平提升的关键。目前，海南省区域交通一体化水平仍不高，不论是在进出岛交通基础设施方面，还是岛内交通基础设施和旅游交通基础设施方面，区域交通一体化发展都显得不足，不能很好地适应区域经济一体化特别是区域旅游一体化发展的需要。

2. 综合交通枢纽体系建设不足

航空、铁路、公路是游客进出海南省的主要交通运输设施，建立综合交通枢纽体系，是实现航空、高铁和公共中长途汽车等多元交通的一站式无缝衔接及功能提升的必然要求。目前，海南省综合交通枢纽体系建设不足，不能充分

①② 宋洁华，李敏纳，蔡舒，王平. 海南交通可达性的测度与空间分异格局分析［J］. 地理科学，2017，37（10）：1507 – 1516.

③ 冯雪，刘芳. 交通对城市发展的影响机制探析［J］. 当代经济，2011（9）：24 – 25.

实现各种交通运输工具之间的"无缝"衔接，影响了交通系统内部运行效率的提高，如城乡公交一体化发展不适应旅客转乘无缝衔接的需要，旅游车、自驾车存在长久无站可进的困境，汽车客运站的实际利用率和盈利率不高，等等。

3. 智慧交通体系建设薄弱

目前，海南省智慧交通体系的建设比较薄弱，交通行业信息化管理水平较低，制约了交通基础设施建设整体水平的提升。一是没有充分利用电子政务网、公网、行业专网等资源构建交通运输通信信息骨干网，影响了行业信息的顺畅连通及行业主要业务领域运用大数据的能力。二是在公路水路安全应急、市场信用、决策分析和道路客运联网售票服务四个行业信息化重大工程建设，在交通运输运行协调和应急指挥、交通运输行政执法综合管理、治超联网管理、危险货物道路运输安全监管、行业数据资源交换共享与开放应用平台、高分遥感农村公路核查与灾毁评估等部省共建联网运行信息化等建设方面亟待加强。三是需要加快推进公众出行信息化服务和公路网交通情况调查数据采集与服务系统工程，加快建设港航电子信息图系统和港口危险货物安全管理信息系统，以进一步增强行业网络信息安全保障能力。

第二节 能源基础设施建设

能源是人类活动的物质基础，能源基础设施建设和能源的可持续发展事关国民经济和社会发展大局。海南自建省以来，伴随着城镇化的快速推进和工业化的发展，供送电系统、燃煤和燃气供应系统等能源基础设施明显改善，能源供应能力有较大的提高，能源供应类型趋于多元化，能源供应数量日益充足。

一、电力基础设施建设

（一）电源设施

海南建省之初，电源设施极其薄弱。自建省以来，特别是自海南国际旅游岛建设以来，电源设施增长较为迅速，全省发电总装机由 2010 年的 392.6 万千瓦增至 2015 年的 670.4 万千瓦，年均增长 11.3%，其中统调装机 586.9 万千瓦，企业自备电厂 83.54 万千瓦。2015 年，海南全省煤电装机 375.6 万千瓦，气电装机74.2万千瓦，水电装机87.05万千瓦，风电装机30.87万千瓦，光伏发电23.34万千瓦，生物质发电5.10万千瓦，海南跨海联网一期工程设计容量为60万千瓦，现承担事故备用容量35万千瓦。全省发电装机总容量为670.4万千瓦。目前，已经形成了以火力发电为主、水力发电为辅、风能和核能发电与垃圾焚烧发电等其他类型为补充的全省供应电能体系（见表9-3）。

表9-3 海南省"十二五"电源装机容量情况一览

发电厂类型	单位	2010年	2015年	年提速率（%）
装机总量	万千瓦	392.6	670.4	11.3
水电	万千瓦	75.2	87.05	3.0
火电	万千瓦	219.4	375.60	11.4
核电	万千瓦	—	65.00	—
风电	万千瓦	25.47	30.87	3.9
光伏及其他	万千瓦	6.1	37.65	3.41
气电	万千瓦	72.2	74.2	0.5
非化石能源装机占比	%	26.8	32.9	—

资料来源：《海南能源发展"十三五"规划》。

1. 水力发电厂

海南水力发电厂主要集中在海南岛的中部，琼中地区偏多，也有一些散落在其他市县和农场中。其中具有代表性的水力发电厂由海南省水力电力集团有限公司运营。下游主要的水力发电厂大广坝水力发电厂是海南省最大的水力发电厂，在海南电力系统中主要起调峰、调频和事故备用的作用，对改善海南电网电能质量，保证电网的稳定运行起着举足轻重的作用。大广坝水利水电枢纽工程是海南省第一个国家"八五"重点工程，也是海南省目前最大的水利水电工程，拦河大坝全长5842米，是亚洲地区目前坝顶最长的一座大坝。

2. 火力发电厂

海南全省有两个较大规模的火力发电厂，分别为华能海南中海发电股份有限公司属下的南山电厂和马村电厂，分别位于三亚市南山和澄迈县马村，是中国最早利用海洋天然气发电的电厂，规划装机容量400MW，担负着中国南方电网所属的海南电网约70%的发电任务，是海南省电网的主力电厂。

3. 核电发电厂

海南省设有一个核电站，即海南昌江核电站，位于昌江县海尾镇塘兴村。昌江核电站可容纳建设 4 台大型核电机组，总投资近 190 亿元人民币，由中国核工业集团公司和中国华能集团公司共同出资建设，于 2010 年 4 月 25 日开工建设。昌江核电站是海南历史上投资最大、技术先进、工艺环保的能源建设项目。

4. 风力发电厂

海南省属海岛性热带气候，常年一般 3~5 级风，风能资源相对丰富，尤以沿海地区最为丰富。风力发电可以有效降低二氧化碳、二氧化硫等温室气体和硫化物等严重危害空气质量的气体，减少环境污染。海南省有五个较大规模的风力发电厂，分别是海南东方风力发电厂、华能文昌风电厂、中海油四更风电厂、儋州峨蔓风电厂和东方感城风电厂，投资量达到 30.5 亿元，装机容量约为 29.35 万千瓦。

5. 垃圾焚烧发电厂

垃圾焚烧所发电力是海南省电力的重要补充，且在一定程度解决了生产和生活垃圾对日常生活生产的影响问题。目前，海南全省主要的垃圾焚烧发电厂有 3 个，分别是海口市垃圾焚烧发电厂、文昌市生活垃圾焚烧发电厂、琼海市生活垃圾焚烧厂。其中，海口市垃圾焚烧发电厂总投资 4.66 亿元，建设有两台日处理垃圾 600 吨的炉排炉垃圾焚烧和 2 台 12 兆瓦的发电机组；琼海市生活垃圾焚烧厂总占地面积为 45 亩，是海南省首家现代化的生活垃圾焚烧厂，也是海南省第一家投入使用的城市垃圾焚烧处理厂，设计规模日处理垃圾 225 吨，配一台 3000KW 的汽轮发电机组，年发电量约 1730 万千瓦时，总投资金额约为 9621 万元。

（二）电网设施

目前，海南省电网已基本建成环绕沿海各负荷中心的 220 千伏"目"字形双环网，并通过 1 条 500 千伏海底电缆与南方电网主网相连，基本建成了北、中、南三条西电外送大通道，建成了海口、三亚、洋浦三个重要负荷中心的较为坚强的受端电网，110 千伏及以下电网已覆盖全省各市县，乡镇和行政村的通电率达到 100%，农村电网改造率近 100%。拥有 500 千伏变电站 1 座，变电容量 75 万千伏安；220 千伏变电站 31 座，线路长度 3677.39 千米，变电容量 839 万千伏安；110 千伏变电站 104 座，线路长度 3774.39 千米，变电容量 632 万千伏安（见表9－4）。

表9－4 海南省“十二五”电网发展情况

指标类型	指标名称	单位	2010年	2015年	年增速率（%）
电网发展	220千伏变电容量	万千伏安	366	839	18
	220千伏线路长度	千米	1968	3677.39	13.3
	110千伏变电容量	万千伏安	429.5	632	8.0
	110千伏线路长度	千米	3009	3774.39	4.6

资料来源：《海南省能源发展“十三五”规划》。

现有电网具有以下两大缺点：一是电网结构薄弱，拱顶可靠性差。环网上部分220千伏线路存在导线面积过小，在“N－1”情况下将导致重载；部分区域220千伏变电站仅有1台主变，不能满足主变“N－1”运行要求。配电网仍存在供电线路过长，个别市县110千伏变电站布点不足，部分线路导线截面小转供能力有限。二是电网抵御极端天气能力弱。经历台风袭击后，10千伏配电网络发生大范围的断杆、倒（斜）杆现象，需要10～15天的时间才能复电，对电网安全运行不利；东部地区缺少无功支撑，电压波动较大。

（三）建设目标与项目

1. 建设目标

电力是经济发展的“先行官”，电力的发展直接影响到经济社会的发展，这已经成为一个共识。[①] 海南省电力建设的目标是，构建以清洁煤电、核电为主力电源，以燃气和抽水蓄能为调峰电源，以可再生能源为补充的电源结构，在全省电源保障的基础之上建设全岛智能电网系统，完善电源与输配电网络设施建设，改善农村电网服务水平。至2020年，海南省全社会电力总装机将达到约1150万千瓦，清洁能源装机比重提高到50%左右。

2. 29个电源设施项目

“十三五”电力基础设施建设的29个电源设施项目包括10个电源点项目、10个垃圾焚烧发电项目、1个海上风电项目、1个小堆示范项目、5个农林生物质发电项目和2个太阳能发电项目（见表9－5）。

① 张振宗．中国电力发展的统计分析与预测［D］．长春：吉林财经大学，2010.

表 9 - 5 海南省"十三五"电力基础设施建设目标

一级分类	二级分类	投资金额（万元）
电源点项目	昌江核电二期	—
	三亚羊林抽水蓄能电站	—
	琼中抽水蓄能电站项目	399500
	洋浦热电联产工程	401300
	澄迈老城天然气分布式能源	60000
	海口电厂五期超临界燃煤机组项目	300000
	洋浦 LNG 冷能及分布式能源综合利用项目	—
	华能南山电厂三联供工程（备选）	270000
	清澜电厂扩建（备选）	270000
	琼海气电 2×39 万千瓦工程	270000
垃圾焚烧发电项目	三亚市生活垃圾焚烧发电厂二期工程	16600
	琼海市生活垃圾焚烧发电二期扩建	24000
	文昌市生活垃圾焚烧发电二期扩建	251500
	万宁市生活垃圾焚烧发电	30000
	儋州市生活垃圾焚烧发电	14000
	东方市生活垃圾焚烧发电	22600
	白沙县生活垃圾焚烧发电	18000
	屯昌县生活垃圾焚烧发电	18000
	乐东县生活垃圾焚烧发电	18000
	陵水县生活垃圾焚烧发电	18000
海上风电项目	东方市海上风力发电项目	621042
小堆示范项目	昌江多用途模块式小型堆科技示范工程	480000
农林生物质发电项目	昌江、万宁、临高、儋州和琼中生物质发电项目	—
太阳能发电项目	集中式地面光伏电站	650000
	分布式光伏电站项目	160000

3. 42 个电网设施项目

海南"十三五"期间拟建设 42 个电网项目，其中，投资规模最大的项目是南方主网与海南电网第二回联网工程，拟投资 308.06 亿元；规模较大的有三亚吉阳、澄迈玉楼和海口江东 3 个 220kV 输变电新建工程，拟投资总额分别为 4.10 亿元、2.46 亿元和 2.09 亿元，大英山永庄—玉洲、儋州—海口洛基—头铺和三亚崖城—鸭仔塘 3 个 220kV 线路新建工程，拟投资总额分别为 2.06 亿元、1.96 亿元和 1.87 亿元；投资总额超过 1 亿元的项目还包括海口龙泉、海口头铺、琼中、五指山、万宁礼纪、定安平和和三亚海棠湾 7 个 220kV 输变电新建工程。

二、燃气设施建设

燃气按来源通常可分为液化石油气、天然气、人工燃气和生物质气等。海南自建省以来，特别是自海南国际旅游岛建设以来，城市燃气需求量不断增多，且呈现多样化趋势，促进了燃气基础设施建设，燃气供应量不断增加，燃气行业逐步发展。海南省城镇燃气供应以天然气为主，液化石油气的供应量基本保持平稳，天然气的供应量总体呈增长趋势。

（一）概况

2005 年以前，由于天然气尚未大范围普及，海南省液化石油气设施建设速度相对较快，仅在 2004 年和 2005 年两年的时间里，液化石油气管道增加到了 13 千米，到 2006 年，海南省各市县初步建成了城市燃气管网，具备了一定供气能力。2007 年以来，液化石油气管道建设基本停滞，但天然气管道总长度呈直线增长趋势，到 2017 年，海南省全省天然气管道总长度达到 3046 千米，比 2004 年增长了 7.63 倍以上，覆盖海口市、三亚市、儋州市、文昌市、澄迈县、临高县、洋浦经济开发区、昌江县、东方市、乐东县、定安县 11 市县区。

油气管网方面，全省建成 2 条输油管道和 1 条天然气长输管道。2 条输油管道总长 67 千米，输送介质为航空煤油，其中一条起点为中石化马村油库，终点为美兰机场使用油库，管道全长 51.6 千米；另一条起点为三亚太平洋中石化油库，终点为凤凰机场油库，管道全长 15.4 千米。乐东至东方终端的乐东陆地管线 68 千米，输送介质为原油和天然气。天然气长输管道总长 520 千米，输送介质为天然气，起点南山，途经东方、昌江、洋浦、老城、海口、文昌，部分路段采用复线铺设。正在建设洋浦至马村成品油管线共 120 千米，拟建设文昌至三亚东部天然气环岛管线 275.3 千米。

天然气管网方面，已建成天然气干支线 21 条，全长 3046 千米，覆盖海口市、澄迈县、临高县、儋州市、洋浦经济开发区、昌江县、东方市、乐东县、三亚市、定安县、文昌市等 11 县市，用气人口 187.11 万人。

（二）主要问题

目前，海南省燃气设施建设水平还较低，生产和生活所需燃气供应短缺时有发生，在一定程度上制约着海南省社会经济的可持续发展。第一，由于海南省尚未建设季节调峰设施，天然气调峰能力不足，小时（日）调峰能力欠缺，居民用气需求逐渐增长，大大超过现有用气配额。第二，全省环岛天然气管网尚未成型，东部部分建设滞后。城市天然气管网密度太小，应急储备设施的储备能力不足，供气的安全可靠性较差。第三，天然气资源配置偏重于化工、工业燃料，天然气管网公平接入机制尚未建立和用气序列不合理，管网设施尚未公平开放，公平、公正、有序的市场秩序尚未建立，使天然气供应安全难以得到有效保障。第四，管网缺乏统一规划，管道管径、设计压力参差不齐，省内支干线及支线长度不足、密度过小，难以实现省内资源的调度配置。第五，受到环境保护、土地综合利用、自然保护区和城市建设的制约影响日益突出，协调机制不顺畅。管网基础设施建设征地难。第六，天然气的调度体制机制尚不完善，城市居民用气储备和调峰能力差，居民用气预测和监测还需加强。

（三）建设目标与项目

1. 建设目标

《海南省国民经济社会发展规划（2010—2030）》明确，加快环海南岛输气干管的建设，完善环海南岛燃气供应网络，实现管道天然气覆盖海南岛各市县城区，并重点开发海上气田，建设琼粤天然气管线、洋浦 LNG 接收终端和海南 LNG 仓储转运中心，实现与内陆天然气资源互通互补，提高天然气供应安全和灵活调配能力。[1]

预计到 2020 年，建成文昌、琼海、万宁、陵水至三亚的高压天然气管线，形成环海南岛高压天然气环网，配套燃气门站和高中压调压站建设。按人口计算，天然气、液化石油气、沼气等燃气普及率达到 80% 以上，其中，城镇和农村分别达到 90% 、65% 以上。[2] 到 2030 年，环海南岛天然气管道向海南岛中部地区各市县城区的延伸，实现定安、屯昌、琼中、白沙、五指山、乐东、保亭等城区的管道天然气供应。

---

[1]　海南省住房和城乡建设厅，中国城市规划设计研究院 . 海南省国民经济社会发展规划（2010—2030）［R］.

[2]　资料来源：《海南省国民经济社会发展规划（2010—2030）》。

2. 重大建设项目

《海南省能源发展"十三五"规划》明确，海南省将重点建设琼粤天然气管线、海南 LNG 仓储转运中心、环岛管网文昌—琼海—三亚输气管道工程、东方国家成品油储备库、儋州国家战略石油储备项目、洋浦 10 万吨燃料乙醇项目、国投孚宝洋浦罐区码头二期、华信洋浦石油储备基地、澄迈中油深南 LNG 储备库及配套码头项目二期扩建工程和中海油车船加气（油）站 10 个油气设施项目，涉及输油输气管道、LNG 仓储转运中心、原油仓库、泊位和加气站点，建设总投资达 254 亿元。详细重点建设项目列于表 9 - 6 中。①

表 9 - 6   海南省"十三五"燃气设施重点建设项目一览

序号	项目名称	建设规模	项目地点	建设年限	总投资（万元）
1	琼粤天然气管线项目	总长 242 千米，其中海南省陆上段 70 千米，海底管道 57 千米，广东省陆上段 115 千米。沿线设 3 座场站、10 座阀室和 1 座调控中心，年输气能力 100 亿立方米	海南省、广东省	2019～2020	479222
2	海南 LNG 仓储转运中心项目	新建 2 座 16 万立方米的 LNG 储罐和 1 个 0.25 万～4 万立方米 LNG 泊位，新增转运能力 341 万吨/年	洋浦开发区	2018～2020	200000
3	环岛管网文昌—琼海—三亚输气管道工程	管线全长约 275.3 千米，设有 13 座线路截断阀室、新建 3 座分输站，扩建 2 座站场	文昌、琼海、万宁、陵水、三亚	2017～2018	158748
4	东方国家成品油储备库项目	库容 20 万立方米，配套建设 5 万吨级成品油码头	东方市	待定	100000
5	儋州国家战略石油储备项目	规划原油总库容 300 万立方米	儋州	待定	260000
6	洋浦燃料乙醇项目	年产 10 万吨燃料乙醇项目	洋浦	待定	60000

①   海南省人民政府办公厅. 海南省能源发展"十三五"规划 [EB/OL]. http：// www. hainan. gov. cn/hn/zwgk/zfwj/bgtwj/201704/ t20170417_ 2295365. html.

续表

序号	项目名称	建设规模	项目地点	建设年限	总投资（万元）
7	国投孚宝洋浦罐区码头二期	新建 5 个 5000 吨级液体散货泊位，年设计通过能力 275 万吨，泊位长度 801 米，用海面积 14.29 公顷，用地面积 23.7 亩	洋浦	待定	74420
8	华信洋浦石油储备基地项目	二三期工程及配套码头：二期 300 万立方米，三期 600 万立方米，配套 30 万吨级码头泊位	洋浦	待定	1000000
9	澄迈中油深南 LNG 储备库及配套码头项目二期扩建工程	建设规模为 8 万方的 LNG 储罐 2 座，及配套年装载量 100 万吨码头 1 座	澄迈县	2018~2020	50000
10	中海油车船加气（油）站项目	汽车加气（油）站：建设加气（油）站 80 座，总加气规模 87.2 万吨/年；船舶加气（油）站：建设加气（油）站 8 座，总加气规模 7.4 万吨/年	19 个市县东西线高速各港区	2016~2020	157700

资料来源：《海南省能源发展"十三五"规划》。

第三节 水利基础设施建设

水利基础设施在促进经济发展、保障供水和粮食安全、保持社会稳定、改善人居环境和生态环境与提高人民生活水平等方面起着重要作用。海南自建省以来，水利基础设施建设力度逐步加大，水资源科学配置和灵活调度水平明显提升，目前已初步形成了覆盖海南岛的独立灌溉水网系统，从根本上解决了海南岛重点地区的工程性缺水问题，确保了生活、生产、生态供水安全。[①]

一、水库建设

（一）概况

海南省具有水库建设的较为有利的条件。一是有独立的水系。海南岛地势

---

① 沈振中. 水利工程概论［M］. 北京：中国水利水电出版社，2011.

中高周低，较大的河流均发源于中部山区，组成辐射状水系，独流入海的河流共154条，其中水面超过100平方千米的有38条，南渡江、昌化江和万泉河三大流域面积约占海南岛面积的47%。二是降水量充沛，现状地表水开发利用率不高，有充足水量可供调控余缺。经过建省后20多年的发展，海南省已建成大小水库1112座，各类蓄水工程共2440宗，总库容约100余亿立方米，水土流失治理面积约74.58千公顷，形成了覆盖海南岛的大小8个独立灌溉水网系统。

（二）主要水库

海南省共有大型水库7座，分别是松涛水库、大广坝水库、牛路岭水库、万宁水库、石碌水库、长茅水库和大隆水库，均有范围较大的集水面积，均满足一定规模的农业灌溉需求（见表9–7）。

表9–7 海南省主要水库基本情况

水库名称	集水面积（平方千米）	正常库容（亿立方米）	最大库容（亿立方米）	设计灌溉面积（万公顷）	功能
松涛水库	1440	26	33.40	14.5	以灌溉为主、综合性大型水利工程
大广坝水库	3498	15	17.1	6.73	工业级生活供水、农业灌溉
牛路岭水库	1236	5.3	7.79	—	—
万宁水库	23	0.72	1.52	0.8	农田灌溉
长茅水库	256	1.11	1.44	1.2	以灌溉为主，兼有防洪、发电、养鱼等综合效益
石碌水库	35354	0.99	141.41	1	以灌溉为主，兼有防洪、发电提供生活用水功能的大型水库
大隆水库	15	73.93	4.68	0.66	以防洪、供水、灌溉为主，兼有发电功能

资料来源：海南省统计局。

松涛水库是海南省第一大水库，是一个以灌溉为主，兼顾发电和防洪，满足工农业生产和居民生活需要的综合性大型水利工程。松涛水库大坝位于南渡江上游的儋州市亲足口峡谷，库区回水至白沙县平义镇，集水面积1440平方千米，总库容 33.40 亿立方米。其主要功能是跨流域引南渡江水解决海南岛北部 4 县 1 市的灌溉用水问题。

大广坝水库为海南省第二大水库，水库湖面 100 平方千米，坝长近 6 千米，高程 144 米，装机容量 24 万千瓦，是亚洲第一大土坝。这里有中国较早的水电站遗址，是日本侵华掠夺中国资源的历史见证，又被誉为东方市的"天然公园"，曾经接待过许多中央首长和大量的国内外游客，综合开发旅游条件十分优越。

牛路岭水库又名万泉湖，在琼海市西南与琼中及万宁三市县交界处，因库区有山名牛路岭得名，控制集水面积 1236 平方千米，且属于海南省暴雨中心区。

万宁水库在万宁市城西太阳河上。因太阳河昔称万宁河得名，集水面积 23 平方千米，总库容 1.3 亿立方米。该水库集雨面积 429 平方千米，处于海南省岛暴雨中心区。

石碌水库位于昌江县石碌镇以东 5 千米处，石碌河中游，水面横贯昌江和白沙两县，为海南省五大水库之一，是一座以灌溉为主，兼有防洪、发电和提供生活用水功能的大型水库。

长茅水库位于乐东县中部的望楼河干流上，是望楼河流域的主要调节水库，集水面积 256 平方千米，总库容 1.44 亿立方米，以灌溉为主，兼有防洪、发电和养鱼等综合功能。

大隆水库位于三亚市西部的宁远河中下游河段，是宁远河流域规划开发的大二型水利工程，也是海南省南部水资源调配的重点工程，以防洪、供水、灌溉为主，兼有发电功能。

二、河流治理工程

河流是城市生态平衡的重要因素，担负着防洪防涝等多项功能。河流的水质由清澈变得混浊、自然形态的河岸被单一的混凝土堤坝取代、生态循环能力差、水资源短缺的问题与人们的生活质量息息相关。[1] 目前，中国城市河流大多曾经或依然存在污染严重的问题，阻碍了城市的进一步发展。[2]

---

① 颜美玲. 城市环境中河流整治与再生的研究 [D]. 长沙：湖南师范大学，2012.
② 董浩平，黄玮. 浅谈城市河流整治与景观设计 [J]. 水电站设计，2005（2）：48 - 51.

在 2009 ~ 2015 年, 海南省主要对昌江县石碌河、乐东县大安河、澄迈县大塘河、保亭县保城河、琼中县营根河、陵水县金冲河、海口市荣山河、儋州市北门江、琼海市加浪河、定安县潭澜溪、白沙县南叉河、文昌市文昌江、屯昌县吉安河、五指山市南圣河和临高县文澜江 15 条中小河流进行了治理, 其中, 前 6 条中小河流被纳入国家规划的整治计划中, 总投资达 8250 万元, 其中, 中央投资 6600 万元, 省级配套 1650 万元。海南省中小河流治理的主要内容为河道整治、河势控导、河道疏浚和清淤、除涝、堤防及护岸, 15 条中小河流治理工程累计护滩清淤 89.89 千米、护滩清淤方量 299.06 万立方米、洪涝结合河道清淤疏浚长度 261.5 千米、洪涝结合河道清淤疏浚方量 190.13 万立方米、新建穿堤建筑物 83 座、新建护岸 99.8 千米。

截至 2017 年底, 64 条城镇内河 (湖) 治理项目已经全部开工建设, 17 条完成工程措施, 35 个监测断面达标, 水体达标率从治理前的 4.3% 提高到 55%。

此外, 海南省依托省域 "多规合一", 划定了省级 38 条河流生态水系廊道, 水生态红线 2650 平方千米, 占全岛陆域生态红线总面积 11535 平方千米的 23%。将水生态空间功能划分为禁止开发区域、限制开发区域和水安全保障引导区, 纳入全省生态红线统一管控。

除中小河流治理外, 还建设了一些防洪工程, 其中设防标准较高的重大防洪工程有 6 个, 涉及海口、澄迈、定安、白沙、五指山和乐东 6 个市县 (见表 9-8)。

表 9-8　海南省重大防洪工程

项目名称	工程建设主要内容
南渡江河口段左岸防洪工程 (海口市)	2000 ~ 2005 年, 基本按设计防洪 9480 立方米/秒峰量设防, 在原有旧堤线或原河岸布置, 投资达 26538.79 万元
	"十一五" 期间, 工程投资 16831.78 万元, 设防建堤 14.98 千米, 防洪工程标准为 30 年一遇
	按规划的设防标准建设和完善海甸岛防洪 (潮) 工程、新埠岛防洪 (潮) 工程、饲马坡岛防洪工程、海甸溪防洪 (潮) 工程
	"十二五" 期间, 建设市区滨海堤西段 (灵东防潮堤、演丰塔市防潮堤、北港防潮堤、长城堵海防潮堤等海堤工程), 设防标准为 100 年一遇
澄迈县金江镇防洪工程	建设或完善南北堤防 9.609 千米, 改建跨江大桥一座, 涵闸 12 座, 排涝泵站 1 座, 投资 7314.82 万元, 设防标准为 20 年一遇

续表

项目名称	工程建设主要内容
定安县定城镇防洪工程	新建或完善东、西堤长 4.868 千米，投资 4075.44 万元，设防标准为 20 年一遇
白沙县牙叉镇防洪工程	左、右堤防 3.86 千米，投资 4602 万元，设防标准为 20 年一遇
五指山市区防洪与 春雷闸改建工程	含春雷闸改建，投资 5296 万元，市区设防标准为 20 年一遇
乐东县抱由镇河段防洪堤	建设和完善南北堤长 5.65 千米，至 2011 年末，基本建成，投资 3957 万元，设防标准为 20 年一遇

三、水利基础设施建设水平的提升

（一）建设目标

按照《海南省水网规划》，海南省水利基础设施建设的总体目标是，"十三五"期末，即到 2020 年，初步构建"多源保障、丰枯互济、调配自如"的水系连通工程体系，提高防洪抗旱减灾能力，推进灌排渠系和节水型灌区建设，打通农田水利"最后一公里"，提升城乡供水排水治污能力，强化以流域为单元的水资源与水生态环境保护，基本扭转海南省水务建设滞后的局面；到 2030 年，全面建成"布局合理、规模适度、功能全面、效益显著、调度灵活、安全可靠"的供水安全保障体系。

（二）重大水利工程

"十三五"期间及未来一个时期内，海南省将继续推进红岭灌区、南渡江引水工程、迈湾水利枢纽和天角潭水利枢纽 4 项"国务院 172 项节水供水重大水利工程"海南工程，在此基础上，新增琼西北供水工程、昌化江水资源配置工程、保陵水库及陵水县水网工程、牛路岭灌区工程、迈湾灌区工程、南渡江、昌化江和万泉河三大江河水生态文明建设及综合治理工程、文昌市防洪防潮治涝工程、琼西北"五河一库"水生态修复工程、海口三亚城市内河水生态修复及综合整治工程 9 项"补短板、强基础、惠民生、利长远"的重大水利工程。这 13 项重大水利工程预计总投资约 872 亿元，其中"十三五"期间投资额为327 亿元，占投资总额的近 4 成，惠及全省 18 个市县。

（三）水利工程网布局

结合海南岛水系特点，统筹全岛水资源，围绕全省总体开发布局和主体功能区布局，以天然河流为经线、人工渠系为纬线、水库工程为节点，初步构建区内连通、区间互济的东、南、西、北 4 个区域子网。①

1. 琼东片区

依托万泉河左源大边河，新建红岭灌区工程，以灌区渠系及引龙（州河）补红（岭灌区东干渠）为纬线，红岭水库为调蓄主体，长藤结瓜中南水库等 15 个中小水库，实现万泉河流域与南渡江水系及东北部独流入海河流连通。依托万泉河右源乘坡河、新建牛路岭灌区工程、以灌区渠系为纬线、牛路岭水库为调蓄主体、长藤结瓜区内万宁水库等七个大中小型水库，实现万泉河与东部独流入海水系连通，提高区域水资源的整体调控能力。建设文昌市防洪防潮除涝综合治理工程，构建万宁、琼海、屯昌、文昌、定安东部水网。

2. 琼南片区

依托昌化江、宁远河、三亚河、藤桥河，建设乐亚水资源配置工程，乐东县以南巴河引水工程为纬线，长茅水库为调蓄主体，实现昌化江及望楼河连通。三亚中西部以大隆水库与三亚中部水厂连通工程及沿程补水渠道为纬线，大隆水库为调蓄主体，沿途结瓜水源池等三座中小型水库，补水汤他水，实现宁远河与三亚河的连通。三亚东部以保亭毛拉洞水库、报导水库与三亚赤田水库的连通工程为纬线，以三个水库为调蓄主体，实现宁远河与藤桥河连通，提高区域水资源调控能力，构建三亚水网。

依托万泉河、陵水河，新建保陵水库及陵水县水网工程，以引乘（坡河）济小（妹）工程为纬线，长藤结瓜小妹水库等四座中小型水库，实现万泉河二级支流咬饭河与陵水河连通，陵水河上游远期新建保陵水库，中游改扩建都总及梯村水坝，构建干支流、上下游、流域内外联合调度的陵水、保亭水网。

3. 琼西片区

依托昌化江，新建引大济石及昌江县水系连通工程，以大广坝水库与石碌水库连通工程、大广坝昌江分干及石碌灌区为纬线，大广坝水库、石碌水库为

① 海南省人民政府办公厅．海南省水务发展"十三五"规划［EB/OL］．http：//www．hainan．gov．cn/hn/zwgk/zfwj/bgtwj/201705/t20170517_2322326.html，2017－05－17．

调蓄主体，沿途补充昌江县境内中小型水库及水系，实现昌化江干流与石碌河连通，盘活昌江县水资源，减轻蓄水与防洪矛盾，保障区域及核电供水安全，构建昌江、东方西部水网。

4. 琼北片区

依托南渡江，新建迈湾水利枢纽工程及灌区工程、天角潭水利枢纽工程、琼西北供水工程，以松涛灌区、迈湾灌区渠系为纬线，以松涛水库、南渡江引水工程、迈湾及天角潭水利枢纽工程为调蓄主体，以大带小、长藤结瓜福山水库等33个中小型水库，实现南渡江与春江、北门江、大塘河等独流入海河流的连通。开展文澜江、光村水、北门江、春江、珠碧江和松涛水库"五河一库"水生态修复，构建海口、澄迈、屯昌、临高、儋州、白沙北部水网。

第四节　信息基础设施建设

信息基础设施是为社会生产和居民生活提供公共服务的网络工程设施或虚拟的系统和资产，是保证国家或区域社会经济活动正常进行的公共信息服务系统，是国民经济发展的重要基础，是决定一个国家和区域可持续发展的关键性因素。自建省办经济特区以来，海南省信息基础设施建设水平大幅度提升，扭转了建省初期发展严重滞后的状况。"十三五"期间，海南省切实落实国家网络强国战略部署，努力推进信息基础设施提质增效，建设全国一流的信息基础设施。预计到2020年，互联网出省总带宽达到3600Gbps，城市地区光纤宽带接入速率达1000Mbps，农村地区光纤宽带接入速率达50Mbps，4G移动通信网络覆盖全省，无线接入网络质量进一步提升，实现全省城市、乡镇和行政村的光纤覆盖率、4G网络覆盖率等主要信息基础设施建设指标达到全国先进水平，全省电话用户数达1456万户，其中固定电话用户数达172万户，移动电话用户数达1284万户，固定宽带用户数达220万户，其中光纤到户（FTTH）用户超过185万户，移动互联网用户数达1284万户，IPTV用户数达160万户。[①]

① 海南省人民政府办公厅. 海南省信息基础设施"十三五"规划［EB/OL］. http：//www. hainan. gov. cn/data/hnzb/2017/02/3746，2017－09－14.

一、邮电通信设施建设

建省初期的 1988 年，海南省电信业务总量为 1869 万元，电话用户数为 2.22 万，电话普及率为 0.92 部/百人，长途电路为 323 个 2M，邮电通信基础设施建设严重滞后于经济发展，成为特区经济发展的瓶颈。

在建省后不到 3 年的时间里，海南省投入 3 亿多元资金，在海口市先后开通了 2000 门集装箱程控电话交换机和 5000 门程控电话，建成了全省第一条光缆。1990 年末，海南省局用交换机容量达到 6.9 万门，出省电路从 23 条增加到 381 条，增加了 15.5 倍，电信业从此进入程控电话和光纤通信时代。1991 ~ 1995 年，海南省积极筹集国内外资金发展电信业，完成电信业固定资产投资 23.79 亿元，电信业务总量年均增长 67.74%，电信业务收入年均增长 77.44%，到 1995 年底，电信业务总量达到 9.55 亿元，电信业务收入完成 12.59 亿元，固定电话用户达到 28.04 万户，移动电话用户达到 3.11 万户，无线寻呼用户达到 29.02 万户。

1995 年，海南省正式启动打破垄断、引入竞争机制的电信体制改革。2001 年，全省电信市场开始出现竞争态势。2011 年以来，海南省以服务海南国际旅游岛建设为中心，紧紧围绕"宽带中国""光网智能岛"等重大战略实施，大力发展移动通信和固定宽带业务，积极开展宽带网络提速降费行动，信息基础设施建设快速推进。2011 ~ 2015 年，除固定长途电话交换机容量经历了"保持—减少"的过程外，局用交换机容量、移动电话交换机容量和光缆敷设的里程数量均快速增长，手机互联网从 GSM 网络发展到 4G 网络，电信业务总量累计完成 629.27 亿元，年均增长率 14.2%，电信业务收入累计完成 442.47 亿元，年均增长率 4.0%。

2015 年，海南省固定长途电话交换机容量达到 4.11 万路端，比 2001 年下降 1.39 万路端；移动电话交换机容量达到 1572.4 万户，长途光缆线路长度达到 0.34 万千米，分别比 2001 年增长 1446.8 万户和 0.31 万千米；光缆线路长度达到 152717 千米，与 2011 年相比猛增 85725.7 千米；电话用户数突破 1000 万大关，达到 1091.48 万；固定宽带用户达到 134 万户，其中光纤接入用户达 71.77 万户，光纤接入用户占比达 53.6%；移动互联网用户 783 万人；IPTV 业务发展渐成规模，IPTV 用户达到 48.8 万户。到 2018 年，海南省固定长途电话交换机容量降为 1.5 万路端，移动电话交换机容量达到 2119 万户，电话用户数达到 1246.4 万户，其中移动电话用户 1085.3 万户，互联网宽带接入用户 279.1 万户，其中城市宽带接入用户 196.5 万户。

二、互联网建设

海南省互联网建设兴起于 2000 年，当时，互联网宽带用户、上网人数域名、网站、宽带客户端、城乡宽带接入等尚未普及。随着城镇化、信息化和国际旅游岛建设的推进，海南省互联网发展突飞猛进，互联网上网人数、域名数、网站数、网页数和互联网宽带接入端口和互联网宽带接入用户均快速增长。近年，海南省在光网覆盖面不断扩大并纵向延伸的同时，加大宽带网络提速降费工作，推动移动网络流量资费年内至少降低 30%，力争固定宽带家庭普及率达 85% 以上，移动宽带用户普及率达 92% 以上，为老百姓提供用得上、用得起、用得好的信息服务。2017 年，海南省固网宽带可用下载速率位居全国排名第 11 位，比 2015 年初的第 30 位提高了 19 个位次，跃升到全国前列。截止到 2018 年底，海南省光纤宽带网络正在快速覆盖并不断纵向延伸。在城区达到全覆盖的基础上，全省 2573 个行政村的覆盖率达到 99.9%，17227 个自然村的覆盖率达到 66.6%。全省 300 个建档立卡贫困村、150 个旅游扶贫重点村、100 个特色产业小镇和 1103 个美丽乡村的光网覆盖整体接近 100%，为广大农民开展电子商务、实现脱贫致富提供了网络保障。

三、重点建设工程

“十三五”期间及未来一个时期内，海南省将重点推进实施城域网优化升级工程、互联网交换中心建设工程、光网智能岛工程、无线海南加速工程、数据中心建设工程、三网融合推进工程、农村信息通信网络建设工程、南海信息通信网络建设工程、网络信息安全能力升级工程和应急通信能力升级工程十大工程。

（一）城域网优化升级工程

推进城域网 IPv6 升级改造，完成对现城域网中网络设备的软硬件升级，完成对支撑系统的 IPv6 升级，实现对 IPv6 业务的支持。

（二）互联网交换中心建设工程

建设互联网交换中心，初期阶段由主导 ISP 进行互联，逐步发展成为中小 ISP、ICP、CDN 等的开放性、多元化的交换中心，实现省内互联互通，实时监测网络安全事件。

（三）光网智能岛工程

一是优化升级骨干承载网络。规划期内，建设海口至徐闻方向出岛光缆，扩容骨干网出口带宽，新建东线、中线高速公路沿线光缆以及横贯全海南岛的洋浦至万宁高速公路沿线光缆，扩容传输系统和城域网设备容量，全面提升骨干网的业务承载能力。二是加快宽带光纤接入网络升级改造。三是建设网速检测平台，通过 APP 测试，加强检测用户上网速率，有利于评估及分析宽带网络服务水平。

（四）无线海南加速工程

实施无线海南加速工程，加快扩展 4G 网络覆盖范围，逐步实现全部城镇及行政村 4G 信号覆盖，并优化 4G 网络，改善无线信号质量，实现全部旅游景点、高速铁路、高速公路、机场、港口、码头等重点区域的 4G 网络深度覆盖，加强政府办公楼、酒店宾馆、商场卖场、高校、工厂、高档住宅小区的室内环境覆盖。此外，利旧站址改造和新建站址约 2 万个，逐步使 3G/4G 基站总数达 4.4 万个，3G/4G 基站占总基站比例达到 85%。

（五）数据中心建设工程

建成 3 座大中型 IDC 机楼，形成异地互为备份和双出口信息枢纽架构。建成 15 个中小型 IDC 机房，其中三大通信运营商建成 IDC 机房 12 个，海南省有线建成视频内容中心 2 个，海航建成 IDC 机房 1 个，形成互为补充的多层次格局。数据中心机架总数力争翻两番，超过 8000 架。

（六）三网融合推进工程

加快光纤宽带网络建设、互联网骨干节点升级、IPv6 部署、IPTV 传输系统与 IPTV 集成播控分平台的对接等工作，提高宽带通信网、下一代广播电视网和下一代互联网三网融合网络技术水平和业务承载能力。

（七）农村信息通信网络建设工程

统筹城乡光纤接入网络的协调发展，逐步实现光纤到农村的光网络覆盖。到 2020 年，行政村光纤网络覆盖率达到 100%，农村宽带接入能力达到 50Mbps。

加大4G基站在农村地区的建设，实现4G移动网络在农村的深度和广度覆盖。支撑涉农综合信息服务平台、扶贫信息平台、文化资源共享工程信息平台的应用，为有条件发展智慧农业的地区提供高效信息服务。

（八）南海信息通信网络建设工程

建设所辖南海各岛屿间互联光缆和光纤网络，在重要岛礁建设卫星地面接收站，推动所辖南海各岛屿间互联互通，特别是三沙市主要办公区、生活区、交通枢纽、公共休闲场所等区域光纤网络覆盖。

（九）网络信息安全能力升级工程

升级现有网络安全防护系统，健全关键信息系统防漏洞和防攻击的防护机制，保障信息系统用户个人信息安全。

（十）应急通信能力升级工程

完善省级应急通信指挥系统，实现与国家应急通信指挥系统、省内相关单位监测、指挥系统互联和数据共享，建设突发公共事件预警信息系统，特别是抗灾超级基站，提升应急通信保障能力。

第十章 生态文明建设与可持续发展

第一节 海南省主体功能区划

明确省域国土空间特征，科学划分省域主体功能区，可为全省生态文明建设和可持续发展提供导引和依据。

一、国土空间特征

海南省是中国特殊的地理单元，保持开发建设与生态维育之间的动态平衡关系，需要对国土空间开发进行最为严格的空间管制。因此，把握海南省国土空间特别是海南岛陆地国土空间的特征，是进行海南省国土空间划分的前提。基于对陆地国土空间的土地资源、水资源、环境容量、生态系统脆弱性、生态系统重要性、自然灾害危险性、人口集聚度、经济发展水平和交通优势度等内容的分析，发现海南省陆地国土空间具有以下突出特征。

（一）可用于建设用地的土地面积相对较少

海南省可用于开发的土地面积不多，加上热带土地资源的稀缺性，决定了海南岛必须走空间节约集约的发展道路。海南岛陆地国土空间适宜开发建设的土地面积约 1.2 万平方千米，但扣除必须保护的耕地、林地和已有建设用地，全岛可用于工业化和城镇化开发及其他方面建设的面积只有约 1355.97 平方千米。

（二）水资源总量丰富但时空分布不均

水资源时空分布不均既制约了人口、经济的合理布局，又容易造成洪涝、干旱等自然灾害。海南省是全国水资源最丰富的省份之一，多年平均水资源总量为303.7亿立方米，人均占有水资源量3906立方米，人均占有水资源量是全国平均值的1.75倍。然而，海南省水资源地区分布不均匀，水资源分布与土地资源、经济布局不相匹配。西部地区水少耕地多，东部地区水多耕地少。径流年际变化较大，洪枯悬殊，实测年径流量最大年与最小年的比值高达4～7倍，实测最大洪峰流量与最枯流量的比值高达几千倍。

（三）能源和矿产资源较丰富但开采利用受到诸多因素制约

能源和矿产资源的总量、分布、开采与满足生产消费需求、保护生态环境和周边国际环境的矛盾十分突出。南海属世界四大海洋储油区之一，海南岛周边海域可形成储量达1万亿立方米的大气区。南海北部有世界上最大的可燃冰喷溢岩区面积达430万平方千米。海南岛探明有工业储量的矿产70种占全国探明的160种的44%，其中钛铁矿（砂矿）、锆英石（砂矿）、玻璃用砂的储量分别占全国同类矿种总储量的37%、72%、60%，石碌富铁矿储量约占全国同类矿种总储量的4%。

（四）旅游资源丰富带来得天独厚的旅游经济发展条件

海南省富集海、岛、山、河资源丰富多样、组合度好。热带滨海旅游休闲度假区、热带雨林公园等旅游目的地令人神往。旅游休闲度假业的发展潜力巨大、前景广阔。但旅游资源开发的长期性、可持续性面临巨大挑战旅游开发对当地产业带动和城市化带动能力有待加强旅游业开放的国际化程度有待提升。

（五）良好生态环境的保持对工业化和城镇化发展提出很高要求

海南省自然生态系统比较稳定，森林生态系统丰富，生物种类繁多，是中国最大的热带植物园和最丰富的物种基因库。但海南省生态区域相对较小，且相对独立生态系统一旦被破坏，恢复难度很大。自然灾害较为频繁，灾害威胁较大。主要灾害有热带气旋、暴雨、干旱、雷暴、低温阴雨等。其中，热带气旋与暴雨引发的洪水是主要自然灾害类型，严重影响了人们的生命财产安全。

二、主体功能区划方式

（一）全国主体功能区划分的一般方式

根据《全国主体功能区规划》，中国国土空间的划分方式有两种：一是按开发方式划分，即基于不同区域的资源环境承载能力、现有开发强度和未来发展潜力，以是否适宜或如何进行大规模高强度工业化和城镇化开发为划分基准。按照这一划分方式，可以将国土空间划分为优化开发区域、重点开发区域、限制开发区域和禁止开发区域。二是按开发内容划分，即以提供主体产品的类型为划分基准。按照这一划分方式，可以将国土空间划分为城市化地区、农产品主产区和重点生态功能区。两种划分方式是有机衔接的（见图10-1）。

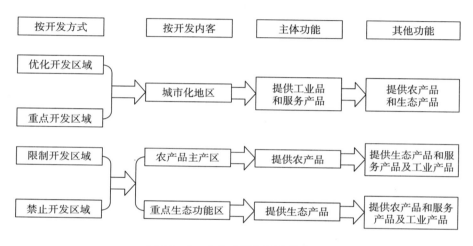

图10-1　主体功能区划分的方式

资料来源：《海南省主体功能区规划》。

（二）海南省主体功能区划分的具体方式

根据《海南省主体功能区规划（2010—2020）》（2013更新版），海南省主体功能区划分遵从了全国主体功能区的划分方式，并结合了国家赋予海南省的战略定位，实现了按开发方式划分与按开发内容划分两种方式的有机结合，且有自身的特点：一是基于海南省国土空间特征和开发综合评价结果，将海南省国土空间划分为重点开发区、国家限制开发区和禁止开发区三类主体功能区，没有划分出优化开发区。二是将重点开发区与禁止开发区均分为国家级与省级两类区域。三是将国家限制开发区分为国家级农产品主产区和国家级重点生态功能区。

三、三大类六小类主体功能区①

根据《海南省主体功能区规划（2010—2020）》（2013 更新版），海南省陆地空间主体功能区有三大类六小类（见表 10 - 1）。

表 10 - 1　海南省主体功能区划分

大类	小类	面积（平方千米）	面积比例（％）
重点开发区域	国家重点开发区	7122	20.14
	省级重点开发区	2300	6.51
国家限制开发区域	国家级农产品主产区	17717	50.11
	国家级重点生态功能区	8215	23.24
禁止开发区域	国家禁止开发区	2503.12	7.07
	省级禁止开发区	2509.14	7.08

注：按国家要求，重点开发区域和限制开发区域面积按行政辖区计算，涵盖海南省陆地国土空间面积，禁止开发区域分布在重点开发区域和限制开发区域内。

（一）重点开发区域

重点开发区总面积 9422 平方千米，占全省陆地国土空间面积的 26.65%，②分国家重点开发区和省级重点开发区两类。国家重点开发区面积 7122 平方千米，占全省陆地国土空间面积的 20.15%，范围涉及海口市、三亚市、洋浦经济开发区（含三都镇）的全部辖区和文昌文城镇、龙楼镇、铺前镇、琼海加积镇、博鳌镇，陵水黎安镇，乐东九所镇，东方八所镇，昌江石碌镇、叉河镇，儋州白马井镇、那大镇、木棠镇，临高临城镇、博厚镇，澄迈老城镇，定安定城镇共 17 个镇（见图 10 - 2）。省级重点开发区面积 2300 平方千米，占全省陆地国土空间面积的 6.5%，包括琼海长坡镇、潭门镇，万宁万城镇、兴隆镇、东澳镇、礼纪镇，陵水椰林镇、新村镇、英州镇，乐东莺歌海镇，东方的板桥镇，临高的新盈镇、调楼镇，澄迈金江镇、永发镇，定安龙门镇，屯昌屯城镇共 17 个镇（见图 10 - 2）。

---

① 资料来源：《海南省主体功能区规划（2010—2020）》（2013 更新版）。
② 按国家要求，重点开发区的限制开发面积按行政辖区计算，涵盖海南省陆地国土空间面积。

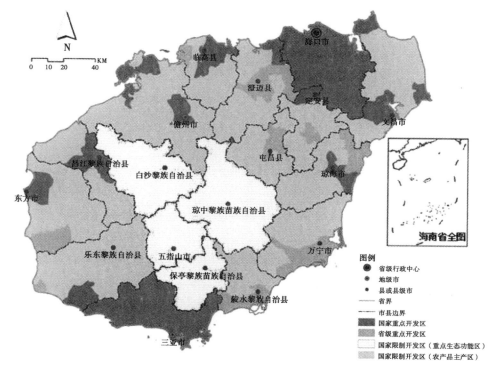

图 10 - 2 海南岛主体功能区规划

资料来源：海南省主体功能区规划成果。

重点开发区具备较好的经济基础、较大的产业规模和发展潜力，城镇体系初步形成，海口、三亚等中心城市有一定的辐射带动能力，有一批国家级和省级经济园区，支撑产业发展。其功能定位是，中国（海南）自由贸易试验区（港）的先行区，中国面向东盟国家对外开放的重要门户，中国—东盟自由贸易区的前沿地带和桥头堡，区域性的物流、商贸基地、加工制造基地和信息交流中心，支撑海南省"三区一中心"建设的增长极，落实海南省区域发展总体战略、促进区域协调发展的支撑点，海南省重要的人口和经济密集区。

（二）国家限制开发区域

国家限制开发区域总面积 25932 平方千米，占全省陆地国土空间面积的 73.35%，① 分国家级农产品主产区和国家级重点生态功能区两类。农产品主产

---

① 按国家要求，重点开发区和限制开发区面积按行政辖区计算，涵盖海南省陆地国土空间面积。

区面积 17717 平方千米，占全省陆地国土空间面积的 50.11%。其范围包括文昌、琼海、万宁、陵水、乐东、东方、昌江、儋州、临高、澄迈、定安和屯昌 12 个市县除重点开发区以外的辖区（见图 10 - 2）。国家级重点生态功能区面积 8215 平方千米，占全省陆地国土空间面积的 23.24%。其范围主要是海南岛中部山区热带雨林功能区，还包括三沙岛滩及海南岛本岛外岛滩、外岛屿和海岸线变化。其中，海南岛中部山区热带雨林功能区由五指山、保亭、琼中和白沙 4 个市县的全辖区组成，面积 7113 平方千米，占全省陆地国土空间面积的 20.12%（见图 10 - 2）。

农产品主产区是国家农产品主产区华南主产区的重要组成部分，区域内具备良好的热带农业生产条件，是以提供热带农产品为主体功能，以提供生态产品、服务产品和工业品为其他功能，需要在国土空间开发中限制进行大规模高强度工业化和城镇化发展，以保持并提高农产品生产能力的区域。其功能定位是，国家冬季瓜菜生产基地、天然橡胶基地、南繁育制种基地、热带水果和花卉基地、水产养殖与海洋捕捞基地、无规定动物疫病区"五基地一区"；海南省经济发展的一张王牌；保障农产品供给安全的重要区域；农村居民安居乐业的美好家园；社会主义新农村建设的示范区。

海南岛中部山区热带雨林功能区是国家生物多样性维护类重点生态功能区，是热带雨林的原生地，是中国小区域范围内生物物种十分丰富的地区之一，也是中国最大的热带植物园和最丰富的物种基因库之一，是海南省主要江河源头区、重要水源涵养区，具有十分重要的生态功能。其功能定位是，保障国家生态安全的重要区域，人与自然和谐相处的示范区。

（三）禁止开发区域

主要包括自然保护区、风景名胜区、森林公园、地质公园和文物保护区，面积 5012.26 平方千米，占全省陆地国土空间面积的 14.15%，① 分国家级和省级禁止开发区两类，均分布在重点开发区和限制开发区内。其中，国家级自然和文物重点保护区域共 19 处，总面积 2503.12 平方千米，占全省陆地国土空间面积的 7.07%；省级自然和文物重点保护区域共 35 处，总面积 2509.12 平方千米，占全省陆地国土空间面积的 7.08%，全省重要水源地、基本农田、生态保

---

① 按国家要求，禁止开发区分布在重点开发区域和限制开发区内。

护海岸线和重要湿地均被列入其中，依据相关法律法规管理。

禁止开发区的功能定位是，中国最宝贵的海岛型热带雨林生态系统支撑区域，海岛近岸与近海热带珍稀动植物保护区域，动植物基因资源保护区域，禁止工业化和城镇化开发的红线区域，是集中体现海南资源特点、景观特质保障和提升国际旅游消费中心开发层次的重要依托区域。

第二节　生态省和国家生态文明试验区建设

1999 年 2 月，海南省颁布了《关于建设生态省的决定》，海南省成为全国首个提出建设生态省的省份。2000 年 7 月，海南省通过了《海南生态省建设规划纲要》，确立了生态省建设的法律地位。2005 年 5 月，海南省通过《海南生态省建设规划纲要》（2005 年修编），深化了生态省建设的内涵，对海南生态省建设起到了重要指导作用。2018 年 4 月《中共中央国务院关于支持海南全面深化改革开放的指导意见》明确了海南省建设国家生态文明试验区的战略定位，2019年 5 月中共中央办公厅、国务院办公厅印发的《国家生态文明试验区（海南）实施方案》，将海南生态省和国家生态文明试验区建设的要求具体化。

一、指导思想和战略定位①

（一）指导思想

以习近平新时代中国特色社会主义思想为指导，深入贯彻党的十九大和十九届二中、三中全会精神，全面贯彻习近平生态文明思想，紧紧围绕统筹推进"五位一体"总体布局和协调推进"四个全面"战略布局，按照党中央、国务院决策部署，坚持新发展理念，坚持改革创新、先行先试，坚持循序渐进、分类施策，以生态环境质量和资源利用效率居于世界领先水平为目标，着力在构建生态文明制度体系、优化国土空间布局、统筹陆海保护发展、提升生态环境质量和资源利用效率、实现生态产品价值、推行生态优先的投资消费模式、推动形成绿色生产生活方式等方面进行探索，坚定不移走生产发展、生活富裕、生

---

① 对《国家生态文明试验区（海南）实施方案》的相关内容进行整理得到。

态良好的文明发展道路，推动形成人与自然和谐共生的现代化建设新格局，谱写美丽中国海南篇章。

（二）战略定位

1. 生态文明体制改革样板区

健全生态环境资源监管体系，着力提升生态环境治理能力，构建起以巩固提升生态环境质量为重点、与自由贸易试验区和中国特色自由贸易港定位相适应的生态文明制度体系，为海南持续巩固保持优良生态环境质量、努力向国际生态环境质量标杆地区看齐提供制度保障。

2. 陆海统筹保护发展实践区

坚持统筹陆海空间，重视以海定陆，协调匹配好陆海主体功能定位、空间格局划定和用途管控，建立陆海统筹的生态系统保护修复和污染防治区域联动机制，促进陆海一体化保护和发展。深化省域"多规合一"改革，构建高效统一的规划管理体系，健全国土空间开发保护制度。

3. 生态价值实现机制试验区

探索生态产品价值实现机制，增强自我造血功能和发展能力，实现生态文明建设、生态产业化、脱贫攻坚、乡村振兴协同推进，努力把绿水青山所蕴含的生态产品价值转化为金山银山。

4. 清洁能源优先发展示范区

建设"清洁能源岛"，大幅提高新能源比重，实行能源消费总量和强度双控，提高能源利用效率，优化调整能源结构，构建安全、绿色、集约、高效的清洁能源供应体系。实施碳排放控制，积极应对气候变化。

二、建设目标与重点任务[①]

（一）建设目标

1. 总体目标

《海南生态省建设规划纲要》提出的海南生态省建设的总体目标是：用30年左右的时间建立起发达的生态经济，形成布局合理、生态景观和谐优美的人居环境，使经济综合竞争力进入全国先进行列，环境质量保持全国领先水平。

---

① 对《国家生态文明试验区（海南）实施方案》的相关内容进行整理得到。

《海南生态省建设规划纲要》（2005年修编）将海南生态省建设的总体目标修改为，用20年左右的时间在环境质量保持全国领先水平的同时，建立起发达的资源能源节约型生态经济体系，建成布局科学合理、设施配套完善、景观和谐优美的人居环境，形成浓厚的生态文化氛围，使海南省成为具有全国一流生活质量、可持续发展能力进入全国先进行列的省份。

《国家生态文明试验区（海南）实施方案》提出，通过生态文明试验区建设，确保海南省生态环境质量只能更好、不能变差，人民群众对优良生态环境的获得感进一步增强。

2. 阶段目标

近期目标是：到2020年，生态文明试验区建设取得重大进展，生态环境质量持续保持全国一流水平，在推进生态文明领域治理体系和治理能力现代化方面走在全国前列。具体要求是：以海定陆、陆海统筹的国土空间保护开发制度基本建立，国土空间开发格局进一步优化；突出生态环境问题得到基本解决，生态环境治理长效保障机制初步建立，生态环境质量持续保持全国一流水平；生态文明制度体系建设取得显著进展，在推进生态文明领域治理体系和治理能力现代化方面走在全国前列；优质生态产品供给、生态价值实现、绿色发展成果共享的生态经济模式初具雏形，经济发展质量和效益显著提高；绿色、环保、节约的文明消费模式和生活方式得到普遍推行。

近期目标的具体指标要求是：城镇空气质量优良天数比例保持在98%以上，细颗粒物（PM2.5）年均浓度不高于18微克/立方米，并力争进一步下降；基本消除劣V类水体，主要河流湖库水质优良率在95%以上，近岸海域水生态环境质量优良率在98%以上；土壤生态环境质量总体保持稳定；水土流失率控制在5%以内，森林覆盖率稳定在62%以上，守住909万亩永久基本农田，湿地面积不低于480万亩，海南岛自然岸线保有率不低于60%；单位国内生产总值能耗比2015年下降10%，单位地区生产总值二氧化碳排放比2015年下降12%，清洁能源装机比重提高到50%以上。

中长期目标是，到2025年，生态文明制度更加完善，生态文明领域治理体系和治理能力现代化水平明显提高，生态环境质量继续保持全国领先水平；到2035年，生态环境质量和资源利用效率居于世界领先水平，海南省成为展示美丽中国建设的亮丽名片。

（二）重点任务

1. 构建国土空间开发保护制度

其一，深化"多规合一"改革。深入落实主体功能区战略，完善主体功能区配套制度和政策，按照国土空间规划体系建设要求，完善《海南省总体规划（空间类 2015—2030）》和各市县总体规划，建立健全规划调整硬约束机制，坚持一张蓝图干到底。

其二，推进绿色城镇化建设。在保护原生生态前提下，因地制宜地打造一批具有海南特色热带风情的绿色精品城镇；加强城市特色风貌和城市设计，合理控制建筑体量、高度和规模，保护自然景观、历史文化风貌，构建科学的绿色基础设施体系，全面落实海绵城市建设要求。

其三，大力推进美丽乡村建设。以"美丽海南百镇千村"为抓手，扎实有效推进宜居宜业宜游的美丽乡村建设。强化村庄国土空间管控，按"一村一品、一村一景、一村一韵"的要求，保护好村庄特色风貌和历史文脉，以及对村庄规划管理加强。

其四，建立以国家公园为主体的自然保护地体系。制订实施海南热带雨林国家公园体制试点方案，组建统一管理机构。按照自然生态系统整体性、系统性及其内在规律，构建以国家公园为主体、归属清晰、权责明确、监管有效的自然保护地体系和自然保护区监管体系。

2. 推动形成陆海统筹保护发展新格局

一是加强海洋环境资源保护。按照主体功能定位要求，加强海岸带保护，全面推进海南省海岸带保护与利用综合规划的编制和落实，推动形成海岸带生态、生产、生活空间的合理布局；实施最严格的围填海管控和岸线开发管控制度，加快处理围填海历史遗留问题，严控无居民海岛自然岸线开发利用；保护海洋生态系统和海洋生物多样性，在三沙市开展岛礁生态环境综合整治专项行动，实施岛礁生态保护修复工程。

二是建立陆海统筹的生态环境治理机制。全面清查所有入海（河）排污口，重点监测主要入海河流污染物和重点排污口，完善陆源污染物排海总量、控制和溯源追究制度，建立海洋资源环境承载能力监测预警机制，构建海洋生态灾害和突发生态环境事件应急体系，建立海湾保护责任体系，出台海南省蓝色海湾综合整治实施方案，加快建立"海上环卫"制度，有效治理岸滩和近海海洋垃圾。

三是开展海洋生态系统碳汇试点。调查研究海南省蓝碳生态系统的分布状况，以及增汇的路径和潜力，在部分区域开展不同类型的碳汇试点，保护修复现有的蓝碳生态系统。结合海洋生态牧场建设，试点研究生态渔业的固碳机制和增汇模式。开展蓝碳标准体系和交易机制研究，依法合规探索设立国际碳排放权交易场所。

3. 建立完善生态环境质量巩固提升机制

第一，持续保持优良空气质量。实施跨省域大气污染联防联控，构建区域重大建设项目环境管理会商机制。对标世界领先水平，研究制订环境空气质量分阶段逐步提升计划。

第二，完善水资源生态环境保护制度。坚持污染治理和生态扩容两手发力。全面推行河长制、湖长制，加强南渡江、松涛水库等水质优良河流湖库的保护，建立重点治理水体信息公开制度；保护修复河流水生态，严控地下水、地热温泉开采，规范饮用水水源地管理；加强河湖水域岸线保护与生态修复，完善海岛型水利设施网络，在重点岛礁、沿海缺水城镇建设海水淡化工程。

第三，健全土壤生态环境保护制度。实施农用地分类管理和用途管制，严格防控农产品超标风险，建立建设用地土壤污染风险管控和修复名录，将建设用地土壤生态环境管理要求纳入国土空间规划和供地管理；全面实行规模养殖场划分管理，推进病虫害绿色防控替代化学防治，实施化肥和农药减施行动。

第四，实施重要生态系统保护修复。实施天然林保护、南渡江、昌化江、万泉河三大流域综合治理和生态修复、水土流失综合防治、沿海防护林体系建设等重要生态系统保护和修复重大工程，严格保护天然林、生态公益林，实施国家储备林质量精准提升工程，建立重要湿地监测评价预警机制，开展重要湿地生态系统保护与恢复工程，实施生物多样性保护战略行动计划，构建生态廊道和生物多样性保护网络，提升生态系统质量和稳定性。

第五，加强环境基础设施建设。加快城镇污水处理设施配套管网建设，因地制宜实施老旧城区雨污管网分流改造，着力解决污水处理厂进水浓度低和系统效能不高的问题。全面推进农村生活污水处理设施建设，统筹布局、高标准建设生活垃圾焚烧发电项目，着力提升危险废物处置利用能力，推进医疗废物处置设施扩能增容。

4. 建立健全生态环境和资源保护现代监管体系

第一，建立具有地方特色的生态文明法治保障机制。突出目标导向，研究全面、科学、严格的地方绿色标准体系，构建与自身发展定位相适应的生态文明法规制度体系，健全生态环境行政执法与刑事司法的衔接机制，全面推行生态恢复性司法机制和生态环境修复机制建设，强化生态环境司法保护。

第二，改革完善生态环境资源监管体制。设立海南省各级国有自然资源资产管理和自然生态监管机构，健全流域海域生态环境管理机制和基层生态环境保护管理体制，组建生态环境保护综合行政执法队伍，统一实行生态环境保护行政执法。

第三，改革完善生态环境监管模式。以改善生态环境质量和提高管理效能为目标，严守生态保护红线、生态环境质量底线，深入推进排污许可制度改革，建立各项制度有机衔接顺畅的环境管理基础制度体系，构建统一的信息披露平台。

第四，建立健全生态安全管控机制。实行最严格的进出境环境安全准入管理机制，建立生态安全和基因安全监测、评估及预警体系，以及资源环境承载能力综合评价指标体系，完善区域环境安全预警网络和突发环境事件应急救援能力建设，提高风险防控、应急处置和区域协作水平。

第五，构建完善绿色发展导向的生态文明评价考核体系。根据主体功能定位实行差别化考核制度，将生态环境损害责任追究与政治巡视、生态环境保护督察等紧密联系，建立经常性审计制度，探索建立自然资源与生态环境信息面向审计机关的开放共享机制。

5. 创新探索生态产品价值实现机制

第一，探索建立自然资源资产产权制度和有偿使用制度。开展国有自然资源资产所有权委托代理机制试点，推动将集体土地、林地等自然资源资产折算转变，探索建立水权制度，完善全民所有自然资源资产评估方法和管理制度，出台海南省全民所有自然资源资产有偿使用制度实施方案，开展海域、无居民海岛有偿使用实践，试点无居民海岛使用权市场化出让。

第二，推动生态农业提质增效。全面建设生态循环农业示范省，加快创建农业绿色发展先行区，围绕实施乡村振兴战略，建立以绿色生态为导向的农业补贴制度，做强做优热带特色高效农业，打造国家热带现代农业基地。同时，实施农产品加工业提升行动，完善现代化仓储、物流、电子商务服务体系。

第三，促进生态旅游转型升级和融合发展。充分发挥海南特有的热带海岛旅游资源优势，统筹衔接生态旅游开发与生态资源保护，探索建立资源权属清晰、产业融合发展、利益合理共享的生态旅游发展机制，构建以观光旅游为基础、休闲度假为重点、文体旅游和健康旅游为特色的生态旅游产业体系。

第四，开展生态建设脱贫攻坚。对自然灾害高风险区域内的居民有计划、有重点、分步骤地实施生态搬迁，对迁出区进行生态恢复修复，利用城乡建设用地增减挂钩政策等，建立健全生态搬迁后续保障机制。在国家级、省级自然保护区依法合规探索开展森林经营先行先试，选聘建档立卡贫困人口担任生态护林员，拓宽贫困人口就业和增收渠道。

第五，建立形式多元、绩效导向的生态保护补偿机制。健全生态保护补偿机制的顶层设计，加快完善生态保护成效与财政转移支付资金分配相挂钩的生态保护补偿机制，完善生态公益林补偿机制，实行省级公益林与国家级公益林补偿标准联动，出台海南省流域上下游横向生态保护补偿试点实施方案。

第六，建立绿色金融支持保障机制。支持海南开展绿色金融改革创新试点，鼓励开展集体林权抵押、环保技术知识产权质押融资业务和社会资本设立各类绿色发展产业基金，发展绿色保险，推动绿色资产证券化探索，在环境高风险、高污染行业和重点防控区域依法推行环境污染强制责任保险制度。

6. 推动形成绿色生产生活方式

首先，建设清洁能源岛。加快构建安全、绿色、集约、高效的清洁能源供应体系，编制出台海南省清洁能源汽车发展规划，加大天然气资源开发利用力度，全面实施城镇燃气工程，推动清洁低碳能源优先上网，拓宽清洁能源消纳渠道。

其次，全面促进资源节约利用。实施能源消费总量和强度双控行动，大力推行园区集中供热、特定区域集中供冷、超低能耗建筑、高效节能家电等，推广合同能源管理，完善市场化节能机制；实行城市土地开发整理新模式，有计划、分阶段、分区域地推进装配式建筑发展，提高土地利用效益。

再次，加快推进产业绿色发展。支持海南开展"散乱污"企业综合整治，推动现有制造业向智能化、绿色化和服务型转变，培育壮大节能环保产业、清洁生产产业、清洁能源产业。以产业园区和重点工程建设为依托，广泛推行环境污染第三方治理和合同环境服务。制定实施"限塑令",推进快递绿色包装产品使用。

最后,推行绿色生活方式。推行生活垃圾强制分类制度,出台海南省生活垃圾分类管理条例和海南省垃圾分类收集处理标准体系,提倡绿色出行,优先发展公共交通。挖掘海南本土生态文化资源,创建若干生态文明教育基地,构建全民参与的社会行动体系。

三、成就与问题①

(一)取得的成就

海南生态环境基础条件好,于 1999 年在全国第一个率先提出建设生态省。2005 年,国家环保部门启动实施生态建设示范区工作,自此,海南省大力开展生态文明示范区、生态乡镇与美丽乡村建设,保护生态环境,生态省建设取得了明显成效,促进了海南省经济社会与环境协调发展,确保了生态环境质量处于全国领先水平。

1. 国家级生态文明示范区建设方面

在生态文明示范区建设方面,以万宁、琼海和儋州等市为试点,开展全省"多规合一"改革试点,实施总体规划,建立生态红线和资源分区分类管控机制和生态保护补偿机制,统筹推进全域旅游、产业小镇、美丽乡村建设,开展海岸带保护与开发专项整治、违法建筑三年攻坚行动、城镇内(河)湖水污染治理等一系列环境专项整治行动等。2014 年,万宁、琼海被纳入第一批国家生态文明先行示范区;2015 年,儋州市被纳入国家第二批国家生态文明先行示范区。

2. 生态乡镇村建设方面

2000 年 7 月,海南省通过《海南生态省建设规划纲要》,有效推动了生态农村、生态文明村、文明生态镇的建设。截至 2018 年底,全省已累计建成 3 个国家级生态乡镇、1 个国家级生态村、19 个省级生态文明乡镇、186 个省级小康环保示范村和 16448 个文明生态村。

3. 美丽乡村建设方面

为全面推进美丽乡村建设改善,农村人居环境统筹城乡发展,海南省各级

---

① 对《国家生态文明试验区(海南)实施方案》等相关内容进行整理得到。

政府先后发布了《海南省改善农村人居环境实施意见（2015—2020 年）》《海南省美丽乡村建设五年行动计划（2016—2020）》和《海南省美丽乡村建设三年行动计划（2017—2019）》，成立美丽乡村建设领导小组、办公室等确保乡村生态文明建设稳步推进。到 2015 年底，累计建成 181 个省级美丽乡村试点。到 2017 年 5 月底，各市县农村生活垃圾治理通过国家考核验收，全省农村环境"脏乱差"现象得到根本改善。

4. 生态环境保护方面

目前，海南省在全国率先实行森林公安垂直管理，取消了中部山地生态核心区 GDP 考核，修订了保护林地、土地、海域、水源等法规，立法保护中国最大的东寨港红树林湿地自然保护区。全岛森林覆盖率高达 61.5%。大气、水体、近岸海域的海水质量持续优良，城镇空气质量优良天数达到 98.9%，清洁能源发电装机占全省统调发电装机容量的 40%。生态环境持续保持全国一流。

（二）面临的问题

海南省原有的经济基础并不足以支持生态省建设，海南建省以来一直面临经济发展与生态保护之间的两难选择，且导致了一些环境问题。同时，在国内与其他生态省和区域竞争中，海南省薄弱的经济基础与社会支持，以及日渐减弱的政策扶持，都对海南省进一步提升生态省建设的水平造成了阻滞。[①] 具体而言，海南生态省及国家生态文明试验区（海南）建设面临四个方面的主要问题：[②] 一是经济发展水平不高，财政收入总量较少，难以对生态省建设提供足够的资金支持，甚至还存在一些地方为追求眼前和局部利益而破坏生态环境的现象。二是公众生态环境意识还不是很强。具体体现为因决策失误而破坏生态、污染环境的事件时有发生，仍有一些企业单纯追求经济效益采用粗放型生产方式，导致生态破坏和环境污染；在社会生活中不注意节约资源、不自觉保护环境等不文明行为普遍存在。三是各类专业技术人才缺乏、科研力量薄弱，生态省建设所需要的人才和科技等智力支撑不足。四是海南生态省建设在政策法规上的问题尤为突出，在与环境保护相关的森林、土地、自然资源等方面，由于部门利益的差异会导致各种各样的政策失灵。在法律法规上，主要表现在由于

① 高晓红. 海南生态省建设的环境政策研究［D］. 青岛：中国海洋大学，2012.

② 江泽林. 按照科学发展观建设生态海南和谐海南［J］. 经济管理，2006（11）：81－83.

强调法制的统一性，而没有在法制统一的前提下，对特殊地区实行特殊的法律规范，导致关于生态省建设的全国性法律法规缺乏实际操作性。[①]

<h1 style="text-align:center">第三节　特色小镇建设</h1>

随着城镇化的发展，城镇化与生态环境治理之间的矛盾日益突出，特色小镇建设可以有效解决城镇化建设与生态环境保护之间的矛盾，促进城镇化与生态环境协调发展，已经成为突破城镇化发展瓶颈，推动城镇化持续健康发展的主要动力。海南省是中国生态环境最好、资源最为丰富的热带地区，具备建设特色小镇的良好的基础条件。

一、建设阶段与模式

海南省城乡一体化发展起步晚，起点低，提速快，受国土空间利用限制，特色小镇建设面临着城镇快速发展与生态环境保护双重任务。[②③] 在坚持以建设"省域中心城市—区域中心城市—县城中心镇—特色产业小镇"四级规模体系的基础上提出了特色小城镇群发展道路，以此来强化对开发建设过程中的自然环境、人文资源等内容的保护、治理与管理。[④]

（一）建设阶段

总的来说，海南省特色小镇建设主要分为两个阶段。一是从 2015 年到 2016 年的起步阶段。2015 年，海南省制定了关于特色产业小镇的建设实施方案和"六个一"工作要求，但两年来的特色小镇建设受地区政策导向、发展定位、项目资金、专业技术人才和建设模式等方面的局限，全省特色小镇建设处于起步

① 王书明，高晓红. 海南生态省建设研究综述［J］. 海南师范大学学报（社会科学版），2012，25（1）：1 – 8.
② 陈玉书，钱耀军，何海霞. 基于资源禀赋的小城镇特色营造策略研究——以海南省为例［J］. 改革与战略，2015（9）：63 – 67.
③ 曹威威，张德生. 海南特色小城镇建设路径研究——以儋州白马井镇为例［J］. 上海国土资源，2015，36（3）：27 – 38.
④ 何海霞，陈玉书，钱耀军. 生态文明导向下旅游特色小城镇建设研究——以海南旅游小城镇开发建设为例［J］. 新经济，2016（8）：1 – 2.

或停滞阶段，建设工作推进举步维艰。二是 2017 年以来的推进阶段。《海南省特色产业小镇建设三年行动计划》（2017—2019）的发布成为特色小镇发展的转折点，高水平打造 100 个特色产业小镇成为海南推进新型城镇化的重要抓手，但建设未能突破行政管辖区的行政约束，实施效果还不太明显。

（二）建设模式

海南省特色小镇建设的模式分为"企业主导建设 + 政府管理""政府主导和管理 + 企业建设"和"企业主导建设 + 居民参与 + 政府管理"三种模式（见表10-2）。其中，"企业主导 + 政府管理"是海南省特色小镇建设最为主要的一种模式。

表10-2　海南省特色小镇建设模式一览

开发与建设模式	模式内涵与适用类型	适用的小镇类型	代表性特色小镇
政府主导和管理 + 企业建设	政府主导，政府招标，企业进行建设	物流小镇 互联网小镇	海口演丰物流小镇
企业主导建设 + 政府管理	企业主导，政府辅助管理	旅游类特色小镇 渔业类特色小镇	三亚海棠湾龙海风情小镇 海口石山互联网农业小镇 海口火山风情旅游小镇
企业主导建设 + 居民参与 + 政府管理	企业主导，居民参与，政府辅助管理	有建设基础的小镇	三亚小鱼温泉休闲旅游度假小镇 三亚兰花热带农业风情小镇

资料来源：笔者整理。

二、存在的主要问题

（一）国土开发与利用层面的问题

一是土地利用开发受限，土地置换困难，部分城乡建设用地与最新的多规合一（空间类）冲突严峻。二是国土与规划部门交叉管理、土地产权交叉导致项目规划与项目用地不统一。三是特色小镇建设规划设计方案缺乏前瞻性、项目推进困难、建设面临脱产。四是特色小镇建设的土地政策和制度缺乏，对于农村土地流转和农村土地合法化等问题，管理部门的权力下放不明确。五是现有特色小镇的不平衡分布与现有旅游资源的不平衡分布有着高度一致的匹配度，产业与资源的开发和挖掘不清晰。六是全省 100 个特色产业小镇中有 46 个旅游型小镇，缺乏同地区同质化产品的特色建设实施方案和统筹完整的产业链，导致建设效果不明显。

（二）社会制度层面的问题

在统治性制度方面，一方面，上级政府对下级政府下达的建设目标模糊，政策引导不明确，缺乏实现目标的具体实施措施或方案，地方与基层干部盲目实施建设或等待具体指示现象突出；另一方面，多个部门管理职责交叉，地方及基层管理部门无管理实权，项目审批制度复杂，多部门审批流程缓慢、步骤烦琐。

在操作性制度方面，各部门的联动性较弱，缺乏统一申报、入选和审批的规范、导则和制度，各级申报审批部门对参选对象的基础条件把握不准确，对申报对象的可发展条件缺乏可行性研究，导致特色小镇建设出现了发展方向与定位不准确的现象。

（三）人力和财力层面的问题

在人力方面，政府职能部门简政放权实施效果较差，各市县政府负责建设的项目和总投资规模不能确定，小镇建设推进过程缺乏专家、专业技术人员跟踪指导，基层工作积压，人员不足，市县级及基层政府相关责任人疲于应付，决策者与执行者之间权责上和工作任务上由于性质的差异体现为主动与被动的显著不同，特色小镇建设可行性受到质疑。

在财力方面，国家级、省级专项配套资金和省级国家开发银行专项基金有限，建设资金来源单一、额度杯水车薪，开发模式以计划经济为主，政府投资引导，缺乏对市场经济规律的探索与应用，最终导致特色小镇的相应配套资金到位缓慢。

（四）其他方面的问题

特色小镇建设在一定程度上使小镇居民的收入来源和方式发生改变，平衡特色小镇建设与生产生活方式转型的尖锐矛盾成了乡镇居民关注的焦点。其中，部分特色小镇以少数民族聚落为基础，建设受少数民族传统文化、风俗习惯等牵制，观念意识转变面临挑战。

此外，建设和管理缺乏有效的机制，基层干部和人民群众对特色产业小镇建设缺乏信心。

第四节　美丽乡村建设

美丽乡村建设作为乡村振兴战略发展的主要内容之一，是指中国共产党第十六届五中全会提出的建设社会主义新农村的重大历史任务时提出的"生产发展、生活宽裕、乡风文明、村容整洁、管理民主"等具体要求。它既是美丽中国建设的基础和前提，也是推进生态文明建设和提升社会主义新农村建设的新工程、新载体①。美丽乡村在村庄建设中体现经济、政治、文化、社会和生态五位一体协调发展的思想，进一步深化了生态村的内涵。海南省拥有较为丰富的自然资源和人文资源，农村人居环境的提升及城乡一体化发展有赖于美丽乡村建设。

一、建设概况

海南省目前拥有 204 个乡镇、2657 个行政村、18700 个自然村，这些散落在琼州大地的乡村是海南省建设美丽乡村，建设国际旅游岛和国际旅游消费中心，实现全域旅游目标的宝贵资源。

作为全国建设美丽乡村的首批试点省份之一，海南省于 2013 年在海口琼山区、澄迈县等六个市县区，启动了美丽乡村建设试点工作，以推动农业与旅游、文化的融合。之后，在逐步的探索过程中，先后出台了《美丽乡村建设五年行动计划（2016—2020）》《海南省美丽乡村建设三年行动计划（2017—2019）》②《海南省美丽乡村规划建设技术导则（试行）》和《海南省美丽乡村建设考核方法（试行）》③ 等相关法律、法规、建设技术导则和规范等文件，以规范美丽乡村建设，使美丽乡村建设标准体系逐步形成，美丽乡村建设规划蓝图逐步实现。

海南省各市县依据当地特色，按照"一村一品"推进农村产业特色化，发

① 王卫星．美丽乡村建设：现状与对策［J］．华中师范大学学报（人文社会科学版），2014（1）：1 – 6.

② 海南省人民政府关于印发海南省美丽乡村建设三年行动计划（2017—2019）的通知（琼府〔2017〕23 号文件）［EB/OL］．http：//www. hainan. gov. cn/hn/zwgk/zfwj/szfwj/201702/t20170227_ 2242 208. html，2017.

③ 海南省住房和城乡建设厅关于印发《海南省美丽乡村建设考核办法》（试行）的通知［EB/OL］. http：//www. hnjst. gov. cn/info/1443/36385. htm，2016 – 10 – 19.

展休闲观光农业和乡村旅游，规划建设了一批美丽乡村。在美丽乡村建设过程中，借助自身的旅游资源优势，将改善农村人居环境与农村旅游化改造结合起来，推动农村基础设施、垃圾污水治理、农房特色化改造，以及农家旅游休闲、民宿等项目建设。各市县的美丽乡村建设各具特色，避免了"千村一面"，特色生态农业的发展优化了农业产业布局，乡村生态旅游业的发展，激发乡村经济活力。

截至 2017 年 10 月底，海南省各市县（含三沙、洋浦）共创建了 406 个美丽乡村示范村、204 个星级美丽乡村，其中，"五星"级 15 个、"三星"级 105 个、"一星"级 84 个。美丽乡村正成为海南省全域旅游的金字招牌和国际旅游岛和国际旅游消费中心建设的新亮点。

二、建设目标

海南省美丽乡村建设按照"规划引领、示范带动、全面推进、配套建设、突出特色、持续提升"的要求，坚持创新、协调、绿色、开放、共享发展理念，把美丽乡村建设与促进农村经济、社会、生态协调发展结合起来，通过加强农村环境卫生整治，提升生态人居品质，促进经济产业发展，弘扬特色乡土文化，推动美丽乡村建设从"点"到"线"向"面"发展，全面推进美丽乡村建设，持续改善农村人居环境，不断提高新农村建设水平，进而将海南省打造成全国生态文明示范区、中外游客的度假天堂和人民的幸福家园。

三、建设模式①

（一）琼海模式

琼海市以"打造田园城市，构建幸福琼海"为发展思路，在农村引入"企业＋农户"新业态模式，以政府投入为主，多方面筹集资金，对农村基础设施进行提升和改造，引导传统农业向休闲农业、特色高效农业发展，吸引游客休闲旅游、体验乡村生活，从而来增加农民收入，提高农民生活质量。美丽乡村建设的琼海模式以嘉积镇北仍村为代表。

（二）白沙模式

白沙县以"政府＋企业＋农民＋金融机构"为美丽乡村建设发展模式，结

---

① 邝野．以新发展理念推进海南美丽乡村建设［J］．现代经济信息，2017（20）：481－482.

合新农村建设、整村推进、民房改造、乡村旅游等，把全县乡村建设作为一个庞大的乡村旅游度假区来打造，通过"点—线"发展，逐步形成城乡统筹的全域旅游示范区。该模式为实现农民增收致富创造了更为有利的基础条件，也丰富了乡村旅游产品。

（三）澄迈模式

澄迈县规划建设了永发—美亭、老城—桥头、福山—白莲三条"美丽乡村带"。其中，福山咖啡文化风情镇以咖啡元素为主题，以休闲旅游、度假观光旅游、咖啡文化表演、生态居住为主要功能，兼商业服务、会议商展、文化创意等辅助功能。这造就了澄迈成为"咖啡之乡"和海南省新名片的先天条件。

（四）保亭什进村模式

保亭县什进村实施"大区小镇新村"新农村建设模式，即采用"旅游＋农业""公司＋农户"等形式，通过有实力的专业旅游企业牵头，农民、村集体和企业多方合作，改造了传统黎族村落，让村民和游客各得其乐。保亭县美丽乡村建设成就斐然，建设了不少村民住宅、博物馆、商业中心、管理中心、布隆赛酒店、游客接待中心和度假别墅等设施，实现了当地村民就地就近就业的可能。

（五）琼中什寒村模式

2010年以来，琼中县为改变什寒村贫困村落后面貌，整合了2000多万元扶贫资金，把什寒村作为乡村旅游示范村，全力打造开展民族文化广场、环村路、太阳能路灯、公共厕所及篮球场等基础设施建设，进行农户房屋立面改造，同时开展客栈、茅草屋、射弩场、露营基地、民宿、农家乐、景观台等旅游设施建设。通过几年的建设发展，已具备了开展乡村旅游的基础条件，这也是扶贫开发和美丽乡村建设方面的有益探索。

四、主要问题

海南省美丽乡村建设中普遍存在建成的美丽乡村占比小、建成美丽乡村标准不够高、社会资本参与乡村建设程度不足、旅游和扶贫开发领域存在"短板"等一些亟待解决的问题。主要表现在以下三个方面：①

---

① 邝野. 以新发展理念推进海南美丽乡村建设［J］. 现代经济信息，2017（20）：481-482.

（一）农村脏乱差问题还没有完全解决

海南岛除了文明生态村和转运试点村外，很多农村由于没有集中的垃圾收集点，农民只能把垃圾丢在村边或村口，形成垃圾包围农村态势。据统计，全省近70%的村庄没有集体生活垃圾收集点，也没有专人负责处理和填埋，只是在房前屋后、路边甚至水源地沿岸随意堆放，加之农村的垃圾没有经过分类无法焚烧，已严重影响水土、农田和村民健康。

究其原因，一是仍有部分市县政府对农村生活垃圾收运处理工作重视不够。这些市县财政相对紧张，环卫工作经费未能保障到位，大部分乡镇、农村尚未建立相应的环卫管理机构和配备专职的作业人员队伍，管理机构、技术力量、作业人员相对匮乏，日常管理、监督、考核、评比、通报、奖惩等体制尚未建立，因此农村生活垃圾清扫、收集、转运常态化工作机制尚未健全。二是由于选址征地困难等原因，部分市县生活垃圾收运处理设施项目选址一再变更，导致建设进度延误滞后，影响农村垃圾收集、转运和处理。三是大部分农村居民环保意识不强，随手乱扔乱丢垃圾的陋习一时难改。

（二）农村服务设施建设严重不足

由于历史欠账较多等原因，加之大部分村庄没有集体经济，少数村庄土地资源较少，又缺乏其他收入来源，当前农村基础设施及公共服务设施建设还比较滞后，农村道路、生活污水及垃圾处理、村庄亮化、绿化都还处于较低水平。全省大多数村庄尚未集中供水，群众大多使用院内压水井或村庄共用水井，存在较大饮水安全隐患。目前，全省90%以上村庄的生活污水，尚未经过无害化处理就直接排放或渗漏到地下；90%以上村庄的明沟排水系统，年久失修或堵塞不通或根本没有建立；近半数的村庄村内道路尚未硬化；超过半数的村庄没有路灯；90%的村庄完全没有消防栓或消防井等消防设施；大部分村庄防洪排涝设施不完善，防洪排涝机制不健全。

（三）村庄建设的无序状态未根本扭转

由于村镇规划建设管理机构长期没有设立、专业管理人员缺乏、管理缺位等原因，全省农村规划建设管理水平不高，村镇规划建设的无序状态未根本扭转，违法建设现象仍比较严重。为方便交通，群众偏好在公路两边建房，于是就出现了路修到哪里房子就沿路建到哪里的现象，特别是在城乡结合部、开发区及新景区周边尤为明显。

第四篇

第十一章　发展战略与部署

第一节　战略定位与战略目标

2018 年 4 月 13 日习近平总书记在庆祝海南建省办经济特区 30 周年大会上发表的重要讲话、[①] 2018 年 4 月 14 日中共中央和国务院印发的《关于支持海南全面深化改革开放的指导意见》[②] 及 2019 年 9 月 24 日国务院印发的《中国（海南）自由贸易试验区总体方案》,[③] 为海南省未来发展举旗定向，赋予了海南省"三区一中心"战略定位，明确了海南省在新的历史时期的战略目标。

一、战略定位

中共中央和国务院赋予海南省的"三区一中心"战略定位是指把海南省建成"全面深化改革开放试验区、国家生态文明试验区、国际旅游消费中心、国家重大战略服务保障区"。

（一）全面深化改革开放试验区

大力弘扬敢闯敢试、敢为人先、埋头苦干的特区精神，在经济体制改革和社会治理创新等方面先行先试。适应经济全球化新形势，实行更加积极主动的开放战略，探索建立开放型经济新体制，把海南省打造成为中国面向太平洋和印度洋的重要对外开放门户。

---

① 习近平. 在庆祝海南建省办经济特区 30 周年大会上的讲话［M］. 北京：人民出版社，2018.
② 中共中央国务院关于支持海南全面深化改革开放的指导意见［M］. 北京：人民出版社，2018.
③ 中国（海南）自由贸易试验区总体方案［M］. 北京：人民出版社，2018.

（二）国家生态文明试验区

牢固树立和践行"绿水青山就是金山银山"的理念，坚定不移走生产发展、生活富裕、生态良好的文明发展道路，推动形成人与自然和谐发展的现代化建设新格局，为推进全国生态文明建设探索新经验。

（三）国际旅游消费中心

大力推进旅游消费领域对外开放，积极培育旅游消费新热点，下大气力提升服务质量和国际化水平，打造业态丰富、品牌集聚、环境舒适、特色鲜明的国际旅游消费胜地。

（四）国家重大战略服务保障区

深度融入海洋强国、"一带一路"建设、军民融合发展等重大战略，全面加强支撑保障能力建设，切实履行好党中央赋予的重要使命，提升海南省在国家战略格局中的地位和作用。

二、战略目标

（一）总目标

进入中国特色社会主义新时代，海南省作为中国最大的经济特区和改革开放的试验田，要以新时代中国特色社会主义思想为指导，坚持新发展理念，高举改革开放旗帜，统筹推进"五位一体"总体布局和协调推进"四个全面"战略布局，以供给侧结构性改革为主线，创新思路，凝聚力量，突出特色，建设好中国（海南）自由贸易试验区和中国特色自由贸易港，努力成为新时代全面深化改革开放的新标杆，形成更高层次改革开放新格局，探索实现更高质量、更有效率、更加公平、更可持续的发展，争创新时代中国特色社会主义生动范例，成为展示中国风范、中国气派、中国形象的亮丽名片，为把中国建设成为富强、民主、文明、和谐、美丽的社会主义现代化强国作出更大贡献。

（二）分步目标

到2020年，与全国同步实现全面建成小康社会目标，确保现行标准下农村贫困人口实现脱贫，贫困县全部"摘帽"；自由贸易试验区建设取得重要进展，国际开放度显著提高；公共服务体系更加健全，人民群众获得感明显增强；生态文明制度基本建立，生态环境质量持续保持全国一流水平。

从2021年到2025年，经济增长质量和效益显著提高；自由贸易港制度初步建立，营商环境达到国内一流水平；民主法制更加健全，治理体系和治理能力现代化水平明显提高；公共服务水平和质量达到国内先进水平，基本公共服务均等化基本实现；生态环境质量继续保持全国领先水平。

从 2026 年到 2035 年，在社会主义现代化建设上走在全国前列；自由贸易港的制度体系和运作模式更加成熟，营商环境跻身全球前列；人民生活更为宽裕，全体人民共同富裕迈出坚实步伐，优质公共服务和创新创业环境达到国际先进水平；生态环境质量和资源利用效率居于世界领先水平；现代社会治理格局基本形成，社会充满活力又和谐有序。

从 2036 年到 21 世纪中叶，率先实现社会主义现代化，形成高度市场化、国际化、法治化、现代化的制度体系，成为综合竞争力和文化影响力领先的地区，全体人民共同富裕基本实现，建成经济繁荣、社会文明、生态宜居、人民幸福的美好新海南。

第二节　战略重点与战略措施

一、12 大重点产业

《海南省总体规划纲要（2015—2030）》提出，海南省产业结构调整方向是，大力提升热带高效现代农业，加快发展新型工业和高技术产业，做大做强以旅游业为龙头的现代服务业，并将旅游产业、热带特色高效农业、互联网产业、医疗健康产业、现代金融服务业、会展业、现代物流业、油气产业、医药产业、低碳制造业、房地产业与高新技术、教育、文化体育产业 12 个产业作为重点发展产业。

（一）旅游产业

近年来，海南省的旅游收入和旅游人数均保持两位数增长，旅游业发展迅速。未来，海南省将进一步推动旅游产业转型升级，加快构建以观光旅游为基础、休闲度假为重点、文体旅游和健康旅游为特色的旅游产业体系，推进全域旅游发展，同时拓展旅游消费发展空间，提升旅游消费服务质量，努力打造海南国际旅游消费中心，建设中华民族的四季花园和中外游客的度假天堂。

（二）热带特色高效农业

海南省是中国唯一的热带省份，素有"天然温室"美誉，具有发展热带高效农业的独特条件。未来，海南省将大力实施乡村振兴战略，以农业供给侧改革为主线，以生态循环农业为技术路径，重点发展南繁育种、天然橡胶、热带水果、冬季瓜菜、海洋渔业等种养殖业，加快发展农产品加工物流业、休闲农业、"互联网＋农业"、农业金融保险等农业现代服务业，以拓展农业产业链和价值链，调精调优农业结构、提升热带农产品质量品牌，做强做优热带特色高效农业，打造国家热带现代农业基地。

（三）互联网产业

海南省的环境优势特别适合互联网产业发展，海南省的互联网企业逐渐增加，一批互联网小镇正启动建设，互联网与农业、旅游、医疗、流通等行业正加速融合。未来，与热带特色高效农业、旅游产业相关的电子商务，游戏动漫制作及配套，软件和信息服务外包产业，大数据、研发设计、数字内容、物联网和卫星导航等平台支撑产业及"互联网＋旅游""互联网＋农业""互联网＋医疗"等"互联网＋产业"，是海南省互联网产业发展的重点。

（四）医疗健康产业

2013 年，国家批准在海南设立博鳌乐城国际医疗旅游先行区，并赋予九项特殊优惠政策，先行区基础设施建设已全面铺开，多个高端医疗项目已开工建设或落地。同时，海南省是首批国家中医药服务贸易先行先试区，海口、三亚中医药健康旅游国际示范区建设已经启动。未来，海南省将高起点高标准发展医疗健康产业，将以特许医疗、中医药健康服务、健康养生、健康保险、中医药种植及产品研发应用和"互联网＋医疗健康产业"作为发展重点，充分利用国家赋予的先行区九项特殊政策和支持社会办医 18 条政策，加快开放医疗健康服务市场，引入社会资本投资兴办有规模、有品牌、有特色的医疗机构，着力打造聚集前沿技术、高端人才、一流管理的健康产业区，逐步建立覆盖全生命周期、业态丰富、结构合理的健康产业体系。

（五）现代金融服务业

随着中国进出口银行、中信银行、阳光人寿保险公司总部等一批金融机构纷纷进驻，股权交易中心、贵金属交易中心、国际能源交易中心相继开业运营，海南省金融业增长迅速，成为拉动服务业增长的主要动力。未来，海南省将通过壮大市场主体、增加信贷资金、建设多层次金融市场、用好保险红利政策、强化普惠金融、推动地方金融创新等措施，构建机构健全、产品丰富、创新活跃、竞争有序、监管适度、功能完善的现代金融市场体系，提升金融业服务海南国际旅游消费中心与海南外贸区（港）的能力和水平，努力把金融业打造成为海南省重要的支柱产业。

（六）会展业

海南省会展业发展既有环境优势，也有博鳌亚洲论坛品牌优势，在海南省经济发展中地位突出。未来，海南省将进一步优化会展业发展环境，积极推进大型展馆、大型会议、品牌展览、特色节庆、国际文体赛事等工程建设，大力发展会展旅游，积极引进国际性会议、协会和大公司年会，在旅游购物、海洋旅游、健康医疗、互联网产业、特色高效农业、航天产业等方面培育一批国际化、专业化和品牌化的展会，形成以海口、三亚、琼海为中心，其余市县特色化、差异化发展的会展业空间格局，着力提升海南省会展业国际化水平。

（七）现代物流业

海南省作为21世纪海上丝绸之路的战略支点，发展现代物流业区位优势明显。未来，海南省将进一步整合物流资源，建设物流通道与海口美安、澄迈金马、洋浦、三亚、东方、琼中六大物流园区，完善物流网络，创新物流模式，培育壮大物流企业，重点发展大宗商品交易中心、保税物流、跨境电子商务物流及城市共同配送、农产品、医药冷链物流，努力将海南省打造成为面向东南亚和大洋洲的区域航运枢纽和物流中心。

（八）油气产业

海南省油气资源丰富，目前已依托洋浦经济开发区和东方工业园区，以海南炼化、中海化学、东方石化等企业为龙头，初步形成比较完备的石油化工、天然气化工和精细化工产业链。未来，海南将在坚持严格环保要求和园区化的前提下，重点发展石油、芳烃、尿素、甲醇等化学原料产业、精细化工产业、新材料产业、高端化学制品产业和能源交易产业，特别是推动南海油气勘探、开发和加工，推进油气产业的精细化发展，延伸产业链，提高附加值。

（九）医药产业

海南省的南药、黎药和海洋生物资源丰富，四大南药产量占全国90%以上。近年来，海南省医药产业已初具规模，打造了"海口药谷"产业聚集区，培育了"养生堂""快克""康芝"等中国驰名商标。未来，海南省将优化发展化学制药产业，重点突破生物制药和医疗器械产业，特色发展南药、黎药、海洋药物、中药饮片、药妆、医药保健品等产业，打造高效创新产业集群。

（十）低碳制造业

经过多年的发展，海南省已初步建立起汽车及装备、轻工食品、医药等低碳制造业产业体系。未来，海南省将坚持集约、集群、低碳、节能、园区化和高技术的发展方向，着力发展新能源汽车制造、新兴绿色食品加工、新能源新材料、游艇制造和海洋装备制造、新型网络化制造等低碳制造业。一是抓住国家和海南省推广新能源汽车机遇，推动我省汽车产业转型升级做大新能源汽车产业。二是依托海南省特色资源，加快发展以绿色、生态、健康为特点的新兴绿色食品加工业。三是利用海南省地理环境优势，加快发展太阳能发电、生物质能源等产业，培育发展绿色建材、新型净水材料等新材料制造业。四是抓住国际旅游消费中心建设、南海开发、21世纪"海上丝绸之路"建设等重大机遇，加快发展旅游制造业和海洋装备制造业。五是积极培育新型网络化制造新业态，包括个性化定制、3D打印、众包设计、云制造等。

（十一）房地产业

海南省房地产业在扩大投资、增加税收、改善居民住房条件等方面做出了重要贡献，是支撑海南省经济稳定增长的支柱产业之一。未来，海南省将以本岛长居型居住地产、经营性旅游地产、度假旅居型地产和商业地产为房地产业发展重点，推进房地产业与"百镇千村"建设和旅游、医疗、健康、文化、教育、商业等产业融合发展，建立持续稳定健康的房地产产品供应体系与住房保障体系，全面提升房地产产品品质。

（十二）高新技术、教育、文化体育产业

高新技术、教育、文化和体育产业是未来海南省产业发展的重点。在高新技术产业方面，海南省将重点推进高新技术产业与新能源、新材料、电子信息、汽车制造、游艇制造等产业的融合发展，支持科技园区积极引进创新能力强、市场潜力大的高新技术企业。在教育发展方面，将统筹办好各级各类教育，鼓励社会力量和民间资本提供多样化、个性化优质教育服务，扩大教育消费，将重点引进国内外一流的研究机构、中外合作办学机构和国际教育培训机构，带动旅游、科技、地产等产业发展。在文化和体育产业方面，将重点发展特色娱

乐产业、文化旅游产业、文化节庆会展产业、影视制作产业、新媒体与创意产业、体育休闲产业和对外文化贸易产业。

二、三大类 20 个重点产业园区

产业园区能够有效集聚生产要素，节约和集约利用土地，是推动海南省经济转型升级、实现高质量发展的重要支撑。促进产业园区高质量发展，事关海南省全面深化改革开放全局，事关中国（海南）自贸区和中国特色自贸港建设进程。

《海南省重点产业园区高质量发展的若干意见》紧紧围绕海南省"三区一中心"战略定位和旅游业、现代服务业、高新技术产业三大主导产业，聚焦种业、医疗、教育、体育、电信、互联网、文化、维修、金融、航运十个重点领域，精心规划了三大类 20 个重点园区。[①]

（一）旅游类七个重点产业园区

包括海口观澜湖旅游园区、三亚海棠湾国家海岸休闲园区、三亚凤凰岛邮轮旅游产业园、陵水黎安旅游教育文化产业园、儋州海花岛旅游产业园、兴隆健康旅游产业园和乐东龙腾湾旅游园区七个园区。以三亚凤凰岛邮轮旅游产业园、儋州海花岛旅游产业园、陵水黎安旅游教育文化产业园为代表。这类园区将打造最好的旅游基础设施，为相关旅游企业开展投资经营创造最好的条件。

（二）现代服务业类五个重点产业园区

包括海口江东新区、三亚总部经济和中央商务区、博鳌乐城国际医疗旅游先行区、海口综合保税区与博鳌亚洲论坛特别规划区五个园区。以海口江东新区、三亚总部经济和中央商务区、博鳌乐城国际医疗旅游先行区为代表。这类园区适合医疗、教育、文化、体育、电信、互联网、金融、航运、商贸、物流、设计、商务服务等领域的服务业企业前来投资。

（三）高新技术类八个重点产业园区

包括海口国家高新技术产业开发区、三亚崖州湾科技城、文昌国际航天城、洋浦经济开发区、东方临港产业园、海南生态软件园、陵水清水湾信息产业园、

---

① 海南省人民政府网. 海南推进 20 个重点园区高质量发展［EB/OL］. http：//www. hainan. gov. cn/hainan/5309/201909/ fc6b4340bb8f4741af559b1970225eae. shtml, 2019 – 09 – 03.

海口复兴城互联网信息产业园八个园区。以三亚崖州湾科技城、文昌国际航天城为代表。这类园区重点发展深海、种业、航天"海陆空"产业，有望成为实施创新驱动发展战略的大亮点。

三、分区差异化发展空间战略①

经济区是地域完整、内部联系相对紧密、相对独立的经济地域单元，是推进区域经济协调发展的重要空间载体。海南省落实"三区一中心"战略定位及推进中国（海南）自由贸易试验区和中国特色自由贸易港建设，需要明确四大经济区的战略定位或发展方向，制定推进经济区高质量发展的政策或措施，实施分区差异化发展空间战略。

（一）四大经济区战略定位或发展方向

1. 三沙海洋经济区

本区有优美的自然环境与丰富的自然旅游资源和海洋资源，应深度融入海洋强国、军民融合发和"一带一路"建设战略，重点发展海洋旅游业、现代渔业、海洋油气产业等海洋特色经济，以期成为海南国家重大战略服务保障区建设的主阵地。

2. 海南岛东北部经济区

从资源环境与产业发展现状出发，本区应重点推进新能源汽车制造、航空、电信、互联网、金融、教育、医疗、文化等第二、三产业领域的改革和开放，并着眼于以省会海口为中心、以文昌、琼海和澄迈为次中心的都市区建设，推进第一产业的创新，重点打造海口—澄迈高新技术产业集聚区、海口—文昌—琼海现代服务业高地及海口—文昌—琼海—定安—屯昌—澄迈都市农业区，以期成为海南全面深化改革开放试验区建设的主阵地、中国（海南）自由贸易试验区和中国特色自由贸易港建设的引领区。

3. 海南岛东南部经济区

从资源环境与产业发展现状出发，本区应强力推动旅游业与相关产业深度融合，重点建设三亚—陵水—万宁热带滨海旅游度假目的地、农副食品和旅游

① 李敏纳，蔡舒，甘小军，覃成林. 自贸区建设背景下海南省经济区划与分区发展研究［J］. 海南大学学报（人文社会科学版），2019，37（3）：64－72.

用品制造业集聚区与国家现代农业示范区，五指山—乐东—琼中—保亭—陵水生态和黎苗文化旅游区，以期成为海南国际旅游消费中心建设主阵地、中国（海南）自由贸易试验区和中国特色自由贸易港建设的重要阵地。

4. 海南岛西部经济区

本区应紧紧依托资源优势和产业基础，重点发展儋州（那大—洋浦）—昌江—东方新型工业基地、航运和物流业高地与工业文化旅游目的地，临高热带特色高效农业和海洋渔业基地，白沙生态黎苗文化旅游区和生态循环农林业区，以期成为海南国家生态文明试验区建设的示范区、中国（海南）自由贸易试验区和中国特色自由贸易港建设的重要阵地。

（二）推进经济区高质量发展的重要举措

1. 建立经济区内统筹协调组织

建立经济区内统筹协调组织，以协调经济区内各行政区的政府管理。统筹协调组织涉及两个层面：一是跨经济区内行政区管理的综合性权威机构，如地区协调发展委员会；二是非政府组织参与的民间组织，如区域性联合商会。前者必须具有法律法规赋予的权利，主要有四项职能：一是就经济区发展重大问题组织协商，制定经济区发展规划，并协助经济区内各市县制定地方性的社会经济发展规划，确保局部性规划和整体性规划有机衔接；二是组织实施和协调关系经济区整体利益的基础设施建设、重大战略资源开发和生态环境保护等工作；三是制定经济区内各市县必须共同遵守的市场公约，综合整治经济区市场环境，推动经济区统一市场的形成；四是管理和分配使用经济区共同发展基金，并协调各市县之间、不同主体功能区之间、各部门或行业之间的利益。后者在政府的激励之下组建，其主要职能在于沟通行业信息，筹划和推动行业内或跨行业的企业合作，开拓国内国际市场，提供法律、信息、金融、财务和人才等方面的咨询服务。

2. 科学编制和有效实施经济区发展规划

科学编制和有效实施经济区发展规划，以突破阻碍经济区发展的行政区划限制。经济区发展规划的编制应由作为综合性权威机构的统筹协调组织牵头，与各市县规划编制单位共同承担，并在上级规划部门指导下进行；应体现区域可持续发展原则、协商和协调原则和以人为本、公众参与原则。在此基础上，建立完善的规划实施的监督和评估制度。结合海南省实际，各经济区发展规划应涉及如下内容：①经济区整体及其内部各市县的战略定位和发展方向；②经济区空间结构和中心节点（城镇）体系；③经济区产业结构、产业空间布局、产业转移、承接和整合；④经济区基础设施、政务环境和市场的一体化建设；⑤重大战略资源开发、生态环境保护、流域和海岸带的综合开发和治理等方面跨市县甚至跨经济区的合作机制；⑥经济区发展政策和措施。

3. 健全经济区制度体系

健全的法规和政策等制度体系，是经济区发展的重要保障。①通过地方法规的形式，明确各统筹协调组织的权利和义务，保证经济区发展规划的科学性、权威性和有效实施，构建统一的市场竞争规则，消除阻碍商品和要素流动的壁垒，并保护资源和环境；②通过制定和实施产业、财政、金融、税收与人才等各方面的政策，引导资本、人才和劳动力等要素向重点产业和重点地区流动，优化产业结构和产业空间布局，并立足于区域分工和合作的发展，推进利益的合理分配，实现利益分享和利益平衡；③改变唯 GDP 论的政绩评价导向，因地制宜地建立较科学的政绩评价体系，使地方政府职能真正转变到为经济区发展服务的轨道上来。

四、战略措施[1][2][3]

（一）坚持开放为先

支持海南全岛建设自由贸易试验区，支持海南省逐步探索、稳步推进中国特色自由贸易港建设，分步骤、分阶段建立自由贸易港政策和制度体系，这是党中央着眼于国际国内发展大局，深入研究、统筹考虑、科学谋划作出的重大决策，是彰显中国扩大对外开放、积极推动经济全球化决心的重大举措。海南省要利用建设自由贸易试验区和中国特色自由贸易港的契机，坚持开放为先，实行更加积极主动的开放战略，加快建立开放型经济新体制，推动形成全面开放新格局。具体措施包括大幅放宽外资市场准入、提升贸易便利化水平、创新贸易综合监管模式、推动贸易转型升级、加快金融开放创新、加强"一带一路"国际合作，特别是要建设 21 世纪海上丝绸之路的文化、教育、农业、旅游等交

① 习近平. 在庆祝海南建省办经济特区 30 周年大会上的讲话［M］. 北京：人民出版社，2018.
② 中共中央国务院关于支持海南全面深化改革开放的指导意见［M］. 北京：人民出版社，2018.
③ 中国（海南）自由贸易试验区总体方案［M］. 北京：人民出版社，2018.

流平台，在建设 21 世纪海上丝绸之路重要战略支点上迈出更加坚实的步伐。

（二）站在更高起点谋划和推进改革

要站在更高起点谋划和推进改革，下大气力破除体制机制弊端，不断解放和发展社会生产力。深化党和国家机构改革是当前的一项重要工作，要按照党中央统一部署，深化机构和行政体制改革，科学配置行政资源，转变政府职能，深化简政放权，改革和完善行政管理体制。与此同时，强化改革举措系统集成，科学配置各方面资源，加快推进城乡融合发展体制机制、人才体制、财税金融体制、收入分配制度、国有企业等方面的改革，形成更加成熟更加定型的制度体系，为国家治理体系和治理能力现代化进行新的探索。通过改革，打造国际一流营商环境，推进行政管理职能与流程优化，推行"互联网＋政务服务"模式，完善知识产权保护和运用体系，提高人才工作便利度。

（三）构建现代化经济体系

中国经济已由高速增长阶段转向高质量发展阶段，这是党中央对新时代中国经济发展特征的重大判断。发展是第一要务，创新是第一动力，是构建现代化经济体系的战略支撑。要坚决贯彻新发展理念，深化供给侧结构性改革，发挥优势，集聚创新要素，积极发展新一代信息技术产业和数字经济，推动互联网、物联网、大数据、卫星导航、人工智能同实体经济深度融合，建设现代化经济体系，整体提升综合竞争力，在推动经济高质量发展方面走在全国前列。①发挥热带地区气候优势，做强做优热带特色高效农业，打造国家热带现代农业基地，打响海南热带农产品品牌；②要瞄准国际标准提高水平，下大气力调优结构，重点发展旅游、互联网、医疗健康、金融、会展等现代服务业，加快服务贸易创新发展，促进服务业优化升级，形成以服务型经济为主的产业结构；③加快构建现代基础设施体系，实施更加开放便利的离岛免税购物政策，采用国际先进理念进行旅游资源保护和开发，培育旅游消费新业态新热点，提升服务能力和水平，推进全域旅游发展，建设具有世界影响力的国际旅游消费中心；④建设航天领域重大科技创新基地和国家深海基地南方中心，打造空间科技创新战略高地；⑤创新科技管理体制，建立符合科研规律的科技创新管理制度和国际科技合作机制，建设海南国际离岸创新创业示范区；⑥发展海洋科技，提高海洋资源开发能力，加快培育新兴海洋产业，建设现代化海洋牧场，建设南海资源开发服务保障基地和海上救援基地，打造海洋强省，坚决守好祖国南大门。

（四）在生态文明体制改革上先行一步

生态文明建设事关中华民族永续发展和"两个一百年"奋斗目标的实现，保护生态环境就是保护生产力，改善生态环境就是发展生产力。海南省具有青山绿水和碧海蓝天，优美的生态环境是大自然赐予的宝贵财富，须倍加珍惜和精心呵护。要牢固树立和全面践行"绿水青山就是金山银山"的理念，建设国家生态文明试验区，在生态文明体制改革上先行一步，走出一条人与自然和谐发展的路子，为全国生态文明建设探索经验和作出表率，使海南省真正成为中华民族的四季花园。①实行最严格的生态环境保护制度，构建高效统一的规划管理体系，率先建立现代生态环境和资源保护监管体制；②积极开展国家公园体制试点，建设热带雨林等国家公园，构建归属清晰、权责明确、监管有效的自然保护地体系；③完善以绿色发展为导向的考核评价体系，建立健全形式多样、绩效导向的生态保护补偿机制；④严格保护海洋生态环境，建立健全陆海统筹的生态系统保护修复和污染防治区域联动机制。

（五）坚持以人民为中心的发展思想

人民群众是历史的创造者，要坚持以人民为中心的发展思想，不断满足人民日益增长的美好生活需要，让改革开放成果更多更公平惠及人民。①充分尊重人民群众意愿，坚持人民群众主体地位，发挥人民群众首创精神，让人民群众积极支持改革开放，并踊跃投身改革开放；②坚持从人民群众普遍关注、反映强烈、反复出现的问题背后查找体制机制弊端，找准深化改革的重点和突破口；③加快推进民生领域体制机制改革，不断完善公共服务体系，着力提高保障，改善民生水平，促进社会公平正义。

（六）实施人才强省战略

围绕建设中国（海南）自由贸易试验区与中国特色自由贸易港，大力实施人才强省战略，为推动海南省成为新时代全面深化改革开放的新标杆、争创新时代中国特色社会主义生动范例提供坚强有力的人才保障。①坚持五湖四海广揽人才，在深化人才发展体制机制改革上有突破，实行更加积极、更加开放、更加有效的人才政策，创新人才培养支持机制，构建更加开放的引才机制，全面提升人才服务水平，让各类人才在海南省各尽其用、各展其才；②鼓励国内知名高校和研究机构在海南省设立分支机构，积极引进境外优质教育资源，举办高水平中外合作办学机构和项目；③开展国际人才管理改革试点，探索建立吸引外国高技术人才的管理制度，吸引外籍和港澳台地区技术技能人员按规定在海南省就业、永久居留，吸引中国高等院校获得硕士及以上学位的优秀外国留学生在海南省就业创业。

（七）坚持和加强党的全面领导

坚持党的领导，全面从严治党，是改革开放取得成功的关键和根本，经济特区与自由贸易试验区（港）处于改革开放前沿，对全面加强党的领导和党的建设有着更高要求，要坚持和加强党的全面领导，确保全面深化改革开放正确方向。

参考文献

［1］ Bryan B A, Crossman N D. Systematic Regional Planning for Multiple Objective Natural Resource Management ［J］. Journal of Environmental Management, 2008, 88（4）: 1175 – 1189.

［2］ Chenery H, Robinson S, Syrquin M. Industrialization and Growth: A Comparative Study ［M］. London: Oxford University Press, 1986.

［3］ Davis B C. Regional Planning in the US Coastal Zone: A Comparative Analysis of 15 Special Area Plans ［J］. Ocean &Coastal Management, 2004, 47（1）: 79 – 94.

［4］ Nakajima K. Economic Division and Spatial Relocation: The Case of Postwar Japan ［J］. Journal of The Japanese and International Economies, 2007, 22（3）: 383 – 400.

［5］ B. Pichat. 人口老龄化及其社会经济后果 ［R］. 联合国经济和社会理事会, 1956.

［6］ 白永秀, 周江燕, 赵勇, 吴振磊. 中国省域城乡发展一体化水平评价报告 ［M］. 北京: 中国经济出版社, 2012.

［7］ 曹威威, 张德生. 海南特色小城镇建设路径研究——以儋州白马井镇为例 ［J］. 上海国土资源, 2015, 36（3）: 27 – 38.

［8］ 陈刚, 金通. 经济发展阶段划分理论研究述评 ［J］. 北方经贸, 2005（4）: 12 – 14.

［9］ 陈娟. 基于分行业面板数据的服务业全要素生产率分析——以浙江省为例 ［J］. 商业经济与管理, 2010, 229（11）: 61 – 68.

［10］ 陈君. 海南岛沿海防护林生态系统服务功能价值估算与实现 ［D］.

海口：华南热带农业大学，2007.

［11］陈彦光．城市人口——城区面积异速生长模型的理论基础、推广形式及实证研究［J］．华中师范大学学报（自然科学版），2002，36（3）：375－380.

［12］陈玉书，钱耀军，何海霞．基于资源禀赋的小城镇特色营造策略研究——以海南省为例［J］．改革与战略，2015（9）：63－67.

［13］仇保兴．中国的新型城镇化之路［J］．中国发展观察，2010（4）：56－58.

［14］仇保兴．中国特色的城镇化模式之辨——"C模式"：超越"A模式"的诱惑和"B模式"的泥淖［J］．城市规划，2008，32（11）：9－14.

［15］代超．而立海南："生态立省"永远在路上［OE/OL］．新华网，2018－04－22.

［16］戴平生．区位基尼系数的计算、性质及其应用［J］．数量经济技术经济研究，2015（7）：149－161.

［17］董浩平，黄玮．浅谈城市河流整治与景观设计［J］．水电站设计，2005（2）：48－51.

［18］冯雪，刘芳．交通对城市发展的影响机制探析［J］．当代经济，2011（9）：24－25.

［19］符国基．海南自然旅游资源调查、分类与评价［J］．海南大学学报（自然科学版），2010，28（1）：52－58.

［20］符和积．海南地域文化的历史构成、发展与特性［J］．海南师范大学学报（社会科学版），2015，28（4）：96－106.

［21］高晓红．海南生态省建设的环境政策研究［D］．青岛：中国海洋大学，2012.

［22］高新才，王云峰，买莎．区域经济发展中的经济区划问题研究——基于经济区划与行政区划冲突的思考［J］．贵州社会科学，2010（11）：72－76.

［23］顾京涛．海南省域空间规划背景下的城乡一体化问题研究［D］．北京：清华大学，2012.

［24］郭晓帆．发掘海南华侨文化，做好海外统战工作［J］．中央社会主义学院学报，2010（1）：76－78.

［25］国家测绘局海南测绘资料信息中心．海南省地图集［M］．广州：广

东省地图出版社，2008.

[26] 国家生态文明试验区（海南）实施方案［Z］.

[27]《海南年鉴》编委会.海南年鉴［M］.海口：海南年鉴社，2016.

[28] 海南省第六次人口普查办公室.海南人口现状、发展与展望：海南省第六次人口普查课题集［C］.海口：海南省统计局，2014.

[29] 海南省人民政府办公厅.海南省能源发展"十三五"规划［EB/OL］. http：//www. hainan. gov. cn/hn/zwgk/zfwj/ bgtwj/201704/ t20170417_ 2295365. html，2017 – 04 – 17.

[30] 海南省人民政府办公厅.海南省水务发展"十三五"规划［EB/OL］. http：//www. hainan. gov. cn/hn/zwgk/zfwj/ 201705/ t20170517_ 2322326. html，2017 – 05 – 17.

[31] 海南省人民政府办公厅.海南省信息基础设施"十三五"规划［EB/ OL］. http：//www. hainan. gov. cn/data/ hnzb/ 2017/02/3746，2017 – 09 – 14.

[32] 海南省人民政府网.海南推进 20 个重点园区高质量发展［EB/OL］. http：//www. hainan. gov. cn/ hainan/5309/ 201909/ fc6b4340bb8f4741af559b1970 225eae. shtml，2019 – 09 – 03.

[33] 海南省社科联课题组.积极探索海南特色的发展新路［N］.海南日报，2008 – 03 – 31（13）.

[34] 海南省主体功能区规划（2010—2020）（2013 更新版）［Z］.

[35] 海南省住房和城乡建设厅，中国城市规划设计研究院.海南省城乡经济社会发展一体化总体规划（2010 – 2030）［EB/OL］.海南省人民政府网，http：//hainan. gov. cn/data/hnzb/2012/03/0185，2012 – 3 – 31.

[36] 海南省总体规划纲要（2015—2030）［Z］.

[37] 何海霞，陈玉书，钱耀军.生态文明导向下旅游特色小城镇建设研究——以海南旅游小城镇开发建设为例［J］.新经济，2016（8）：1 – 2.

[38] 纪俊超，李秀英.中国导游十万个为什么（海南）［M］.北京：中国旅游出版社，2006.

[39] 江泽林.按照科学发展观建设生态海南和谐海南［J］.经济管理，2006（11）：81 – 83.

[40] 邝野.以新发展理念推进海南美丽乡村建设［J］.现代经济信息，

2017（20）：481 – 482.

［41］李敏纳，蔡舒，甘小军，覃成林．自贸区建设背景下海南省经济区划与分区发展研究［J］．海南大学学报（人文社会科学版），2019，37（3）：64 – 72.

［42］李敏纳，蔡舒，李营堃．海南省经济空间分异格局分析［A］//AEIC Academic Exchange Information Centre（China）．Proceedings of 2019 4th International Conference on Financial Innovation and Economic Development（ICFIED 2019）（Advances in Economics，Business and Management Research，VOL. 76）［C］．AE-IC Academic Exchange Information Centre（China）：International Conference on Humanities and Social Science Research，2019：324 – 329.

［43］李敏纳，程叶青，蔡舒等．国际旅游岛建设以来海南省产业空间分异格局及其驱动机制［J］．地理科学，2019，39（6）：967 – 977.

［44］李敏纳，周春山，蔡舒等．海南建省以来经济增长空间分异格局演变［J］．经济地理，2017，37（2）：23 – 32.

［45］李敏纳．海南置业者应转变投资炒房心态［N］．中国建设报，2018 – 04 – 17（006）.

［46］廖逊，张山克，张金良．琼海：海南东部经济区中心城市的选择［J］.海南大学学报（社会科学版），1994（2）：7 – 14.

［47］刘本盛．中国经济区划问题研究［J］．中国软科学，2009（2）：81 – 89.

［48］刘国光．海南经济发展战略［M］．北京：经济管理出版社，1988.

［49］刘涵，谭国伟．打造海南热带特色高效王牌农业的思考［J］．南海学刊，2017（3）：5 – 7.

［50］马海霞，张宝山．新疆经济区划与天山南北坡经济带的形成［J］．地域研究与开发，2006（4）：48 – 52.

［51］潘建纲．发挥海南资源优势开发建设"海洋大省"［J］．自然资源学报，1992，7（1）：55 – 63.

［52］庞玉兰，王欣．"海洋强国"战略背景下海南海洋产业发展策略［J］.改革与战略，2016，32（9）：82 – 84.

［53］齐元静，杨宇，金凤君．中国经济发展阶段及其时空格局演变特征

［J］．地理学报，2013，68（4）：517－531.

［54］沈德理．非均衡格局中的地方自主性——对海南经济特区发展的实证研究［D］．武汉：华中师范大学，2002.

［55］沈振中．水利工程概论［M］．北京：中国水利水电出版社，2011.

［56］帅先富．要素和市场约束下海南产业产业结构优化模式与路径选择［D］．长沙：湖南大学，2012.

［57］宋洁华，李敏纳，蔡舒，王平．海南交通可达性的测度与空间分异格局分析［J］．地理科学，2017，37（10）：1507－1516.

［58］孙建渊．跨海交通通道与可持续发展［J］．同济大学学报（社会科学版），1999（1）：33－37.

［59］孙伟，高峰，刘少军，田光辉，蔡大鑫．海南岛台风灾害损失的可拓评估方法及应用［J］．热带作物学报，2010（2）：319－324.

［60］唐和亲．前进中的海南教育事业［N］．今日海南，1999（8）：33－34.

［61］王发曾，袁中金，陈太政．河南省城市体系功能组织研究［J］．地理学报，1992，47（3）：274－283.

［62］王俊岭．中国经济新常态将造福全球［N］．人民日报（海外版），2014－09－03（002）.

［63］王胜男，马昭.21世纪海南省城市职能演变分析［J］．资源开发与市场，2015，31（2）：207－211.

［64］王胜男，马昭．海南省新世纪城镇进程的阶段性及其影响因素［J］．地域研究与开发，2013，32（4）：59－63.

［65］王书明，高晓红．海南生态省建设研究综述［J］．海南师范大学学报（社会科学版），2012，25（1）：1－8.

［66］王松林，莫正群，练炳维，余文刚．海南城乡统筹发展的现状及其发展策略初探［A］//2013年中国农业资源与区划学会学术年会论文集［C］，2013：1－11.

［67］王卫星．美丽乡村建设：现状与对策［J］．华中师范大学学报（人文社会科学版），2014（1）：1－6.

［68］王辛莉，刘育英．海南国际旅游岛建设获中央诸多重大政策支持

［EB/OL］．http：//www.chinanews.com/ cj – gncj/news/2010/01 – 05/2053323.
shtml，2010 – 01 – 05.

［69］王一新．牵手台湾——海南台湾经济比较与合作研究［M］．海口：
海南出版社，2006.

［70］魏后凯．现代区域经济学［M］．北京：经济管理出版社，2006.

［71］吴传钧．中国经济地理［M］．北京：科学出版社，1998.

［72］吴金华，吴国栋．基于城市人口——城区面积异速生长关系的西安市
城镇化水平测算模型研究［J］．国土资源科技管理．2008，25（1）：92 – 95.

［73］吴湾，刘海青．海南省城乡统筹发展水平评价［J］．热带农业科学，
2016，36（8）：94 – 99.

［74］武赫男．海南省生态环境规划研究［D］．长春：东北师范大
学，2006.

［75］习近平．在庆祝海南建省办经济特区30周年大会上的讲话［M］．北
京：人民出版社，2018.

［76］许学强，周一星，宁越敏．城市地理学［M］．北京：高等教育出版
社，2009.

［77］许自策，蔡人群，林幸青．海南省的经济发展与经济区划探讨［J］．
热带地理，1989（3）：271 – 278.

［78］颜美玲．城市环境中河流整治与再生的研究［D］．长沙：湖南师范
大学，2012.

［79］杨自力．海南省创立农业综合开发区成效显著［J］．山东经济战略
研究，1997（4）：60 – 61.

［80］姚洁斯．经济增长：从速度转入质量轨道——数说"十二五"时期海
南经济发展的七大成就［J］．知识经济，2016（10）：19.

［81］余海青．海南省海洋经济现状及战略研究［D］．天津：天津大学管
理学院，2009.

［82］余显芳．海南岛综合自然区划与大农业布局和结构［J］．热带地理，
1982（2）：10 – 17.

［83］张春宇，叶芊林．中国扩大对外开放新举措——海南全岛建设中国特
色自由贸易港［J］．中国远洋海运，2018（4）：50 – 51，9.

［84］张峰. 海南省琼中县生态公益林生态服务功能研究［D］. 长沙：中南林业科技大学，2016.

［85］张翼. "三条曲线"见趋势——2014 年经济发展质量述评［N］. 光明日报，2014 - 12 - 10（001）.

［86］张振宗. 中国电力发展的统计分析与预测［D］. 长春：吉林财经大学，2010.

［87］张子珍. 中国经济区域划分演变及评价［J］. 山西财经大学学报（高等教育版），2010（2）：89 - 92.

［88］赵从举，韩奇. 南海资源［M］. 桂林：广西师范大学出版社，2012.

［89］赵群毅. 海南城乡关系的独特性与一体化发展路径［A］//2010 中国城市规划年会论文集［C］，2010：1 - 9.

［90］郑度，傅小锋. 关于综合地理区划若干问题的探讨［J］. 地理科学，1999（3）：193 - 197.

［91］中共中央国务院关于支持海南全面深化改革开放的指导意见［M］. 北京：人民出版社，2018.

［92］中国（海南）改革发展研究院课题组. 海南省城乡一体化体制机制与政策研究［R］. 中国（海南）改革发展研究院咨询报告，2009 - 06.

［93］中国（海南）自由贸易试验区总体方案［M］. 北京：人民出版社，2018.

［94］中国城市规划设计研究院. 海南省总体规划（2015—2030）［Z］. 海口，2016.

［95］中国电子信息产业发展研究院. 中国信息化发展水平评估报告［R］. 2012 - 2015.

［96］钟功甫. 海南岛经济区特点及其发展意见［J］. 经济地理，1985（1）：26 - 30.

［97］周晓梦. 用生态"底色"描绘发展"绿色"［N］. 海南日报，2018 - 2 - 27.

［98］周正，张西爱. 应重视海南"贬官文化"的开发利用［J］. 今日海南，2012（8）：43.

［99］朱竑. 建省以来海南人口变化特征分析［J］. 海南大学学报（社会

科学版），1998，16（4）：7－11.

　　［100］邹凤琼，张刚华．基于多尺度空间聚类的江西省经济区域划分［J］.
地域研究与开发，2017（5）：7－10.

后 记

《海南经济地理》经过四年的调研和撰写，终于以飨读者。本书得到了国家自然科学基金项目"海南经济空间分异格局与机制研究"（项目编号：41461024）等的资助。

本书旨在厘清海南省环境与资源、经济发展与布局、区域与城乡发展的状况，明确发展战略与部署，为海南省优化生产力空间布局，推进区域和城乡协调发展，落实把海南省建成"全面深化改革开放试验区、国家生态文明试验区、国际旅游消费中心、国家重大战略服务保障区"的"三区一中心"战略定位，建成一个经济繁荣、社会文明、生态宜居、人民幸福的美好新海南，提供较科学的决策依据。

本书由李敏纳教授负责策划、组织实施及统稿和审定工作，各篇章节写作的具体分工如下：李敏纳，负责第二篇经济发展与布局（第五章和第六章）、第三篇区域与城乡发展（第七章）与第四篇发展展望（第十一章）的写作；程叶青，对本书提纲的拟定和部分内容的写作提出了宝贵意见；王平，负责第一篇环境与资源（第一章到第四章）、第三篇区域与城乡发展（第八章第二节）的写作；王胜男，负责第三篇区域与城乡发展（第八章第一节、第九章、第十章）的写作。

由于三沙市设立时间不长，还没有大规模展开经济活动，受数据可获得性的限制，本书在产业空间布局、区域经济格局现状与演变等部分的分析未能将三沙市纳入。

在本书的写作过程中，我们参阅了许多专家、学者的著作和论文等科研成果，包括已经形成文本的政府规划和文件，吸收和借鉴了他们的某些研究内容、数据和图表等，在此特向他们表示崇高的敬意和衷心的感谢。

在本书付梓之际，感谢覃成林教授等给予的建设性意见，感谢经济管理出版社在本书出版过程中给予的大力支持和协调工作，感谢出版社的编辑和校对人员的辛勤付出，使本书能够顺利出版。

本书的写作是一个庞大的系统工程，涉及方方面面，限于篇幅，也由于作者自身研究能力和水平有限，有些方面的分析可能不够深入，缺憾在所难免，不妥之处敬请广大读者和专家学者批评指正。

李敏纳

2020 年 4 月